Miriam Glucksmann
ミリアム・グラックスマン
木本喜美子［監訳］
駒川智子／酒井順子／石黒久仁子／宮下さおり／
萩原久美子／石井香江／三具淳子［訳］

「労働」の社会分析

時間・空間・ジェンダー

法政大学出版局

日本語版への序文

本書は、一九二〇年代以降にイングランド北西部、ランカシャーで就労していた女性の経験について、一九九〇年代初頭に実施した調査をまとめたもので、イギリスで二〇〇〇年に出版されている。調査対象の女性たちの言葉や言い回しには聞き慣れないものや、彼女たちが暮らし、働いた場所や地域の習慣に限定されたものも多く、翻訳には苦労がしのばれる。こうした女性の生活や、仕事が家族や地域経済に対して持つ意味はイギリス国内でさえ時期や場所によって異なるため、たとえ同じ時代でも日本の女性のそれとかけ離れていることは言うまでもない。しかし、本書で練り上げた有償労働と家庭内労働の複雑な絡み合いと相互連関を解明する概念や分析枠組み、調査における異なる情報源からのデータ収集とそのデータの組み合わせに関する方法論は、日本の女性労働研究にも大いに役立つのではないだろうか。

私の思索を展開するうえで、本書は重要な位置を占めている。仕事や雇用に関する調査方法はここである一定の完成を見た。私の第一作 *Structuralist Analysis in Contemporary Social Thought*, Routledge（『現代社会思想における構造主義的分析』一九七四年初版、二〇一四年再版）は、博士論文をもとにした社会学の理論書だった。同書では、当時ヨーロッパ大陸、とくにフランスでみられた構造主義的アプローチ、マルクス主義理論家L・アルチュセールや人類学者C・レヴィ゠ストロースの業績を中心に検討を行った。今、これを読み返すと、その頃私が力説したテーマに我ながら驚かされる。そのテーマとは（使用する用語は大いに変わっているが）多様な社会的分離（当時は社会的矛盾と呼ばれた）や複雑な相互依存であり、その後もずっと私が追究してきた研究テーマだったからだ。そこでは、私は女性と男性、植民地と帝国主義国家、学生と大学（学生運動の時代だった）をみな、賃金労働者と資本家という社会的分離と同じく重要な社会的分離とみなしていた。賃金労働者と資本家が社会的矛盾の中心であり、あらゆる物事の原因であるというのが通説だったが、私は、多様な社会的分離が相互にからみあっている状態を探るアプローチが重要であり、分析に先立ってもっとも支配的な分離を仮定することはできないと論じた。

その数年後、私の政治的関与や研究関心はイギリスに女性運動が登場したことによって変化した。二作目の *Women on the Line*, Routledge（『組立ラインの女性たち』ルース・カベンディッシュ Ruth Cavendish の仮名で一九八二年初版、序章を加筆して二〇〇九年に増補版）は、一見したところ、一作目と大きく異なるが、多様で重層的な分離が主要なテーマであることは変わりない。この二作目で、私はじっさいにロンドンのある大規模な自動車部品工場で組立ラインの仕事をした。女性の不熟練労働者の労働・生活環境や、彼女たちがフェミニスト政治に関与したがらない理由を知るためだ。まず驚いたのは、組立ライン工はすべて女性で、厳格なジェンダーによる職務の分離があったことだ。女性は一六歳でも六〇歳でも最低限の訓練だけ受けて、低賃金でキャリアの見通しもなく同じ仕事をしていた。対して男性労働者は肉体労働であってもそうでなくても多様な職種に就き、みな昇進していった。さらに驚くべき第二の分離があった。女性組立ライン工全員と低い職位の大部分の男性が移民だったのである。女性は、かつて大英帝国の一部だったアイルランド、カリブ諸島、インドの出身者がほとんどだった。私は組立ラインで唯一の「ネイティブ」だった。何年も工場地帯に暮らしていたのに、地域経済の民族構造や、移民が熟練を要さない最低賃金の仕事以外を探そうとするときに直面する問題について、私は何も知らなかったのだ。同書は参与観察により、組立ラインで働き、女性たちと語った私の経験の記録に基づいているので、読みやすく理屈っぽくはない。しかし、分析の焦点は、ジェンダー、エスニシティ、職業階層という複数の社会的分離の絡み合いと、多様な労働力集団による連合形成と分裂にあった。たとえば、女性はたいてい民族的背景を越えて、非常に凝集性の高い集団を形成していた。一方、男性は職業や地位による分離の傾向があるが、女性より優位な集団として団結していた。

女性が（一時的にでも）民族集団に分かれたのは、ストライキが失敗した後だけだった。女性労働者と男性労働者が「労働者階級」として団結する環境など、想像できなかった。

この経験は私にとって大きな衝撃であり、その後の研究の方向性を決定づけた。ジェンダー間分業は非常に厳格で、女性を組立ラインに、男性をその他の仕事に配置した。なぜジェンダーによってこのように厳格に分離されるのか。工場を辞めてから、まずこれを解明しようと決意した。結論を言えば、二〇世紀初頭に大量生産が始まるとベルトコンベヤーの流れ作業が出現した。組立ラインは新しい仕事だったので、そもそもこの仕事とジェンダーの間に明確な結びつきはなかった。では、組立ラインでのジェンダー間分業は、どのようになぜ生じたのだろうか。その経緯と理由を探るため、私は戦間期に登場した「新興」産業を取り上げた。そこでは、一般家庭用消費財として家電や加工食品の大量生産を行っていた。

当時、イギリスの産業は造船などの重工業から「軽」工業に転換しつつあり、それにともない、もうひとつの転換が起きていた。何百万人もの女性が工場労働者として参入し、従来女性の主な収入源だった家事サービス関連の仕事が急激かつ劇的に衰退していたのである。女性は工場労働に吸引され、その賃金で女性組立ライン工が生産するアイロンや掃除機、缶詰や出来合いのパンを買った。工業製品が家事の多くを代替し、女性を手助けした。こうして女性が自家生産をやめ商品購入が増えるにしたがって、家庭経済と、商品生産拡大に沸く市場経済との密接な相互依存関係が確立したのである。拙著 *Women Assemble: Women Workers and the 'New Industries' in Inter-war Britain*, Routledge（『組立ラインで働く女性――イギリス戦間期の「新興産業」と女性労働者』一九九〇年）では、前作とは異なる資料や調査方法を用いた。退職した女性労働者や一九三〇年代に主要な会社で工場の生産ラインに関わった管理職へのインタヴュー、産業や労働組合の資料、公式統計を熟読し分析した。そうして得た広範で多様なデータを用いて、「新興」産業に関する説明に一貫性をもたせ、さらに女性と、有償雇用や変容する家庭内労働との新たな関係についても一貫した説明を試みた。終章で、私は次作（本書である）の課題と今後の方向性を記した。さまざまな社会経済領域（世帯、コミュニティ、市場、公的セクター）において、さまざまな社会経済基盤（有償と無償、フォーマルとインフォーマル）に基づいて行われる労働がいかに結びついているか、ある一時期の「労働をめぐる社会的組織化」（世帯とフォーマル経済には相互依存がほとんどない）から、別の「労働をめぐる社会的組織化」（両領域には密接な相互関係がある）への転換、さらに、それに付随して変化する生産・再生産に関連する労働の割り当てられ方とその組織化を重視した。「労働をめぐる全社会的組織化」（total social organisation of labour: TSOL）とは、領域横断的な労働の分配とその結合を見渡す際に分析を深めるため、私が考案した用語である。

本書はこの理論的アプローチを展開しただけでなく、肉体労働に従事する女性労働者に関するこれまでの私の研究の到達点でもある。「ジェンダー化された労働の組織化を時間性および空間性の文脈に位置づける」という原著の副題にあるように、織工と臨時雇いの女性労働者間に見られるジェンダー化された労働の多様な形態が形成されるにあたって、歴史的ならびに地理的要因が重要であることを示そうとした。ボルトンとサルフォードの女性労働者に関して集めた関連資料は、はじめは一筋縄ではいかないものに思えた。だが最終的には、重要なのは、それぞれの女性がたどった有償雇用の経歴と彼女に求められた家庭内労働を、より大きな布置連関の文脈に位置づけることだと考えるようになった。夫の有償雇用の特徴や家庭内労働への貢献、他の女性労働者（家族成員を含む）との関わりだけでなく、織工と臨時雇いの女性たちの間にある雇用関係、地域経済の特徴、仕事と世帯との結びつきなど、ジェンダー化に影響を与える地域の歴史や文化もこの文脈に含まれる。こうして多様な有償・無償労働の相互依存関係や、男性・女性との、さらには雇用におけるインフォーマルな労働とフォーマルな労働との相互依存関係から、全体像が浮かび上がった。人によってその関係性は異なり、労働生活と家庭内責任の組み合わせには個別性がみられるが、全体像の中では、彼女たちの生活のなかで相互作用し、結びついていった。第三作目で「労働をめぐる全社会的組織化」という概念を導入したのは、市場と家庭経済の関係の変化をマクロレベルで分析することが目的だった。だが本書では、ジェンダー化された有償・無償労働の組織化が、特定の時間と場所におかれた個人にとってどのような意味を持っているのか、メゾとミクロのレベルにおいて解釈するのが目的である。前作と同様、多様な資料やオーラル・ヒストリーを含めた研究方法を統合的に用いている。個人の経験を検証することにより社会構造や「全体像」は見えてくる。インタヴューした女性はいずれも重要な人ばかりだった。それぞれ固有のライフヒストリーがあるからというだけではない。生活のさまざまな要素がいかに絡みあい、ひとつにまとまっているのか。その幅広い構造的・文化的問題について彼女たちは語り、そこから学ぶことがあるからだ。

これら三冊はいずれも、ジェンダー化された労働とイギリスにおけるその歴史的変容を探求し、個人の事例にアプローチしながら大きな問いを探求してきた。女性の個別の経験を理解するには、その人の人生を見るだけでなく、その経験を、彼女が直面している環境と彼女の行為の幅を枠づけた関連要因というより広い文脈に即して見なければならない。そうして、特定の人・特定の環境を対象にしてそれがどう展開するのかを示すことによって、ジェンダー化された分業の変化という幅広い問題に取り組むことが私の目的だった。

本書の出版後私は、「労働の社会的組織化」を使用しつつ、グローバルな分業構造を明らかにするために、コールセンターからITブロードバンド基地にいたるまでの多様な労働形態を研究している。この分業の研究は、本書なくしては考えられない。社会経済基盤が異なる労働間の境界線や、有償労働と無償労働、フォーマルな労働とインフォーマルな労働、市場化した労働と市場化されない無数の無償労働との間にある境界線はいかに変化するのか、その探求は今なお主要な関心であり、分業に関する研究の再活性化につながる。日本での出版に際して本書を改めて読んでみると、現在手がけている研究の対象領域と理論上の探求点は異なるものの、最大の関心事は変わっていないと感じた。刊行から一五年経った今、特に述べておきたい点がいくつかある。本書では、個人の証言やセンサスをはじめとして公式統計、企業報告書など、折り合いをつけるのが難しそうに見える資料を結びつけた多元的なアプローチによって説明を行った。執筆当時は、このような量的調査と質的調査の両方を用いることは珍しく、通常はどちらか一方だけであった。現在は、少なくともイギリスでは様相はいくぶん変わり、このアプローチを採る人が少しずつ増えていることを嬉しく思う。私はインタヴューの時に対象者本人だけでなく、その母親や娘の経験も聞いて労働生活を明らかにしようとしてきた。一世紀半にわたる女性労働の歴史的変遷を描きたかったのだ。上や下の世代に質問したおかげで拡がりのある分析ができ、児童労働の消滅など家庭内労働と有償労働の双方における重要な変化を明らかにできた。ここに焦点をあてた時間に関する章（第5章）と場所の章（第6章）を書くのは非常に楽しかった。どちらも私にとっては初めての試みだったが、研究資料を分析しながら、時間と場所は実証的、歴史的、理論的に重要であると確信した。

二〇〇〇年代初頭、フェミニスト研究の方法論は、インタヴューした人々を客体ではなく主体として扱うことが重要だと主張した。語ったことを額面どおり受けとめるという意味である。極端に言えば、彼女たちが語ったことをそのまま受けとめることだが、それは「専門家」による解釈や分析の正統性を失わせることになる。研究者は回答者の説明に疑問など持たず、話し手自身の理解にしたがって説明することになるのである。しかし、臨時雇いの女性労働者の事例では、これは意味をなさなかった。その大半は、労働者であるとは自認しておらず、長時間働き家計収入に多大な貢献をしていても、自分は主婦や母親であると思っていた。第3章でその理由を詳しく述べているように、彼女たちを労働者と認識したのは調査者である私である。しかし、出版から数年経って、本人がそう言っていないのに私がそう呼ぶ権利はないという、また別の議論に遭遇した。私の答えは当時も現在も変わらない。社会調査者の責任は彼女たちが語ったことをただ伝えることではなく、その資料の分析にある。ふだん耳を傾けられることのない人々に声を与えつつ、かれらの状況を分析・説明することはできる、と数年前に述べたとおりだ（Glucksmann 1994）。さらに本書は、「知の関係性」や調査データの「産出条件」に関して明確な認識論的立場の定義を採用した（第1、2章）。分析に際してインタヴュー記録を何度も何度も読み返したので、質的データ分析ソフトを頼らずともインタヴュー対象者に精通していった。彼女たちが暮らした地域についてもたくさんのことを知った。この作業は、発言を額面どおりに理解すべしという主張を受け入れるかどうか考えるうえで役に立った。本書でも何度か言及したが、調査対象者の話が本当か、疑問を持った事例もいくつかある。たとえば、彼女たちが住んでいた通りにはフィッシュアンドチップスのお店が数軒あり、少なくとも週に一、二回はそこで出来合いの総菜を買うのが一般的だったのに、自分は絶対に（めったに）フィッシュアンドチップスを食べなかったと言った人がいた。どうしてそんなありそうもない発言をしなくてはならなかったのか。その理由は本書で示している。

本書の議論は現代の日本とは遠くはなれた、特定の時間と場所を対象としている。しかし、本書が示した分析の課題やその対処の仕方は、ジェンダー化された労働を追究する研究においても、そして日本など他の場所でも、今なお意味があるようにと願っている。

二〇一三年一〇月

ミリアム・グラックスマン

三具淳子・訳

謝辞

本書のもととなった調査は、マンチェスター大学社会学部のハルスワース研究助成を得て実施された。継続的な調査の機会を与えてくれたことに対し、とくに学部長のヒュー・ベイノンの支援に今も深く感謝している。

インタヴュー対象候補者と連絡をとるにあたって、ボルトンとマンチェスターにあるエイジ・コンサーン〔イギリス各地にある高齢者団体〕、市民相談局、マンチェスター雇用調査グループ、全国都市一般労組、労働者教育協会のたくさんの人々と組織にお世話になった。この他に、サルフォードとオーザルの郷土史図書館や郷土史を学ぶグループ、オーザルの埠頭地帯で行われている「年月に橋を架ける（*Bridging the Years*）」オーラル・ヒストリーのプロジェクト、マンチェスター女性史グループ、トラフォード・パークに関するマンチェスター研究プロジェクト、ドキュメンタリー写真アーカイブ、サルフォード労働者階級運動図書館、マンチェスター・ユダヤ博物館の皆様には支援や情報を提供していただいた。ボルトン図書館アーカイブと地域研究サービスは、『ボルトンで育って——一九〇〇—一九四〇年（*Growing Up in Bolton 1900–1940*）』というオーラル・ヒストリーのプロジェクトで録音された証言を、文字に起こした資料を見せてくださった。アンドリュー・デイヴィスとイアン・マッキントッシュは資料や人探しを手伝い、自分たちの未刊行博士論文に言及する許可をくれた。このことにも感謝したい。

しかしなんといっても、私がインタヴューをさせていただいたみなさんの証言がなければ本書は完成しなかった。みなさんは私を喜んで家に招き入れ、惜しみなく時間を割いて思い出を語り、質問に答え、ライフヒストリーや仕事の歴史を話し、家族の写真を見せ、ありとあらゆる記録を貸してくださった。個人情報保護の観点から、匿名で本文に登場された方々のお名前をここに挙げられないのを残念に思うばかりである。

一九九八年に社会科学研究スクールの社会学プログラムからいただいた二つの奨学金で、オーストラリア国立大学とウプサラにあるスウェーデン社会科学先端研究カレジウムで研究したことが、原稿を書き上げるうえではかりしれないほどの支えとなった。私を受け入れた「ホスト」、ジュディ・ワイスマンとゲラン・テルボルンのお二人に心から感謝したい。お二人が刺激的なセミナーへの参加や楽しい食事の機会を設け、さらに、穏やかに一人で考える時間をくださったことで、とてもバランスのとれた日々が過ごせた。そしてジョアン・バスフィールドが快く私の大学での諸業務を引き受けてくれなければ、スウェーデン社会科学先端研究カレジウムに行くことはできなかった。また、何年間にもわたって議論を積み重ねることができたことに対し、ジョアン・バスフィールドをはじめエセックス大学社会学部の同僚たちに感謝したい。本書に登場するたくさんのアイデアは、大学院生たちとの議論のなかで生まれた。私が担当する博士課程の学生たちは知的な刺激をもたらしただけでなく、細部の解釈に苦しむ私への理解を示してくれた。ここに感謝の意を表したい。そして、キャサリン・ホールとのコルネ川河口での散歩とおしゃべりのおかげで、執筆過程で必ず悩まされる頭痛が解消し、さらに仕事をしようという意欲がわいた。

ジョン・ホームウッドは著者が望めるなかで最高の編集者であった。彼の励ましと最小限度の干渉、そこで常になされる建設的な提案、その穏やかで効率的な仕事ぶりと、細部への目配りがあったおかげで、本書の構想から出版にいたるまで予想外にスムーズに進んだ。ソシオロジープレスは多くの商業出版が学部生向けテキストの出版に傾斜するなか、それに抗する野心的で挑戦的な試みとして、調査分析に基づく研究書を出版している。本書が同社の刺激的で好評を得るであろうシリーズの一冊となることは光栄である。

最後に私が感謝の気持ちを伝えたいのは、（遠く離れていたことが多かったけれども）本プロジェクトのすべての段階でともにあったマーク・ハーヴェイだ。彼は原稿を何度も読み、たくさんコメントをくれたので、私と同じくらい、本書に登場するほとんどの人、言葉、議論に熟知してしまったはずだ。彼の知的貢献、ゆるぎのない支援がなければ、本書は完成しなかっただろう。
なお、ハンフリー・スペンダーの写真はいずれも、ボルトン博物館とアート・ギャラリーの快諾を得て掲載したものである。

石井香江・訳

補遺

とくに重要な情報源は以下のとおりである。

1　地域のプロジェクト、労働史とオーラル・ヒストリーのグループ、および図書館。この中にはサルフォードとオーザルの郷土史の図書館と郷土史のグループによる『ボルトンで育って――一九〇〇―一九四〇年』と、一九八一―八三年に収集された三〇〇時間におよぶテープを使ったオーラル・ヒストリーのプロジェクトが含まれている。ボルトンの図書館アーカイブや郷土研究サービスはこのプロジェクトの大半を文字に起こし、保存している。オーザルの埠頭地帯の「年月に橋を架ける」というオーラル・ヒストリーのプロジェクト、マンチェスター女性史グループ、トラフォード・パークに関するマンチェスター研究プロジェクト、ドキュメンタリー写真アーカイブ、マンチェスター・ユダヤ博物館、サルフォード労働者階級運動図書館。

2　その他の種類の資料や情報提供者の連絡先は、次の組織やエージェントを通じて収集された。マンチェスター雇用調査グループ、全国都市一般労組、マンチェスターとボルトンの労働者教育協会、地元の新聞社、エイジ・コンサーン、市民相談局。ほとんどの情報提供者の方々とは、これらの組織を通じて連絡をとった。

3　同時代に行われた調査はこれとはまた違った種類の情報源を提供してくれた。たとえば、J・L・ハーレイによるマンチェスターの学卒者の余暇活動に関する教育学の修士論文（一九三七年）、A・フィールダーによる青年と映画に関する社会学研究の学位論文（一九三二年）、マンチェスター・セツルメントがマンチェスター中心部のアンコーツで実施したスラムが撤去される以前の家計調査、「マス・オブザベーション」による調査、書籍、ワークタウン（ボルトン）の写真。

4　次に挙げるような近年発表された未刊行博士論文も役に立った。デイヴィッド・ファウラーの戦間期マンチェスターにおける若年層の賃金労働者に関する研究（マンチェスター大学、一九八八年）、アンドリュー・デイヴィスの戦間期サルフォードの余暇・ジェンダー・貧困に関する研究（ケンブリッジ大学、一九八九年）、戦間期ロッチデールのジェンダーと余暇に関するミッシェル・アベンスターンの研究（エセックス大学、一九八六年）、トラフォード・パークに関するイアン・マッキントッシュによる研究（マンチェスター大学、一九九一年）である。

5　二八ケース（内訳は女性二五人と男性三人）の個別インタヴューはそれぞれ約二時間にわたり行われた。いくつかのインタヴューは、グループあるいは二人組（母娘一組を含む）で行われた。一三件はサルフォードで、主に郷土史プロジェクトを通して連絡をとった。八件はボルトンで、全国都市一般労組、マンチェスターとボルトンの労働者教育協会を通して、そして個人のつてで見つけた。五件はオールダム、二件がティンパレイで、ロッチデールとトラフォード・パークに以前住んでいた女性たちに話を聞いた。

このほか二つのグループインタヴューと討論をオールダムとボルトンで行った。介護用住宅で六人、年金者クラブで八人のグループインタヴューを実施した。

石井香江・訳

「労働」の社会分析——時間・空間・ジェンダー／目次

凡例

・（ ）は著者による補足、［ ］はインタヴュー内の著者による補足、〔 〕および脚注は訳者による。

・著者ミリアム・グラックスマンは「労働をめぐる全社会的組織化」という分析概念をもとに、当該の労働がどのセクターで、どのような社会関係で執り行われたのかを区分できるよう、原文においても二重表現と思われるような表現をも駆使しながら記述している。そこで、本書では著者の意図を尊重し、場合によっては日本語として一般的ではないと思われる訳語になっても、著者の表現をできる限り忠実に訳出することにした。たとえば domestic labour は一般的には「家事労働」の訳語をあてることが多いが、本書では「家庭内労働」をあてている。これは著者がこの語に家事のみならず、かつては商品化が及ばず家庭内で生産され消費される領域の存在と、市場と対置された、世帯内でのモノやサービス生産を含んで用いているからである。また筆者は paid employment/ paid employment work という表現を用い、金銭を対価とする労働契約を交わし法的に定義された雇用関係以外の、市場、家庭、コミュニティにおけるさまざまな形態の「雇用」があることを念頭に置いていることから、訳語としては有償雇用／有償雇用労働をあてている。なお原著でも work と labour は厳密に区分されていないが、work（働くこと、仕事）は「労働をめぐる全社会的組織化」における labour に含みこまれる用語となっている。

・原文中で著者は綿織物業（cotton textile industry）を含む形で綿工業（cotton industry）を用いている。同様に、綿工業労働者（cottons）という場合には綿織物業での労働者を含んでいる。織工（weaver）はこうした綿織物業を含む綿工業で働く女性を総称する形で用いられている。訳文ではこれにしたがい、そのまま訳出した。

グレーター・マンチェスター

第1章 「働く《ワーク》」ことについて考える

労働をめぐる全社会的組織化

本書は読者の問題関心に応じて、どのような読み方も可能な本だ。〔しかし〕その内容を最も簡潔に言ってしまえば、女性、ジェンダー、労働、さまざまな生活領域でジェンダー化された分離によって別々の集団に分けられる女性たちが、なおつながっていることだ。本書で取り上げるテーマやその中心的な問いと答えは、すべて〔抽象的な考察ではなく〕実証的な裏付けに基づく、歴史上のある一時点に関するものだ。この作業に際し私が用いたのは、一九九〇年代に行ったオーラル・ヒストリー調査だ。その対象者は戦間期にランカシャーで働き始め、すでに退職した女性で、〔生年には幅があるが〕二〇世紀の中期を経験した人々としてくくられる。

彼女たちの証言と私の分析は、社会科学と人文科学、とくに社会学とフェミニスト理論が抱えている現代の学術的な論点・論争に切り込むものだ。言ってしまえば、今まさに問題になっている論点の一つは、「どちらか」という二者択一を迫る二分法的な発想に依拠するがゆえに理論分析も二元論になっていることを実際どのように乗り越えるのかにある。もう一つは多様性〔の扱い方〕だ。モダニストによる「大きな物語」に見られる比較的単純な説明が放棄された今日、多様性に立ち向かわなければ説明力ある分析方法は出てこない。そう考えると、〔ジェンダー、階級、エスニシティをはじめとする〕さまざまな形態の社会的分離と不平等の連関・交差をどのようにとらえるのか、それらが他との関わりでどういう意味を持つと考えるかという問題が浮上する。さらに、時間・時間性がそこにどう関わるか、空間・場所・地域性はどうか、これらが文化形態や社会関係と互いにどう連結するのかという疑問も出てこよう。さまざまな学問分野を駆使し横断しながら分析の一貫性を維持し、対象となる事柄の社会的・文化的・歴史的・経済的・空間的な特質を公平に評価することも課題だ。本研究は過去〔の歴史的事象〕を扱うものの、現代の理論的・政治的関心がおおもとにある。そのため本書では、歴史的素材を持ち込み、ありのままにその意味を分析し、ジェンダー・アイデンティティや労働の意味といった、今日の思想家たちが悩み、取り組む論点を探究していく。本書はこのようなかたちで現代の知的論争への貢献を目指す。

さらにそれと同じく、調査過程を「開示」し、知の「産出」を〔自らの営みを振り返り〕再帰的に考えることに力点を置いた。調査から導いた最終的な結論だけ、あるいはきちっとまとめられた分析を提示して終わると、研究成果はあたかも「完全に構制された知」のようにしか見えない。そのため〔あえて〕「解釈の過程」を提示し、調査過程と情報源を振り返って記し、とくに資料を加工・処理し解釈するという「中間の過程」を詳しく書くことにした。これは再帰性に関心をもっているためだけではない。実証研究を行う際にはだれしも避けがたく背負わざるをえない、根本問題を明るみに出したいからだ。調査より初期の段階である資料収集を表だって取り上げない社会調査法の入門書は多い。しかもデータの処理と解釈の問題は、それほど取り上げられてこなかった。最終的に書き上げたもの（彼らが最終決断したもの）が陽の目を見る時には、ほとんど跡形もなく消され忘れ去られてしまう。研究者はみな、いかに経験を積もうとも、すべての調査プロジェクトにおいてデータの処理と解釈の問題に直面してきたはずだ。それは、社会調査法の専門家が助言をしようにも、おそらく最も助言しがたい調査段階ではなかったか。個々の研究者が抱える問題は個別の資料や特有の中身に関わる〔きわめて個別具体的な〕ものなのに、一般的なガイドラインはあまりに大雑把だからだ。

このようにデータの加工・処理と解釈の問題を指摘するのには理由がある。その点を、調査プロジェクトを進めていくうちに突き当たった、原資料の解釈やつきあわせの具体的な問題を議論することで、ざっくばらんに論じたいと思う。ただし「解答」は示せない（そもそも不可能だ）。しかしこの一連の問題に言及せずに研究結果を示すならば、問題など無いというような隠蔽になる。それは分析が「何もせずにできてしまった」という嘘の上塗りだ。本書はこうした問題に留意し、「社会分析の生産過程」を明らかにして知の産出過程を再帰的に捉え、同時に方法論として意味がありかつ関心を引くように、執筆を工夫した。議論の前提と考え方の基本は、最後の最後でようやく示すのではなく、最初から明示すべきものだろう。そこでまずは、さまざまな種類の原資料（公式統計、アーカイブデータ、質的インタヴュー〔統計やインタヴューを含む〕）を使用することで生じる認識論的問題を論じたい。そこではそれぞれの資料が持つ長所と短所、〔統計やインタヴューといった〕さまざまに異なる様式や内容を持つ資料の分析をまとめ上げるという厄介な問題についても言及する。

ランカシャーの女性と一九三〇年代の雇用状況

この研究では、一九三〇年代のイギリスの女性労働を例にとり、さまざまな種類の有償雇用と家庭内労働とがいかなる形で接合されていたかを明らかにする。当時は既婚女性が賃金労働者として大規模に雇用されておらず、労働市場への女性の大量参入の条件かつ結果として理解されることが多い、消費財や家電製品の普及はまだだった。この分析にとりかかったのは、既婚女性のフルタイム雇用が一般化する前にランカシャーの既婚女性がフルタイム雇用で働いていたという、例外的な状況が興味深かったからだ。何がこの状況を可能とし、どのように彼女たちは対処していたのだろうか。

これはより一般的なレベルの議論としても、家庭経済と市場経済の関係、およびその関係の歴史的変容を扱っており、社会学者やジェンダー理論家以外にも経済学者、人類学者、歴史家にも、つまり社会科学全般において重要なテーマだ。家庭と市場はあらゆる社会・経済システム（唯一のシステムがあるわけではない）、なかでも工業社会では、労働および財・サービスの生産が行われる最も重要な二つの場だ。そのため、家庭経済と市場経済が構造的につながっているさまを明らかにできれば、社会の他の側面も相当解明できよう。両者の境界は所与のものでも固定されたものでもない。それぞれで執り行われる労働の種類も程度も変わる。各領域での生産物や社会的に割り当てられる労働は時代や場所によって異なり、それがジェンダー的特質を持つかどうかも異なる。文化人類学の詳細な記録からわかるように、工業化以前や無文字社会では労働を含む多様な諸活動の互いの結びつき方は複雑かつ多様だった。この二つの領域を定義し直し、その差異を示してきた開発経済学によると、両領域は賃金経済の出現と拡大、工業化、世界市場への統合と経済発展にともなって分かれていき、それが世帯、社会の構成員、ジェンダー、福祉に多大な影響を与えた。歴史学も同じようなことを工業化が早く進んだ国や地域で行い、そこで注目したのが、家庭と労働、公と私、生産と再生産、女性と男性との間に新たな種類の分離が起きることだった。市場、商品、賃金経済が展開し世帯から分離すると同時に、しだいに世帯は生産と商品の中心でなくなった。社会学はまず現存する社会・経済システムの区分を問題視する。そこでは主に女性が担う家庭での労働、財、サービスよりも、市場経済での労働とそこで生産され交換される商品が経済的に重要とされる。そのために、今日でも家庭が「経済」の一形態として認知されがたいのだ。

しかし社会科学の考えかたでは、どの国でも〔家庭と市場という〕二つの領域の関係は異なり、変化もする。以前手がけた調査をまとめた『組立ラインで働く女性』(*Women Assemble*)において、私は戦間期のイギリスで大量生産・大量消費が始まるとともに、家庭経済と市場経済の関係が構造的に変化したことを明らかにした(Glucksmann, 1990)。大量生産の前後では、両者の関係や特徴は大きく変わった。第二次世界大戦後の一九五〇年代から六〇年代に大量生産が定着すると、女性は新しい成長産業の重要な生産者かつ消費者となった。踏み込んで言えば、戦間期に新しく機械化された産業で働いていた女性組立ライン工には、戦後に一般化する家庭内労働と賃金労働の原型が見られた。〔戦後の〕女性たちは家電製品、既製服、加工食品といった、女性が家庭で利用することを見込んだ新製品を作る工場で働いた。女性は生産という回路でも消費という回路でも新製品と結びついていたのだ。こうした展開は家庭経済と商品生産の関係の大きな変化でもあり、両者間に複雑に張り巡らされた回路はしだいに太く撚り合わさっていった。なぜなら家庭内労働は商品を買ったうえでの作業となり、女性が稼げば稼ぐほど家計収入のより多くがその購入に回され、それらの産業の収益となった。女性がもっと手をかけてやっていた仕事は軽減され、もしくは不要になった。

「新興産業」が見られたのは主にイングランド南東部と〔その中心の〕グレーター・ロンドン*という景気回復と産業再編が集中的に生じた地域だった。これとはまったく対照的に、イングランド北西部〔ランカシャー周辺〕では古くからの主要産業が衰退し不況を生き延びられず、それに代わる新興産業もほとんどなかった。本研究では異なる状況を抱えるいくつかの地域に焦点をあて、一九二〇年代から一九六〇年代に起きていた家庭経済と市場経済の関係の長期的展開をさらに探究したい。経済が南東部で発展し北西部で衰退していたが、それでは北西部の方が南東部よりも家庭経済と市場経済との関係の変化が遅れ、戦後を待たなければならなかったととらえるべきだろうか。一九三〇年代には失業率が高かったがゆえに、南東部の新興産業で働く女性の変化（とくに家庭内消費の増加）に不利に作用したかもしれない。もっとも北西部も実情は同じかもしれない。新興産業で女性が働くという変化は、一九三〇年代ではなく一九五〇年代に始まった可能性もある。しかし、北西部には女性の就業に関して相反する要因も見られた。とくに織物産業においては女性が結婚・出産後も雇用され続ける昔からの伝統があり、単純にとらえられない。実際、当時の評論家のジョーン・ビーチャムがすでに指摘していたように、ランカシャーの女性労働者は洗濯サービスや出来合いの総菜を購入する傾向があった（Beauchamp, 1937）。それでは既婚女性がフルタイム

* イングランド南東部に位置する首都ロンドン全体を管轄する行政地区のこと。通常ロンドンという場合は、このグレーター・ロンドンを意味する。現在のロンドンの起源で金融街として知られるシティ・オブ・ロンドンと三二の特別区から構成されている。

雇用に就いたとき、誰が家庭内労働に責任をもち、戦後に登場する「家事省力化機器」がまだ無いなか、どうしていたのか。本書では、新しい資料をもとに先行する分析を発展させ精緻化させたい。分析に空間的視点を加え、家庭経済と賃金経済の複雑な関係を見据え、このより構造的な側面を異なる職業グループの女性の分析に適用する。個別のレベルで見ていくのは、女性の仕事の詳細や労働過程ではなく、有償労働、家庭内労働、家庭経済の相互連結、そして仕事と家庭におけるジェンダー間の分業と不平等の連関だ。この作業を通じ、異なる女性グループを比較して、家庭、家族、コミュニティ、労働が互いにどう布置連関しているかを解明していきたい。

戦間期のイギリスには往々にして一国内に「二つの国民」がいると言われる（たとえばPriestley, 1934）。経済衰退、失業、貧困のスコットランド、ウェールズ、イングランド北部の大部分が一方で、もう一方はそれとは対照的に復興、近代化を遂げるイングランド南部と中部である。後者では金融業、商業、小売業、行政機関、専門機関が急速に拡大し、自動車や消費財を扱う新興産業が勃興するにつれて、こうした部門で働く人々の生活水準が向上した。新しい工業団地や住宅団地が建設され、商業用・家庭用電気設備などのインフラが新たに整備された。職業構造が銀行、店舗、工場、事務所で新しい仕事が生まれたのに伴って変容し、そうした仕事の多くに女性があてられた。家庭性や「無業」の妻がいる「理想の家庭」が強調されたことと、消費財生産への転換と可処分所得の上昇は同時だった。現実的にもイデオロギー上も女性と家庭の関係は新しくなりつつあった。とくにミドルクラスの女性は母親世代ならば雇っていた住み込みの家事使用人が一〇年後には消滅する事態に直面した。〔一方で〕公的言説においては、家政の科学的管理の重要性や家庭、夫、子どもを気遣う主婦の社会的価値が徹底的に称揚された。〔しかし〕経済的に衰退していた地域はこれらの社会状況からかけ離れており、大量失業と同時に住宅、栄養、健康状態、死亡率の悪化が生じていた。国内の二つの地域の差は拡大していった。

地域間だけでなく、地域内にも明確な違いがあった。同じ地域に「二つの国民」のそれぞれの特徴を持つ区域が隣接していたのだ。それを寸描するとあまりにも社会状況を単純にとらえすぎる。衰退や発展が一様ではない社会状況を忠実に描くならば、イングランド南東部にも昔からの都市スラム街のような貧困地区があれば、北部にも繁栄地区があった[1]。確かに新興産業は南部に、斜陽産業は北部に集中していた。炭鉱業、織物産業、造船業、機械産業は「最初に工業化を遂げた国」の基幹産業であり、製造業と資本財輸出に重点を置いていた第一次世界大戦までは他を凌ぐ存在だった。やがて炭坑、造船所、機械工場は閉鎖され、何百万人もの男性が失職した。紡績工場や零細な織物工場も閉鎖されると、（男性も含まれるが）女性にも同様の影響があった。しかし一九三〇年代、ランカシャーの多くの地区で失業者が飢餓行進を行っていたそのときに、マンチェスターの中心部は小売業の景気拡大が堅調で雇用先もあった。世界最大の工業団地であるトラフォード・パーク*は、海外資本をひきつけ、新しい工場の設置にあわせ雇用が拡大し続けていた。

戦間期の女性雇用を概観するだけでは地域ごとの多様性を見過ごすのみならず、相互に矛盾する趨勢を区別できない。そこには長い時間をかけて確立してきたにもかかわらず衰退しつつあるという動きと、新たに現れ優勢になりつつある動きがあった。賃金労働に就いている女性の大半は概して若い独身者だった[2]。既婚女性のほとんどがフォーマルな有償雇用に就いていなかった。その要因の一つに、行政機関や地方自治体、多くの工場、店舗、事務所で〔慣行を含め〕結婚退職制がとられていたことがあげられる。もっとも、〔当時は〕家庭を管理し家族を世話するのに多くの時間と労力が必要だった。しかも、雇用労働者には週当たりの標準労働時間として四八時間が求められ、パートタイム労働は存在しなかった。そのため一九三一年の全国の公式統計で独身女性の七〇％が有償労働に就いていたのに対し、既婚女性はわずか一〇％だったことは驚くにあたらない。また別の指標によれば、働く女性の七

＊　一九世紀末、マンチェスターにできた世界初の工業団地。そもそもはトラフォード家の領地だったが、工業団地として大規模開発が進んだ。第一次世界大戦と第二次世界大戦では、電気製品、自動車、航空機などの生産を担い、イギリスの総力戦を支えた。一九六〇年代から不況に陥ったが、一九八〇年代に都市開発公社が設置されて民間投資を行った結果、新たに進出する企業が増加した。

七%が独身で、既婚者は一六%だった（Gales and Marks, 1974: 63; Hakim, 1979: 11–12）。

しかしこの状況に変化がなかったわけではない。公式の統計などでは、一九五一年までの二〇年間で、女性就業者数は五六〇万人から六三〇万人に増加した（*Census of Population*, 1931, Occupation Tables: 673; *Census of Population*, 1951, General Report: 130）[3]。一九一八年から一九三九年にかけて既婚女性が全労働力に占める割合は、既婚女性就業者の割合と同様に漸増した。第二次世界大戦前に生じたこの傾向（Glucksmann, 1990: 10, 37–8）は、新興産業と既婚女性の若い層に顕著に見られた。彼女たちは第一子出産まで職場にとどまるようになったのだ（Glucksmann, 1990: 57–65）。

年齢と婚姻状態によって女性の〔労働市場〕参加に差はあるものだが、そこには明瞭な地域差もあった。私が注目するイングランド南東部と北西部の二つの地域では、既婚女性を含む女性の雇用者比率は、人口比をとっても全労働力に対する比率をとっても全国平均より高かった。しかし働く女性が多い理由は異なり、両者はそれぞれ真逆の方向性をもっていた。一九三一年でこの二地域が女性就業者全体に占める割合は五六%だった（〔全国〕五六〇万人中、南東部は約三七%にあたる二一〇万人、北西部は一九%にあたる一一〇万人を占めた）。一四歳以上の女性の労働参加率はそれぞれ三六・一%と四一・九%であり、イングランドとウェールズの平均値の三四・二%よりも高かった。しかし女性の失業率は、イングランド北西部で一五・四%にのぼるのに対し、南東部は五・七%とはるかに少なかった（*Census of Population*, 1931, Occupation Tables: 154–5, General Report: 119）。北西部では、中高年の既婚女性が斜陽産業だった織物業などに多く雇われていたが、そこにはそうした女性を雇う昔からの伝統があった。一方、南東部ではまさに新しく雇用の場が生み出され、そこに既婚女性が定着し採用され続けるのだが、それは地域にもともとあった慣習を転換したことを意味した。二つの地域で中高年の既婚女性が多く働いていた点は共通しても、その裏には相互に矛盾した趨勢があった。論理的に考えるならば、既婚の女性労働者は南東部で増えていき、北西部では消滅するはずだった（もちろん、実際にはそうならなかったが）。

一九二一年から一九三一年にかけて、織物業と繊維製品業の女性労働者数は六六万二三八四人から六九万三九五人へと四・二％増加したが（*Census of Population*, 1931, Industry Tables B: 714–19）、その後の二〇年で一二・六％急減し、五四万三二五七人から四七万四六五七人へと六万八六〇〇人減少した（*Census of Population*, 1951, Industry Tables C: 644–8）。この二〇年間に南東部では女性の新たな雇用機会がますます増え、一九二三年から一九三八年に保険適用の労働者数が六〇％近く増加したのに対し（*Ministry of Labour Gazette*, December 1938: 469）、北西部では織物業や製造業で失われた職が新しい雇用機会の創出によって補われることはなかった。

実現しなかった調査計画とその後

私は以前イングランド南東部の成長産業で女性労働者を調査したことがある。そこで、北西部の類似の職業グループとの地域間比較を行い、さらに就業開始年が一九三〇年代と一九五〇年代だった人たちで世代間比較をするつもりだった。雇用形態に注意を払いながらも、中心的な関心は有償労働の中身よりむしろ雇用環境と家庭経済との連関、言いかえれば「生産者と消費者」の関係とその変化にあった。マンチェスター大学で一年間の研究助成を得たことで、拙著『組立ラインで働く女性』で明らかになった研究課題をさらに追求し、ここを拠点として調査研究を行うまたとない機会を手にすることができた。頭の中で思い描いていたのは、一九一〇年代と一九三〇年代に生まれ、それぞれ一九三〇年代と一九五〇年代に働き始めた母と娘のペアの調査だった。こうすれば地域間比較はもとより、イングランド北西部の既婚女性、雇用、消費財に関する戦前・戦後の疑問を検証できる。母と娘の両方にインタヴューすれば、世代間の変化を正確に示すことができ、またさらに上の世代の記憶とその下の世代の状況をたどれば、過去と未来の両方向に視点が広がると考えていた。

トラフォード・パーク工業団地は、インタヴュー対象の女性を探し始めるのに最適な場所と思われた。戦間期に新設された工場が多く、イングランド南東部の電気機械や食品製造加工でよく見られたのと同様に、女性は半熟練工として働いていたからだ。私はそうした半熟練工のことなら南東部の電気機械産業や食品加工業でよくわかっていた。彼女たちは職場近くに住むことが多く、勤務期間中の地理的移動は少ないと思われたので、退職した女性をたどるのはロンドン周辺よりもこの地域のほうがはるかに容易だと考えていた。そのため、この地域の女性労働に関する資料を事前に読んでおけば、準備は整ったも同然だと思っていた。

もしそれが実現できたなら、どんなに素晴らしかったか——。後から振り返ると、これは単純・無知で非現実的、空想的で不可能な計画だった。雇用労働者と労働運動に関する豊かな歴史が公式的に記録されており、かつ労働組合の資料室は相当数あるにもかかわらず、予想に反して関係資料が使えなかったのは、この地域の女性労働の歴史から考えてあまりにも意外なことだった。基礎資料自体がなく、予備知識さえも自分で探す必要があった。結局、「マンチェスターの女性労働史」を探すのは諦め、ないことを確認しただけに終わった。

その後わかったことだが、トラフォード・パークの工場に女性労働者は多くはなく、おそらくそのために文書や記録資料を入手できなかったのだ。一九三〇年代には紡績工場や食品工場（たとえばケロッグ）、石鹸、ゴム製品、電気機械工場がいくつか存在した。しかし大半の工場は男性を雇用する重工業だった。第二次世界大戦中には多数の女性が雇用され、戦時中に工場を新設したフォードにとくに顕著なことだったが、戦前はトラフォード・パークで女性が組立作業につくことはほとんどなかったようである（McIntosh, 1991）。生涯を通じて工業団地で働いてきた人（メアリー・グーデン、エイミー・ファウラー）とようやく連絡が取れたが、彼女たちは独身であり、ここから結婚退職制の存在もわかった。とにかく地元の女性はみな、トラフォード・パークは何よりも男性のための場所であり、既婚女性が働く場所ではなかったと言っていた。そのため、工業団地の歴史、戦間期のフォードや工場の操業史、住宅団地の歴史と（私が行ったコニー・ミッチェルへのインタヴューを含む）居住者の回想録に関する文書資料を大量に集めたものの、あまり利用できなかった。

「実現しなかった研究計画」をこれ以上詳しく述べてもしかたがない。(5) 私は世代と地域の比較に取り組むつもりで一組の母娘（クラリス・ホームズとドリーン・ベイカー）にインタヴューを行った。しかし最終的には、当初の計画とは異なる研究「テーマ」になった。マンチェスターで女性組立ライン工を対象とした調査はできそうになかった。マンチェスターは早くから産業が多様化し繁栄していた（綿工業とそれに関連する問題は〔その〕北部へと移動していた）。戦間期の失業率は比較的低い水準にあり、若者はいとも簡単に仕事に就いたり辞めたりしていた。依然として職の多くは綿工業だったが、雇用が拡大していたのは工場労働ではなく、事務職や販売が中心だった（*Census of Population*, 1931; Harley, 1937; Fowler, 1988）。労働市場は地理的に区切られそれぞれが特徴的で、サルフォード、エクルズ、ストレットフォードはマンチェスターとまったく別の様相を見せていた。そのためマンチェスターと周辺地域を「一つの」労働市場と考えることは非現実的だった。確かに地元の人は、労働市場は地理的に狭く区切られていたと話しており、自宅から歩ける（もしくはちょっとバスに乗る）範囲内で仕事を探していた。

こうした理由で、結果的に調査対象者は組立作業以外の仕事に従事していた人たちとなった。調査対象者はマンチェスターの中心部に限定しないことにした。現実問題として調査はかなり臨機応変にせざるを得ず、戦間期に工業関連の雇用経験があることが被調査者を選ぶ最低基準となった。しかし面白いことに、意図せざる結果として、調査対象者は二つの主要な職業グループ、つまり本書のタイトルである「綿工業労働者と臨時雇い」（cottons and casuals）になった。なぜそうなったのかは後述しよう。〔織工を中心とする〕綿工業労働者の大半はボルトンとその周辺地区の出身で、働いていた間はずっとフルタイムの有償雇用に就いていた〔これが一つめの職業グループである〕。もう一つのグループは、職業も雇用パターンも多様だった。女性も含めて幾人かはサルフォードに住み、結婚前は正式に雇われて賃金労働に就いていたが、その後は臨時雇いで働いた。加えて数は少ないが、綿工業労働者と臨時雇いとは区別される第三のグループとして、独身女性がいる。すべての証言を詳細に吟味し、一つのインタヴュー記録を何度も多角的に見直すなかで、経歴の違いにとどまらない、職業グループごとの体系的な相違点がだんだんと浮かび上がってきた。これらの体系的な類似性と差異を見つけたことで、雇用、家事の取り決め、アイデンティティの結びつきを比較することに関心をもつことになった。

ランカシャーの織物産業については詳細な記録があり（たとえばJewkes and Grey, 1935; Saul, 1960; Chandler, 1980; Pollard, 1983; Pagnamenta and Overy, 1984）、調査対象者となった織工たちの経験を当該産業の歴史に位置づけることは容易だった。今日知られているように、当時こうした仕事は女性職としての優位性を失いつつあった（一九二一年には女性就業者一〇〇〇人中一一〇人、一九三一年には一〇四人が織物労働者だったが、一九五一年には五七人のみとなった）（*Census of Population*, 1931, Occupational Tables G: 673–80; *Census of Population*, 1951, General Report, Table 62: 134–5）。戦間期に終焉をむかえた伝統的な主要産業は多くの問題を抱えていたが、織物産業もその典型例だった。[6]しかし当時はまだ何十万もの女性が織物産業で生計をたてている頃で、織物産業で働く女性はこの産業が末期的段階に入っているとは必ずしも思っていなかった。

〔それに対して〕臨時雇いの女性については信頼できる統計も記述された史実もなく、歴史的文脈に位置づけることは実質的に不可能だった。センサス〔国勢調査。一八〇一年より一〇年毎に行われてきた〕は〔その当時の〕目的からして、正規のフルタイム労働者のみを対象としていた。もっとも、労働者階級の女性にとって結婚生活のある段階にパートタイムでお金を稼ぐのは一般的だったという口述証言（たとえばRoberts, 1984, 1995b: 40–2）があっても、彼女たちはセンサスの「労働力」に算入されてはいない。〔結果として〕臨時雇いの史実はほとんど知られておらず、今日でも再構築がきわめて困難な、女性労働と女性史の研究の欠落部分となっている。綿工業労働者の女性と同じ程度の基礎的情報が無いのに、臨時雇いの女性を「発見した」などと書くべきではないかもしれないが、書かないことで、ある意味臨時雇いは「本来の」労働者ではない、二流の地位や周辺的存在だという印象を強くしてしまう。

調査サンプルは少なく、職業集団や町の代表性を担保していると言うつもりもない。後続の章では部分的・断片的に歴史を記述することがあるが、本研究は「社会史」を目指してはおらず、包括的な記述をするものではない。

サルフォードやボルトンの誇り高き社会史、織物労働者、若年労働者には欠くことができない多くの論点があるが、ここでは簡単に触れるにとどめたい。たとえば宗教がそれにあたる。カトリックとプロテスタントの対立について言及はするが、詳細な評価は行わない。同様にマンチェスターやボルトンの都市の歴史も大きくは扱わず、織物業の終焉についても解説しない。調査対象者の生育史に関する情報は示すが、一〇年ごとに系統だてた「歴史的な時間」の分析はしない。これら私が扱わない部分はある種の研究には重要でも、私にはあまり意味がない。本研究の主目的に照らして必要ではないからだ。詳述すべきことは人々の生活における異なる領域・側面の間にある結合パターンである。さまざまな形をとる差異と不平等を探り、その存在条件を解明することだ。そしてそれら〔パターン、差異・不平等など〕とともに、特定の個人がいかにそのなかを主体的に生き抜き、感じ、理解していたのかを比較する。その分析によって、これまでに議論してきた大きな問いに答える材料が与えられ、後述するあらゆる労働形態の分析に向けた概念枠組が洗練されるだろう。

インタヴュー対象者は、本研究の主役である。そのため調査対象者の情報は、一般的には調査の付録として巻末に置かれるが、本書では読者が参照する重要事項として本文に記載する。表・調査対象者の諸特徴（表1〜3）を見れば、各調査対象者の人物像を理解するのに十分であり、同時にグループごとの共通点と相違点が示されることを期した。この表〔こそ〕が踏み込んだ考察の基盤となる。分類方法はいろいろありうるが、だからこそ次々に思い浮かぶ疑問をもとに、語った内容を何度も精査することで、はじめて解釈ができる。ある意味、この表は分析の出発点というよりも結果であり、そのカテゴリー分けには時間をかけて定性的分析をした結果重要だと考えた特徴が出ている。

調査対象者の諸特徴　**表1**　綿工業労働者

	クラリス・ホームズ	エディス・アシュワース	リリー・ハント	マージョリー・フィッシャー	アリス・フォスター	ネリー・リンチ	ドリーン・ベイカー
生年	1895年	1907年	1911年	1914年	1917年	1918年	1919年
きょうだい[1)]	6人	6人（内，2人死亡）	2人	11人（内，4人死亡）	1人	13人（「ごっちゃになった家族」）	なし
父親の職業	技術者	建設労働者	道路舗装工	鋳物工場の金型工	鉄道関係	鋳物工場	・紡績工 ・採石工
母親の職業	工場の梳綿室	織工	・工場の梳綿室 ・洗濯の請負	・リング紡績工 ・洗濯の請負	11歳の時に家出 （父親は再婚）	10歳の時に産褥死	織工 （クラリス・ホームズ）
婚姻年	1916年	1932年	1939年	1936年	1940年	1945年	1939年
自宅	ボルトン	リトル・ハルトン	オールダム	・ロッチデール ・ティンパリー	ボルトン	ボルトン	ボルトン
本人の職業	織工	織工	・織工 ・パブ ・織工	・紡績工 ・技術者（子どもが手を離れた後）	・紡績工 ・織工	・紡績工助手 ・織工	紡績の巻き揚げ
夫の職業	・紡績工 ・採石工 ・たびたび失業し，1937年に失職	炭坑労働者（採炭夫）	・パブ ・紡績工場の倉庫	メトロポリタン・ヴィッカーズ社の整備工	鋳物業	・糸継ぎ工を少し ・兵役 ・炭坑	塗装および内装工

夫の家事の程度[2]	「ちょっとだけ」（夫に関する態度がそっけない）	食器洗いだけ（本人が「日常業務をきっちり」こなす）	食器洗い	日曜大工だけ	する	しない	しなかったという口振り（兵役で）
結婚後の仕事[3]	継続	継続	継続	・パートタイム（1943年－59年） ・フルタイム（1960年以降）	継続	・「夫が認めようとしないので，しなかった」 ・パートタイムで清掃	パートタイム（夫が反対する）
子ども	1人：1919年	2人：1933年，1937年	なし	2人：1937年，1939年	1人：1945年	4人：1946年－59年	1人：1943年
子どもの世話[4]	母親（有償）	母親（有償），平日は食事付き	非該当	母親	姉（有償：賃金の半分），食事付き	自分で	・近所の人（有償：1週間5シリング） ・保育園
A 全額渡し B 家計費渡し[5]	父：A 夫：A	父：B 夫：A	父：A 夫：A	父：B 夫：A 「けんかは無い」	夫：A	夫：B	夫：たいていA（夫の稼ぎを把握）
洗濯機[6]		1936年（!!）	コインランドリーのみ	1960年以前	1950年	1954年	1960年代
掃除機[7]		1930年代後半	1950年に冷蔵庫	1960年に冷蔵庫			戦後すぐ
風呂[8]	1960年代	1933年（貸家）	戦後	1936年（新居に水洗トイレも設置）	1979年	1954年	1960年代

特記事項[9]	・1930年代は政治活動家だった ・ドリーン・ベイカーの母親である	若い時は搾取されていた，と感じている	1930年代に，求職のためにオールダムを離れた	1930年代に，親元で家族内の唯一の稼ぎ手となる	出産後は自宅にいて退屈していた	子どもの頃から働いていた	働きに出ることをめぐり，夫と衝突しストレスがあった

表1～3について
・本文で頻繁に言及する，主要な調査対象者20人についてまとめている．インタヴューの詳細は補遺を参照のこと．
・調査対象者は， 綿工業労働者，臨時雇いと他の職業（繊維業を除く），独身女性に分類している．出身地で分けたり，ひとまとめにする方法も，もちろんあるだろう．
・証言の秘匿性のために，名前はすべて仮名にし，生年順で記載している．実名ではないので，調査者が手を入れすぎていると思われるかもしれない．

各項目に関する注
1） きょうだいの数は，調査対象者を除いている．生まれ育った家族での子どもの数は，ひとり加えること．
2） 夫が家庭内労働と子どもの世話を分担したかどうか，どれほど分担したかについて言及している．
3） 賃金労働に従事したかどうかを記載している．
4） 誰が子どもの世話をしたのか，報酬を払ったのかどうかを記している．
5） 家計の取り決めである．A は，手つかずの給料袋を全額，妻に渡す．B は，個人的に使うお金を手元におき，家計費分を妻に渡す．世帯の家計管理の方法は，パール（Pahl 1989）を参照のこと．
6） 洗濯機を自宅に入れた時期である．別のやり方の場合は，その方法を記している．
7） 電気を引いた時に掃除機を入れたならば，その時期を記している．もしくは最初の家電製品を入れた時期と，それが冷蔵庫か掃除機かを記載している．
8） 人生のいつ，どの段階で，トイレと風呂が初めて屋内に設置されたかを記している．
9） 最も注目すべきというほどではないが，調査対象者の特徴的な事柄をメモ書きしている．

調査対象者の諸特徴　**表2**　臨時雇いと他の職業

	コニー・ミッチェル	フロー・ナトール	ヒルダ・ウォーカー	アニー・プレストン	キャス・ヒントン	ウィニー・スミス	アグネス・ブラウン	メーベル・パジェット	ヴェラ・ロジャース
生年	1911年	1916年	1916年	1917年	1918年	1918年	1920年	1923年	1924年
きょうだい	4人	4人	1人	2人	2人	?	11人（内，6人死亡）「12人きょうだいの長姉」	なし	1人
父親の職業	海軍（妻と5人の子どもを遺棄）	継父 失業が長期化（無慈悲）	港湾労働者	木材集積場での業務（傷害により肢体不自由）	「仕事嫌い」	？（早世）	港湾労働者	製図工	港湾の機関士
母親の職業	洗濯の請負	事務所の清掃	ウォレスの染物工場勤務	11歳の時に死亡	理容師	？（早世）	出産前は紡績工場労働者（「もちろん続けられなかった」）	服の仮縫い	・結婚前はロープ工場勤務 ・事務所の清掃
婚姻年	1936年	1933年	1941年	1939年	1950年	1944年	1946年	1948年	1947年
自宅	・トラフォード・パーク ・サルフォード	サルフォード	サルフォード	サルフォード	・アンコーツ（1954年まで） ・ミドルトン（1965年まで） ・オールダム	オールダム	サルフォード	・サルフォード ・ティンパリー	サルフォード

本人の職業	・ブルックボンド社で茶葉のブレンド・パック詰め ・戦中はフォードに勤務	ウールワース社の工場の食堂（1949年以降）	メトロポリタン・ヴィッカーズ社の事務員（ボーナス計算係）	・工場の織工（14歳－21歳） ・夜間の清掃業務 ・その他「なんでも」	・電気機器工場 ・フェランティ社（1957年以降）	出来高払いの縫製工（1944年－69年まで同じ工場に勤務）	・紡績工 ・メトロポリタン・ヴィッカーズ社 ・ケーブル製造所，工場，バス会社（1950年－78年）	メトロポリタン・ヴィッカーズ社で「製図工」（戦中）	・事務職 ・パートタイムの販売職（子どもが手を離れた後）
夫の職業	トラフォード・パークで溶接工	トラック運転手	メトロポリタン・ヴィッカーズ社で旋盤工（熟練の技術者）	・軍隊 ・建設業 ・メトロポリタン・ヴィッカーズ社でクレーン運転手	夜間仕事の労働者	フェランティ社で技術者	煉瓦職人，季節による繁閑あり	技術者	建築・修理資材倉庫の管理人
夫の家事の程度	しない	しない	する	しない	ずっと後に，するようになる	しない	しない「古い考えの連中」	少し	しない
結婚後の仕事	継続	・子どもの世話のため休職 ・子どもの成長後にフルタイムで復帰	・出産時に退職（1941年） ・パートタイムで復職（1950年）	ずっと働いていた	働いていた「必要不可欠」	継続	継続	臨時契約で製図事務所に勤務	パートタイム
子ども	なし	6人：1935年以降	2人：1941年，1943年	5人（内，1人死亡）：1942年－59年	3人：1946年（未婚で），1956年，1959年	なし	1人：1947年	1人：1956年	5人：1948年－64年

子どもの世話	非該当	自分で	向いに住む母親（無償）	姉 （有償：子ども3人で週2ポンド）	近所の人 （有償）	非該当	隣に住む母親 （有償：賃金の5分の1，電気代と家賃）	自分で	母親（有償）
A 全額渡し B 家計費渡し	夫：B	継父：B 夫：B	夫：B 「不満は無い」	夫：B	夫：A		夫：B 「地元の慣習」	父：A 夫：B	父：B 夫：B
洗濯機	洗濯場を利用	1958年	洗濯場を利用（1970年代まで）	洗濯場を利用（1971年まで）	自宅のガス給湯器を使用		1974年 （洗濯場を称賛）	1956年	1950年以前
掃除機				1960年代 1970年代に冷蔵庫	1950年代後半	1950年代後半に冷蔵庫	1948年 （電気が通った時）	1953年に冷蔵庫	
風呂	1936年 （トラフォード・パークの借家）	1956年	1970年 （新居）	1971年 （住み替え）		1950年 （風呂付きの家を購入）		1930年代初め（ティンパリーに引っ越し後）	1960年
特記事項	サルフォードには既婚女性に仕事がないと強調する	1956年までトイレは屋外だった．「屋外のトイレはスリル満点」	・現在も生家近くに住む ・母親が働きに出ることをめぐり対立していた	・洗濯場を称賛する ・アイヴィー・ターナーのいとこである	・職探しで「靴をすり減らした」 ・子どもの世話をした人に関して，支払い以外の記憶は曖昧である	・「職探しで歩き疲れた」 ・若いので，失業手当の受給資格が無い	・子どもの世話に関して，母親に支払い続ける ・「母の助けにもなるし，私も助かる」	夫に関する語りが抑制的である	戦後の労働パターンがみられる

調査対象者の諸特徴　**表3**　独身女性と夫

	アイヴィー・ターナー	エイミー・ファウラー	メアリー・グーデン	ハリー・ファウラー
生年	1914年	1919年	1920年	1923年
きょうだい	7人（8人きょうだいの末子）	5人（内，1人死亡）	1人	6人（7人きょうだいの末子）
父親の職業	・トラック運転手 ・港湾労働者	港湾のクレーン操縦士	電車乗務員	ウォレスで労働者
母親の職業	結婚前は料理人	結婚前は印刷業	結婚前はメイド	・洗濯の請負 ・「無認可の助産師」
婚姻年	独身	1976年※	独身	1976年※
自宅	サルフォード	サルフォード	サルフォード	サルフォード
本人の職業	生協の製茶工場（1928年—76年の48年間）	・箱製造所での仕事 ・ケーブル工場（35年間） ・その他いろいろ	・縫製工場 ・メトロポリタン・ヴィッカーズ社で工場労働から事務職に転換 （1940年－80年）	徒弟を経て技術者（1980年に退職）
夫の職業	非該当	技術者	非該当	
夫の家事の程度	非該当	非該当	非該当	
結婚後の仕事	継続	継続	継続	
子ども	なし	なし	なし	なし
子どもの世話	非該当	非該当	非該当	
A 全額渡し B 家計費渡し	・父親が1934年に死亡 ・本人が母親を養う	父：B	父：A	父：A
洗濯機	洗濯屋に下洗いを依頼	・洗濯用ボイラー ・コインランドリー	・母親が自宅で手洗い ・コインランドリー	・自宅で手洗い ・コインランドリー（1968年以降）
掃除機				
風呂	1960年代（母親の死後）	1966年	1980年 （屋内に水洗トイレも設置）	1968年（住み替え時のみ）
特記事項	・生協に結婚退職制が存在した ・「母が放してくれませんでしたから」	※本人（と夫）は高齢の母親を〔お互いに〕世話しており，かなり遅くに結婚した	・1980年に61歳で退職した ・退職後に公共住宅の建て替えで，ようやく住み替えた	※母親を世話しており，エイミーと結婚するまで長く独身だった ・エイミーのインタヴューに割り込み続けるので，ハリーの話も聞くことに！

＊：エイミー・ファウラーは独身女性に分類した．彼女は57歳になって結婚したのだが，状況は他の独身女性とよく似ている．彼女の夫ハリー・ファウラーは調査対象者で唯一の男性というか，一定のインタヴューをした男性である．ハリーは妻の調査に同席し，さらに自分のライフストーリーを熱心に語った．

概念、理論、実証分析のつながりを作り直すことは、おそらく今日の社会学が直面している喫緊の課題の一つだろう。二〇世紀末には啓蒙思想後の近代ヨーロッパ思想に対する徹底的な問いかけがなされたが、それを真剣に受け止めることこそが社会学の生き残りに必要なのだ。〔これまで優勢だった〕「大きな物語」を利用する思考方法は決定論、普遍主義、本質論を含み、基本的な分析手順に二分法をとっている。この二分法は、他の学問分野と同様に社会学を特徴づけてきた。たとえば二元論（個人と社会、行為と構造、構造と文化、意味と物質性、観念論と唯物論、主体と客体など）は、実に一世紀以上にわたり社会学の中心的な分析枠組に組み込まれてきた。二元論の一方が優位に立つと、数年後にはもう一方が取って代わり、さらに両者を結びつけて二元論を乗り越えようとする。強調点や用語が少しばかり改変され、再びすべてがひとめぐりしていく。こうした二元論的思考には、何世代もの社会学徒が慣れ親しんできたもので、〔このサイクルの〕終わりなき繰り返しの、ある一時点に身を置き、それに対峙してきたのだ。

二元論とそこから生じる議論がこれほど厄介で、かつ議論が規則的に蒸し返されてなお、（私見だが）前進しているように見えない理由の一つは、より深遠で根本的な二分法、つまり「理論」と実証的データという二分法のどちらかの側にそれ〔議論の決着〕を位置づけようとするからだ。おそらくどんな「下位レベルの二分法」に関する議論よりも知的停滞を引き起こしながら、理論と実証という二分法は明確に抽象と具象を対立させており、それは学界における優位と劣位、難解と単純、そしてほぼ間違いなく男性と女性という〔二分法〕とも関係している。抽象度が高く、実証的考察が少ないほどよいとされ、その実践者の多くは（最近まで）男性だった。この〔二分法〕の分離の結果として、実証データの問いかけ〔の意味〕は念頭になく、理論をあたかもそれ自体で自立して出来上がったものとしてきた。そのため、実証的資料は単なる事例か理論的立場を論証するものにすぎなくなり、実証的資料そのものの意義を失わせてきた。もう明らかだと思うが、私が批判しているのは理論それ自体ではなく理論至上主義だ。(7) 皮肉なことだが、二元論的思考を批判する側も二元論の根幹に食い込むことはなかったのだ。それにより概して理論と実証の一方の側、多くは理論の側に立ってきたことで、掘り崩しをねらった相手の基礎にある二分法を事実上強化し、結局は純粋「理論」と認められる独占的な地位を再生産してきたからだ。

フェミニストの多くは、従来の二元論的な「二者択一」よりも「両方とも」の思考方法を提唱しており（Collins, 1990; Bradley, 1996 など）、本書の各章でもかなり共通したやり方をしている。私は理論と実証的データを対立させ、実証的データを理論の例示か証明だとする考え方はとらない。知というものは、とらえようとするテーマについて、〔一方では〕関連する概念とさまざまな物事を含みこんで〔分析できる〕概念枠組、〔もう一方では〕証拠に基づいて分析することと〔の双方〕が相互に絡み合って生み出されるものと見たほうがよい。その際、データを理解するために〔すでに〕組み立てられた理論を利用し、今度は実証的資料に基づき理論的な分析を行っていく。このアプローチが目指すのは、具体的実例をもとに妥当性が判断される一般理論の定式化ではなく、実証的資料の分析を通じて概念を精緻化し発展させ、抽象と具象、概念とデータを対立ではなく、関連させることだ。理論化を目指し、実証的データを処理し理解することは、いわば海図の無い航海に乗りだすようなもので、理論で理論を操作し理論上の位置取りや批判をするよりも、はるかに難しい知的作業だと私は考える。

しかし、調査プロジェクトの主目的を時代超越的な理論の展開ではなく、我々が直面する社会過程やダイナミクスを分析し説明することに置く場合、データ・理論・概念を切り分けつつ、ともに関連づける個別の方法が必要になろう。そこでは主に、一方が概念と〔分析のための〕概念枠組、もう一方が特定の歴史的環境と実証的データの分析〔という二者〕の間を行き来することになる。こうした理論化の過程を経て、新しい知が蓄積されるし、概念と枠組が精緻化し改良されていく。だからといって、さまざまな二元論や二分法によって表現されてきた社会分析の伝統的ジレンマを考察しないわけにはいかない。言い換えれば、二分法は社会分析の媒介変数であり続けるのであり、理論的・実証的なレベルでの解答とはならないまでも、二分法は世界観、哲学、存在論、社会生活の思考枠組としてはおそらく最も有益なのだ。「労働をめぐる全社会的組織化」は、次節で概略し本書全体で用いられるが、これは「労働」というものの包括的思考を可能とし、あらゆる形態の労働活動の分析のために考案した思考のツールであり、先に示した概念と実証的データという二分法への挑戦を試みるものだ。働くことに関する〔あるいは労働というものの〕事例が概念枠組の「ケーススタディ」や「証拠」には決してならないのと同様、この枠組がまったく抽象的に定式化されるわけではない。

こうした趣旨から考えると、本研究の主題にはいくつもの二分法や「下位レベルの二分法」が実に直接関わっている。注意深く見るならば、「個人と社会」「行為者と構造」という二分法は、一方は意味、主観もしくはアイデンティティを、もう一方は物質性、客観的状態に注目していると理解できる。しかし個人やそのライフヒストリーを見る際には、特定の個人を外部からの圧力や社会状況を「反映したもの」である、あるいは自らを（再）創造できた存在であるとはとらえていない。むしろ自分のおかれた状況に規定されつつも、その状況に応答し、自分自身を見いだす存在ととらえるアプローチを採っている。人は自らの歴史とアイデンティティをもつ唯一の存在であると同時に、自分が置かれた状況を越えて、自分が帰属しその一部を成す社会構造や、課せられた制約、与えられた機会についてひもといていくことができる存在だからだ。もうひとつ重要な区分である公私の区分を扱う際には、同様に両者を別々にとらえては理解できないという前提に立ち、その相互関係に着目する。もし「公」が「私」と対照的な意味をもつ正反対なものとして構築されているのなら、逆もまた然りである。だからこそ二つのうちのいずれかに分けるのではなく、両方とも一緒に扱わなければならない。

「差異」は一九九〇年代の社会および文化分析で最もよく使われる用語のひとつであり、本研究の中心的用語ともなっている。言説や学問領域に応じてその意味は異なるが、さまざまなレベルの分析や一般論で利用されてきた。

フェミニスト理論では、（とくに）ある特定の差異が構成され、問題視され、再生産もしくは再記号化される、そのあり方の多様性を示しつつ、経験、社会関係、主観性、アイデンティティに言及するうえで「差異」を広く使ってきた（Barrett, 1987; Brah, 1997: 125）。差異を認識することによって、差異という現象を説明する、あるいは因果関係を分析するという試み自体が往々にして拒否され、そもそも許されることでも可能なことでもないとされがちだった。とくに差異が特定の理論的立場、すなわち（アイデンティティや社会関係の）断片化に力点を起き、意味の持つうつろいやすく漂い、常に変化し不安定な性質を強調する場合にはそうなった。私が探究する「差異」は、単なる言説の一つではなく（そういう場合もあるが）、生きられた経験、社会関係、そうした経験や社会関係への主観的理解の一つ〔のあり方〕である。物と言葉（Barrett, 1992）、言い換えれば物質性と意味は、異なるが切り離せないからだ（Bradley, 1996: 10）。

一見して類似した女性の間に存在する経験の多様性は、本書の主要な論点のひとつだ。女性性や女性アイデンティティの複数性および多様性への着目を前面に押し出してみよう。そうすることで、一九三〇年代のサルフォードやボルトンの労働者階級の多く住む地域に生きた女性たちの女性であるということの多様性、そして、それら女性の存在を理解するうえで、もっと多くの方法があったことが認識できるだろう。だからといって、必ずしも解釈的分析が不要なわけではない。差異を認識することに留意すること自体が、構造に関わる概念を掘り崩すわけでもない。決定論的で一元論的で普遍化された説明をするモダニストのひび割れたメタ物語をとるか、もしくはひたすら言説とその再記述に専念し、あらゆるカテゴリーや体系や要因を拒絶するかという、どちらかを選択する（これも新たな二分法か？）以外にも道はある。「ポスト・ポストモダニズム」（Walby, 1992）時代の社会理論は、相互排他的で対立する二者択一だけではない。〔人々を何らかの視点から区分けしてできた〕カテゴリーの内的差異を見るという別のやり方を採れば、信頼を失ったモダニストの理論よりも優れた理論構築への応答となるだろう（Holmwood, 1994; Marshall, 1994）。〔女性、若者といった〕カテゴリー内部の差異を見るのはカテゴリーというものが不要だからではなく、より洗練された概念を生み出すためのよい契機となると考えたい（Maynard, 1994: 22）。社会的世界の複雑さを前に、因果関係という考え方をやめずにそれに取り組み（Walby, 1992: 48）、さまざまな不平等、断片化、分極化が複合しているさまを説明可能な諸傾向としてとらえる（Bradley, 1996: 204）。多様性、複合性、差異や複雑さを分析にとっての前向きな課題として積極的に受け入れる、これがおおざっぱに言えば本書のアプローチだ。

具体的には、さまざまな形態の社会的分離が相互に交差する、そのありようを考察することであり、その交差の布置連関が他の人々にとって、またどの範囲に、どのように共有されているのかを考察する。職業、ジェンダー、経済的地位、階級、婚姻関係の有無、年齢、地域性がここでとりあげる主要な社会関係だ。第6章で地域の違いを強調する言説の底流にエスニシティの疑似的要素を見るが、本書では「人種」とエスニシティの扱いは比較的小さい。(8) インタヴューした女性はすべて白人で、「生粋の」ランカシャー人だった。彼女たちの両親や祖父母にはイギリスの他の地域やアイルランドからの移住者がいたが、祖先の出自は彼女たちの今の居住地ほどには重要でないと思われた。

とはいえ、「人種」／エスニシティ、およびそれらと他の社会的分離の連関については、別の方法で分析に組み入れている。異なる形態をとるさまざまな不平等の複合的な交差を考察するうえで、ここで用いた枠組の多くは、「黒人からの白人フェミニズムへの批判」という非常に生産的な議論の余波の中で大きく展開したものであり、その際、他の差異をめぐる社会的な徴《しるし》づけ、社会的分離とともに「人種」／エスニシティの交差性の再概念化が試みられた。たとえばアンシアスとユーヴァル‐デイヴィスは、階級、ジェンダー、エスニシティ、人種差別を互いにとっての文脈として扱う枠組を論じ、ジェンダーを横断するエスニシティや階級という分離、エスニシティや階級の中にあるジェンダー分離の重要性を強調する（Anthias and Yuval-Davis 1983, 1992）。二人によれば、ジェンダーは常に階級やエスニシティの文脈に置くべきであり、逆に階級やエスニシティもジェンダーの文脈に置くべきだ。そう考えれば分離の重層性という概念を受容し、同じエスニック集団、ジェンダー集団、階級集団内に存在する不平等な権力関係を取り扱えるようになるという。同様の枠組をコリンズは「支配のマトリックス」という概念で提起しており（Collins, 1990）、アンシアスとユーヴァル－デイヴィスと同様に、抑圧を一つの尺度で単純に足し算していく加法モデルではなく、互いに連動しあう特徴として分離をとらえるために、「両方とも」という包括的アプローチを採る。こうした概念的立ち位置から、この文脈に依拠するならば、「人は抑圧者にもなり、被抑圧集団の一員にもなる。抑圧者であると同時に被抑圧者である」（Collins, 1990: 225）。「交差性」という概念は、まさにジェンダーとエスニシティ、ジェンダーとナショナリティの複合的な交差をとらえるために生み出され、練りあげられてきたものだ（Brah, 1996: Chap. 5; Lewis, 1996; Phoenix, 1998）。その意味で、この概念は本研究〔の目的〕と直結するものであり、これを使い、さらに発展させたい。〔社会的な〕結合と分離の多面的な特質を浮かびあがらせるうえで、交差（いつもこの用語を用いるとは限らないが）というアプローチを中心的に採用する。

二元論を越えて考え、実証的資料に基づいて概念を発展させる。差異と多様性およびその説明の仕方に注目する。社会的分離のあり方と不平等のあり方とがどのように結びつきうるのか——これらは、要するに社会理論「一般」にとって最も差し迫った論点である。解決できる論点なのか否か、一般的な形での解答が出る論点なのか否かは、いまは置いておこう。これまでの議論からわかるように〔解決も回答もできないのであって〕、そうしようとすること自体、ここまでの議論の元となった批判的考察をよく理解していないことになるだろう。これらはたった一つの、普遍的で絶対的な解答を求めるタイプの問いではなく、むしろ、これらの問いは、実証分析との関係においてこそ明確に答えることのできる問いなのだ。

「労働をめぐる全社会的組織化」

「労働をめぐる全社会的組織化」（Total Social Organisation of Labour）は、先の理論に関する問題を実践的に論証するもので、次章以降の基本的な分析枠組でもあるので、ここで詳しく説明しよう。「働くこと」は有償労働と同義ではなく、工業社会に特有の「経済」構造でのみ営まれるものでもない。それは多様な社会的経済的関係内で行われ、さまざまな形態をとる。このように認識すると、「働く」ことという概念の核心に迫る疑問が生じる。働くことは非労働活動に埋め込まれているかもしれないし、同じ活動がある状況では「働く」ことになり、別の状況では「働く」ことにならない場合がある。「働く」とは輪郭を説明するにはあいまいで、他の活動と区別しにくく、複雑な社会のセクターや制度の枠の内側、外側にあったり、あるいは横断してもいる。この活動はどうすれば接近し定義できるだろうか。「労働をめぐる全社会的組織化」（長くて扱いにくい用語だが[9]）は、見方を変えてこうした問題を解決しようとする概念枠組である。「労働をめぐる全社会的組織化」が示すのは、特定の社会におけるあらゆる労働がさまざまな構造、制度、活動、人々の間で分割され、配分されるあり方である。その意味で、「労働をめぐる全社会的組織化」はある種の高次の分業を指す。個別の組織や労働過程内部で行われる、〔工程管理のような〕技術上の分業のことではなく、特定の社会において、制度的領域すべてにわたってある「働く」ということがいかに分業されているのかを意味する。それは、経済的制約と利害関係という観点から見た活動の組織化である。

「労働をめぐる全社会的組織化」は、もともと拙著『組立ラインで働く女性』で練り上げた考え方で、戦間期の家庭経済と市場経済の関係の変容と、それに関わって大きく変化した、両セクターをまたがるジェンダー間分業を概念化する手段だった。家庭やフォーマルな経済組織で行われる諸活動は互いに結ばれているとはいえ、そのつながりは変化しており、これらを最も理解できるのは「労働」ないしは働くというより広いつながりが、両領域を共に結びつける状況下で展開される場合だと考えた。

このような具体的な事情から出発しているが、「労働をめぐる全社会的組織化」は広く一般に適用できる（Glucksmann, 1995, 1998での議論を参照）。ある社会で組織化される労働の〔配分や組み合わせ、構成を指す〕布置連関は、特定の国のある歴史的局面における特殊な差異パターンのあり方として一時点に注目して分析することもできる。通時的に見て〔ある社会の〕「労働をめぐる全社会的組織化」が別のあり方へと変化したり、社会編成の違いを特徴づける構造の布置連関がどう違うかという比較の視点から分析することもできる。時期を特定し、「労働をめぐる全社会的組織化」のより具体的な分析を行う場合、生産、サービス、福祉、教育など異なる機能の間での労働配分や、そうした機能を担う〔さまざまな〕労働の制度や形態に注目することになる。保健医療や教育などの登場といった歴史的展開もこの枠組で扱えるだろう。各セクター内の分業や不平等の序列だけでなく、セクター間が分離し差異化するさま、セクター間をつなぐ回路や異なるセクター間で作動する決定的な関係が考察できる。先述の例にしたがえば、市場経済と家庭経済は産業社会における生産と再生産の二大セクターとして考えられるが、この二つしか無いわけではない。どの時代にも、各セクターの間に構造的な分離や結合があり、そうだからこそ各セクターはある特定の方法で分節化されている。そのセクター内部の〔分離、結合に関する〕組織化に加え、そうしたセクター間の関係には構造的なものも介在する。あるセクターで生じたことが他の領域に影響し、それがまた別のセクターに作用するというように相互依存関係にある。別々だが自律的なセクター群の分節的統合に着目することで、それぞれのセクターにある不平等のヒエラルキーの連関をとらえることが可能となる。

理論レベルでは、労働に対する包括的アプローチにより、現実と観念の双方で公と私、仕事と家庭、商品と非商品といった分離が乗り越えられ、二分法や二元論による分析に異議申立てができる。関係に着目した概念である「労働をめぐる全社会的組織化」は、セクター間の相互関連やそこで執り行われている労働の〔セクターを越えた〕相互関連を意味するので、その見方をとれば制度や活動すべてがどのような関係にあるのかという相互連関全体を見渡すことができる。物事がいかに依存し合いながら動いているかを説明でき、決定論・起源論・一元論的根拠から説明をせず、物事の不変性を前提には置かない。必ずしも調和し安定的な関係にあるわけではないにしても、すべてのセクターが相互に作用し合っていると考えれば、自律的でそれ自体で完結する生産領域があるという可能性はほとんど認められない。労働の「組織化」とは、調整され外的な強制を受けたいわゆる「組織」をさしているのではない。「労働をめぐる全社会的組織化」は、所与のものでも境界線を持つものでもなく、特定の社会のある歴史的局面に現れる、さまざまに分化したセクターの総合的なネットワークと考えるべきである。

この枠組には〔具体的な分析に〕先だって、何が労働を構成するかの定義も、社会的に必要な労働の「総量」の想定もない。労働と見なされるものは社会環境に応じて変化するだろうし、労働活動は多かれ少なかれ他の活動に埋め込まれ構造的に区別される。「労働をめぐる全社会的組織化」では、どこでどのように行われるかに関係なく、経済関係と経済構造における生産と再生産に関する全活動を含むので、「働く」ことの定義は広くなる。働くことは、国家、資本家である雇用主、共同体、封建領主、夫、義母、自己のために行われるだろう。有償、無償、「ボランティア」の場合もあり、使用価値や交換価値を産むこともある。奴隷制プランテーション、共産主義社会のコミューン、市場という「公的」経済、世帯という「私的」経済、共同体で行われもする。〔これらに留意して〕働くことや経済関係の構成要素への本質的・根本的・断定的な定義をやめると、「労働をめぐる全社会的組織化」は「働く」ことをめぐる関係性をとらえる概念となる。〔その〕諸活動が働くことだと理解されるのは、互いにまとまり依存しあうそのさまが、それをとくに経済関係をなしていると考えるだけの価値を与えるからだ。要するに「労働をめぐる全社会的組織化」は、〔考え方を表す〕概念枠組であり、分析方法であり、その価値は実証研究を通じてのみ発揮される。「労働をめぐる全社会的組織化」は「理論」や「考え方」として事例によって「証明され」「裏付ける」ものではないのである。

この枠組は〔過去の私の研究で〕、大量生産・大量消費開始前後の家庭経済と市場経済の関係変化と統合方法の分析においてその有効性が確かめられている。標準的な有償雇用への女性の参入の拡大、世帯における個人の賃金の意味と役割の変化、住み込みでの家事サービス提供が制度としては消えていくといった展開に対しても、新たな見方を加えている。

次章以降では、「労働をめぐる全社会的組織化」の視点をさらに発展させていきたい。私はこれまで主としてマクロレベルの分析に用いてきたが、ここではミクロレベルでも展開し、〔調査対象となった〕特定の人々、職業グループ、地域労働市場それぞれに見られる有償労働と家庭内労働との結びつき方の違いを明らかにすべく用いよう。また「労働をめぐる全社会的組織化」の再考、さらなる精緻化も必要だ。それによって分析のより具体的なレベルで、さまざまなものをこの枠組に盛り込めるようになるからだ。世代間での変化のみならず、個人のライフコースにおける変化、さらに、その変化をたとえば家庭と仕事などの結びつき方や分離の接点もしくは布置連関の変化をも扱えるようになる。現存する労働の社会的組織化には、かならず位置や範囲という空間の次元があるのと同様に、時間の次元が存在する。時間の流れと繰り返しの中で多様な接点や結びつきが生じるが、この繰り返しは互いをまた同じにし、決裂させ、別の形へと変化させる。このことからわかるのは、歴史的な時間の進行と交差しながらも、歴史的な時間とは区別される時間的な秩序が存在することだ。「労働をめぐる全社会的組織化」にとって時間性は不可欠なものであり、ここではこの概念枠組に全体として空間、世代、時間という次元を導入していくが、その試みの一部としても、時間性を十分に考察したい。

「知の関係性」

もうひとつ重要なのは、調査過程における〔データ収集段階と最終的な記述にいたるまでの〕「中間の過程」である。第2章では原資料の解釈や適・不適について取り上げるが、これは近年の認識論の議論と、社会調査とフェミニスト調査手法にポストモダンやポスト構造主義がもたらした視点にも間接的にではあるものの関わっている。しかしこの点について、ポストモダン、ポスト構造主義の文献が明瞭に、あるいは詳細に言及しているわけではない。こうした文献に親しんでいる読者は、この議論との関わりがわかるだろうが、かといって、以下の議論においてこの思想的文脈の理解が不可欠というわけではない。

データ解釈という問題をめぐっては、多くの問題が派生してくる。フェミニスト研究の重大な関心事である、調査者と被調査者の社会的位置の違いを考え、それを分析に反映し、乗り越えるといった問題にとどまらない（Stanley, 1990; Reay, 1996）。別稿で論じたように（Glucksmann, 1994）、調査者と被調査者は利害も、投入するお金も、調査過程への関わり方もまったく異なるのであり、調査者と被調査者の関係を対等なものにすること自体、不可能で見当違いである。「民衆に声を与える」ということの意味は、人が語ったことを単に再現することでも分析を放棄することではない。人々を調査「対象」として扱う、「自由に語ってもらう」ということ以外に選択肢はあるのだ。オーラル・ヒストリーや質的インタヴューでは、課題を設定し、質問を組み立て、主導権を握るのは調査者である。調査を終えた段階で、調査者が自分のした質問に責任を負わず、語ったことやライフストーリーを分析し比較しないのなら、調査者自身が対象者との違いを自ら消し去り、調査資料の産出における最も重要で能動的な役割をあいまいなものにするだけだ。もっとも調査者と被調査者のそれぞれの社会的位置は〔調査によって〕引き出された情報の解釈を左右するものであり、より広義の「位置どりの政治（politics of location）」――誰が、誰のために、誰と、どのように話せるのか――に敏感であることが大切だ（Mohanty, 1991）。さらに重要なのが再帰性という課題だ。〔調査においては自らが〕使用する文書資料やあらゆる形態の証拠に対して再帰性の観点を適用すべきであり、それら資料やデータが産出される過程にある関係、さらに自分のデータを産出する際の研究者の役割にも、精査と吟味が求められる。

インタヴュー記録に細心の注意を払い、他の資料を参照し解釈を裏付けるのは、ここで述べたような類の調査に求められる基本的手続きである。時には、出典の違うデータが矛盾し対立することがある。生じた矛盾について、何をどうしたらよいのかという現実的問題に直面することもある。どうすれば資料の食い違いを避けることができるのか、調査プロジェクト全体を考え直すべきなのか。その判断が迫られるのだ。また、データの不整合に関しては、より深く、認識論的問題に根差した問い、不整合はなぜ生じるのかという問いが存在する。このことは位置どりの政治、社会的位置、〔複数のアプローチや調査方法を並行して用い、調査の精緻化を図る〕トライアンギュレーションの過程で用いたすべての資料と証拠の産出方法を（その資料や証拠が裏付けられているか否かに関係なく）省察することの重要性を示している。

これらの論点は、第2章で「知の関係性」「知の相互作用」（Harvey, 1999a）の見地から論じる。社会調査あるいは調査資料〔に表象される〕さまざまな知は、調査者と被調査者という特定の関係のもとで生みだされることを十分に意識する必要がある。調査票やインタヴュー、公式統計、エスノグラフィックな観察手法などすべての「知の道具」には、知における主体と客体、調査者と被調査者という特定の関係が含まれている。この関係は知の道具によってかなり異なるが、知の相互作用のもとに示され考察された結果としての知の性質を必然的に形作る。こうした意味で、調査資料は方法論・調査方法とその対象との相互作用なのである。

各章の構成

知の関係性、関係性を重視した解釈、働くことに関する「全体的な」研究枠組が、本書が関心を寄せる主題であり、〔ここでは抽象的な議論ではなく〕特定の職業、場所、人々に関する調査データの探究を通じて議論を発展させていく。個人の具体的な経験が社会的・歴史的状況をよく示すように、「ささいな事柄」とされることがそうした位置づけをはるかに超えた重要性をもつこともある。そのような抽象的なレベルと一般的なレベルという、異なる尺度の間を行きつ戻りつしながらの分析が、第2章以降の狙いであり、彼らが語るより重要な物語のために、具体的な人々とその話に登場する習慣に注目していくことになる。

第2章、第3章、第4章は主要な登場人物を順次紹介するという論理で章立てをしているので、第5章、第6章に達する頃には、読者は彼女たちのライフヒストリーを熟知しているはずである。時間と場所の議論は、前述した

〔織工を中心とする〕綿工業労働者と臨時雇いの女性労働者の具体的な話と事例をもとに展開する。同様に「労働をめぐる全社会的組織化」における時間性と場所の分析方法は、それら女性たちが経験した異なる関係のもとで配置された家庭と仕事の〔ジェンダー化された〕経済とその世代的特性をもとに編み出した。表・調査対象者の諸特徴〔本章表1、表2、表3〕は、本書全体を通しての要約ともいえるものなので、読者にはこれを参照しながら読み進めてもらいたい。

第2章の主要なテーマは「調査が作られる過程」である。調査過程における〔データ収集段階と最終的な記述にいたるまでの〕「中間の過程」に焦点をあてる。この段階は倫理的あるいは実践的手本に乏しく、外部からの監視や吟味もほとんどない部分である。とくにデータが一貫性を欠く場合に、「知の相互作用」で得られた多様な資料による材料を、総合的に扱うのはきわめて難しい。この章では、裁縫、指物、料理のアナロジーを借用し、そもそもの資料を縫い合わせ、継ぎ合わせ、はぎ合わせ、収集したひとかたまりの資料という「ケーキを切り分ける」際の問題を論じる。口述証言がどのような状況で生まれ、解釈されるのかという議論をするうえで、私のインタヴュー調査から最初に主要な登場人物を何人か紹介したい。同様の観点から、戦間期の調査にはじまりセンサスの値にいたるまで文書資料を検討している。

第3章は「労働をめぐる全社会的組織化」の枠組を用いて、綿織物業で働いてきた「綿工業労働者と臨時雇い」の比較であり、両者の有償労働と家庭内労働との接合パターンを考察する。この二つのグループは対照的で体系的な違いがある。重要なのは、女性たち自身の違いだけでなく、男性雇用の特徴、彼女たちが暮らし働く地域での経済的・文化的特徴においてもやはり対照的で体系的な違いがあることだ。織工を中心とする綿工業労働者は商品やサービスを購入できたが、臨時雇いの女性たちはそれができようはずもなく、逆に自身がサービスを提供し売る側に回ることが多かった。この両者が実にさまざまな方法で既婚女性が働く伝統を相互に維持することになったのだ。経済的階層と構造化された不平等は、当時、労働者階級の女性の間に存在していた。二つのグループは、「働く」

ことに関する認識だけでなく、家庭と仕事の分離のあり方、核となるアイデンティティも異なっていた。

第4章は、ケーキを別の角度で切り分けている。調査対象となった女性たちの若かりし頃を検討し、世代間関係に焦点をあてる。とくに子どもの賃労働と家庭での仕事との関連や、ライフコース上で部分的に変化する、世代間でのジェンダー化した義務と互酬性、少数の調査事例の中ですら見いだされる家族形態の多様性に関心を向ける。世代間貧しく失業していようが、映画館やダンスホールに頻繁に出入りしていようが、若者は戦間期の調査でいつも「問題」と見なされていた。一九三九年以前に登場した一〇代の消費文化の形跡と、若者がどのように不況を経験したかをその多様性とともに検討する。

第4章では、調査対象者のなかで（全人口でも）少数派の女性たちについても考察している。未婚で定年まで有償雇用に従事し、多くが高齢の両親と同居し扶養していた女性たちだ。働くことと家庭との関連のパターン、ライフコースを通じて変化する親子間の依存のありよう、彼女たち特有の女性アイデンティティは、既婚女性労働者とは対照的だった。

時間と場所は社会関係を構成する座標であり、この二つの存在の重要性は社会理論家によって常に意識されながらも、時間と場所の「なかで」生じる、社会過程や社会現象の分析から、時間と場所は長らく取りこぼされてきた。時間と場所の枠組は、実際のところ、どの程度分析に組み入れられ、組み入れるべきなのだろうか。社会過程の解釈にどんな影響を与えるのだろうか。学際的研究への積極的手段となるのだろうか。第5章では時間、第6章では場所を中心に、こうした問題をいくつか取り上げながら、〔社会関係の分析における〕時間と空間の重要性について論じる。

時間性は暗黙の了解となっているが、社会生活を統合的に構成するものである。第5章は時間性を前面に出し、インタヴューした女性たちの時間性の組織化と生活における時間の組織化の分析で得られた知見を検討する。そして分析の焦点をジェンダーと時間性に置くことの重要性について、より一般化したかたちで考察する。時間性と時間の使い方に関するさまざまな社会学的アプローチ、また「時間の経済」なるものが提起する枠組について再検討する。その考察をもって、織工と臨時雇いの女性たちの時間性の組織化と生活の分析に立ち戻り、両者が時間性において体系的に異なることを論じる。時間性を仕事と生活の時間的構造、ライフコース、公私の分離という三つに分け、それらが空間的のみならず時間的にも構成されている点を見ていく。同時並行で複数の、まったく異なる時間性に折り合いをつけ〔生活を組織化していた〕臨時雇用の女性たちの時間性と、近年の研究が取り上げる一九九〇年代のポストモダンを特徴づける「新しい時間」の〔一見しての〕類似性は、ジェンダー中立的とされてきた労働時間とりわけ産業時間や標準時間の概念に対する再評価を促すことになるだろう。

「労働をめぐる全社会的組織化」に新しく導入する時間の次元は、第6章で論じる空間的次元を加えることでさらに引き立つことになる。その際、近年の地理学における展開——すなわち空間的なるものへの社会的刻印、地域性と場所の概念およびそこから生じる特性に関する議論、ホーム〔家庭・故郷〕の意味、場所に根差したアイデンティティという議論を評価し、適用している。空間というプリズムからサルフォードとボルトン、〔織工を中心とする〕綿工業労働者と臨時雇いを再検討し、場所と空間が人々とその生活にとってのみならず、〔また別の意味で〕人々と生活の解釈において重要であることを示す。〔また〕二つの点から、人々と場所との相互連結を考察したい。第一は「不均等発展」と空間の不平等だ。住環境と住宅設備の近代化に着目し、とくにグレーター・マンチェスター*にあるまったく異なる条件下の地区、そしてイングランド北西部と南東部の〔「不均等発展」と空間の不平等を〕取り上げる。住宅改修がもたらすきわめて大きな変動とその複雑な様相について、「パッチワーク」と「一足飛び《リープフロッグ》」という用語で論じる。第二は、地域性、ローカリズム、地域へのアイデンティティといった空間的側

* マンチェスター市と隣接するサルフォード市、トラフォード区を中心とするイングランドの北西部に位置する行政地区のこと。ボルトン、オールダム、ロッチデール、トラフォードなどの八区とマンチェスター市、サルフォード市から構成されている。人口規模はグレーター・ロンドン、ウェスト・ミッドランズに次ぐ。

面である。〔場所そのものが要因になっているわけではないが、場所によって異なる人々の〕場所に対する愛着とアイデンティティの多様性、インタヴューした退職織工と臨時雇いにとって生活の場と地域の伝統が持つ意味を、とくにその過去の記憶における意味を中心に論じる。

最終章はこれらの多様なテーマを編みこんでいくことになる。「労働をめぐる全社会的組織化」を再定式化し、社会分析にあたって交差性と布置連関に着目する関係という視角が重要であることを示す。本書では特定の歴史・地理的条件下にある過程、人々と環境に関する調査プロジェクトをもとに、以上のテーマを探究している。しかしながら、〔その具体的な事例による実証研究に基づく〕結論、問い、そこから導き出される示唆、分析のありようが広く二一世紀の社会展開の分析に妥当すると主張したい。

注

（1）衰退の詳細やその根源的な理由については、Pollard（1983），Mowat（1955），Buxton and Aldcroft（1979），Branson and Hinemann（1973），Richardson（1967），Saul（1960），Chandler（1980）を参照。

（2）二〇世紀の女性労働と有償雇用を包括的に説明したLewis（1984, 1992）およびRoberts（1995b）を参照。

（3）このため全労働力に占める女性の比率は、同時期に二九・七％から三〇・八％に上昇している（Hakim, 1979: 25）。

（4）私は今もマンチェスター大学社会学部のハルスワースシニア研究助成にたいへん感謝している。これが無ければ、調査も本書もあり得なかった。

（5）補遺に主要な資料を挙げている。

（6）織物産業は伝統的に家族経営の工場が多く、各工場は生産工程の一部を担うか特定の織物のみを製造しており、工場間の競争は激しかった。そして学齢期の少女を雇用する「ハーフタイムシステム」〔繊維産業で、少女たちが交代制で学校に通い工場で働くようにした方式。一四歳までの義務教育化と児童労働の制限を目的とした、一九一八年のフィッシャー法によって廃止された〕が、一九二〇年代まで存在していた（Frow and Frow, 1970）。さらに日本やアメリカをはじめとする他の国々は、紡績や織物に新たな生産技術を導入したが、イギリスはこの点で遅れをとった。これらの産業内部の特徴に、外国市場とりわけインドの喪失と世界市場での競争の激化が結びつき、イギリスの織物産業の力は徐々に衰えた。概観として、Glucksmann（1990: 67-71）を参照。

（7）時間に関連するさらなる議論は、第5章を参照。

（8）イギリス人、ランカシャー人、サルフォード人といった女性の自己認識が、非イギリス人、非白人層を抱える帝国意識と植民地意識と関わりつつ、その対比によって形成されたのは間違いない（Hall 1993; Hall *et al.* 1999, esp. Chap. 4）。さらにランカシャー内に限定するにしても、地域の差異に関する言説は「他者化」のプロセスの「模倣」とも見なされる。しかし人種とエスニシティは、本書の研究対象の女性にとって自らを特徴づける最大の標識ではなかった。

（9）「労働をめぐる全社会的組織化」という用語は、概念的アプローチ（あらゆる種類や形態の労働、社会特有に構成された労働の特質、労働の異なる形態間の結合と組織化ならびに相互連結）の要点を示しているものの、この用語には改善の余地があるだろう。「労働をめぐる全社会的組織化」は開かれた概念であり、本質的・絶対的な概念ではない。「全（total）」と「組織化（organisation）」はそれを踏まえている。もし最初から考えなおすことができるなら別の言葉にするのだが、すでに拙著でも他の論者の著作でも使われており（たとえば Crompton, 1997; Levitas, 1998）、「新しい言葉にする」時期を逸してしまった！

駒川智子・訳

第2章　調査過程と資料
データのパッチワーク

さまざまな資料、さまざまな知

本章では、調査過程における〔データ収集段階と最終的な記述にいたるまでの〕「中間」の過程に焦点をあてる。データの収集段階でも、最終的な記述や分析でもない、両者を媒介する長い一連の過程のことだ。つまり本章では、一見縫い目のない織物のような最終分析に存在する縫い目を解きほぐし、そもそものさまざまな資料が継ぎ合わせられるときに生じる問題点を検討していく。

第1章で、この「中間」の過程には、ほとんどルールやガイドラインがなく、理論化もあまりなされていない局面であることを指摘した。調査方法の入門書のほとんどは資料を収集するときの問題、倫理、実践を扱っているが、集めた資料をどのように扱うかを示すことはまずない。確かに、その段階で何が起こるかは、調査が抱える課題の性質に影響される。本書の調査プロジェクトの場合、関連性の見つからないような一連のデータをどうつなぎ合わせて、どう検討するのかというのが、〔その段階での〕問題だった。調査プロジェクトの資料としては、まず私自身が行ったインタヴューがある。それはいったんひとつの資料としてまとめているが、そのほかに関連する資料として、一九三〇年代と一九五〇年代に出された無数の報告書、社会調査、および公的機関の行った統計がある。さらに、現在の時点から過去を描いた本、論文、小説、映画があり、そのなかには私が行ったようなオーラル・ヒストリーに基づくものもある。

　調査過程は、物の製造あるいは科学の実験と同じように、各段階を順を追って進めていく作業に例えて説明したくなるものだ。というのは、製造方法にのっとって完成品を作るために扱う原材料に例えたり、学校での科学の実験を思い出す「目的、方法、結果、結論」という構造に例えて、説明するのが一見してわかりやすそうだからだ。しかし、歴史社会学分野での質的調査が、一連の流れに沿った連続的な展開によって進められる、つまり順を追って整然と進められていくと考えるのは間違っている。歴史社会学的調査は、データ収集の段階、解釈と記述の段階、そしてその中間の過程自体においても、絶えず次の段階に進んだり後戻りしたりして〔漸次的に〕進められていくものなので、物の製造や科学の実験よりも弁証法的で、はるかに複雑だからだ。

〔調査過程を〕物の製造や科学の実験と比較することも間違っているが、それ以上に、〔調査過程で使用するデータを〕その本質的な意味において、「生《なま》」の資料であると概念化することは間違っている。入手できる多様なデータはすべて、特定の目的のために、特定の方法で、特定の受け取り手のために、そして特定の歴史的な時間において、作りだされたものである。もしその資料が後に、作成者が焦点化したものとは違う疑問を解き明かすために再使用されて再解釈されるとすれば、そうした資料が作りだされた諸条件を考慮に入れる必要がある。その諸条件が、その資料がなんであり、どのようなものとして理解されるべきかをある程度まで規定しているからだ。

　以下、論点を絞るために、本章では私自身の調査プロジェクトで使用したさまざまな種類の資料を取り上げ、そこで生じた諸問題に焦点を当てて検討していく。口述の証言とセンサスの職業統計は非常に異なる知を表象している。一九三〇年代の社会調査と小説の描く表象もまた異なっている。これらの資料は、私の調査研究に出発点を与えるという意味においてのみ生《なま》であるにすぎないのだが、私の調査研究にとってはとりあえずこれらが生《なま》の資料となる。これらの〔資料に表象される〕さまざまな知はいかに連結して展開することができるのか。それぞれの形態の資料からつぎはぎして、一貫した全体像を作ることができるのか。あるときにはある資料から取りだしたデータに基づいて分析し、また別の時にはまったく異なる別の資料からのデータに基づいて分析を組み立てるということができるか。あるいはそうすることを、正当化できるのだろうか。

そうした統合の試みは第3章以降で示していくので、本章ではこれから〔資料に表象される〕さまざまな知を用いる時に生じる問題点を概観し、調査者が直面せざるをえないさまざまに表象された知の相違について論じていく。二点ある。第一に、情報源は異なる方法によって異なる目的のために作りだされているので、認識論的にまったく異なっている。知の産出に関わる相互作用（第1章で論じた「知の相互作用」）は、「調査者と調査対象者の間のダイナミックな関係を含んでおり、その関係は調査によって作りだされる知の「生産的な原動力」だと考えられる」(Harvey, 1999a: 487)。この相互作用は特有の知をもたらす。あまりにも異なるものはつなぎ合わせることはおろか、比較することさえも困難なのかどうか。第二に、共通点のない、また、その内容もしばしば矛盾する情報を提示する。このように「同じ」現実であっても、資料の説明がまったく異なったら、調査者はどうしたらいいのだろうか。首肯できるところを選びだして、それに合わないものを黙殺したいという誘惑をどうしたら避けられるのだろうか。そういった場合、むしろ多様な資料間に見られる不一致が生じた理由を熟考し、明らかにすることにおそらく価値があるだろう。というのは、異なる資料の間に見られる矛盾は、表象そのものと表象されているものの両方を明らかにするからだ。

三人の女性労働者の人物像

ここでは私がインタヴューした女性の何人かを紹介したい。

メアリー・グーデン

メアリー・グーデンは、一九二〇年生まれで六一歳になるまでサルフォードにあったツゥーアップ・ツゥーダウン*と呼ばれる典型的な労働者住宅に住んでいた。一九八〇年は彼女にとっては忘れがたい年となった。というのは、彼女はその年、地方自治体から初めて水道付きの風呂と屋内トイレがある公営のフラット（と呼ばれる集合住宅の一戸）を割り当てられたからである。同じ年、それまでの四七年間、ほぼ同じ会社で働き続けてきたが、そのフルタイムの仕事から引退した。

メアリーの父親は路面電車に乗務していたが、家族は比較的少人数だったこともあり、（その賃金で）家族を養うことができた。スコットランド出身だったメアリーの母親はメイドとして働くために南部にやってきたが、結婚を機に賃金労働をあきらめた。公営の共同洗濯場*は遠かったので、彼女は自分で石炭の火をおこして、お湯を沸かすボイラーを使って家で家族の洗濯をし、台所で洗濯物干しにかけて乾かし、黒い鉛製の火格子の上で調理した。メアリーには一〇歳年上の兄が一人いたが、彼は金物屋を経営していた。

その地域の若者と同じように、メアリーも一四歳で就学を終えた。最初の仕事は縫製工場で、木綿糸で刺繍をしたベッドカヴァーを作ることだった。彼女は給料袋を母親に渡した。父親も母親に「賃金のすべてを渡していた」。

父はとてもいい人でした。……決して借金をしない几帳面な人で、父は分割払いでは何も買わなかったんです。[1]

父親も、兄も結婚して家を出るまでは、メアリーの小遣いを自分たちの小遣いの中から手渡してくれた。

一九四〇年、メアリーは友人たち何人かと、戦時労働に動員されるのを避けるために、トラフォード・パーク工業団地の近くにあったメトロポリタン・ヴィッカーズ（二〇世紀前半のイギリスを代表する重工業企業）の大きな機械工場で働き始めた。その工場で、彼女はその後四〇年間働き続けることになる。現場の手作業から、作業の進行管理を任されるようになり、次は秘書になり、最後には支配人の秘書となった。そのときには会社は電気機器・機械メーカーのＧＥＣ*に買収されていた。そこでの仕事に必要な技能を、メアリーは自発的に、労働時間外に獲得していった。戦後は夜間学校でタイプを学び、お金を出して速記を習った（さらに、引退後は演説のコースに通い、大会で賞を勝ち取っている）。

メアリーの父親は一九四二年に亡くなり、翌年兄も戦死した。彼女は家に留まり、一度も結婚をしなかった。母親を経済的に支え、母親はメアリーの「身のまわりの世話をした」。母親は買い物と料理をすべて引き受け、仕事から帰ってくると夕食がテーブルの上に用意されていた。母親はすべて曜日を決めて家事を行い、洗濯も全部やってくれた。

メアリーたちは民間住宅を借りていたが、大家は居間にガスの暖炉を取り付けた以外、住宅環境の改善を行わなかった。メアリーは自分で家に必要な新設備などを用意する手配をし、費用も負担した。戦争中に古い火格子に代えて二口のガスコンロを、そしてお湯を供給するガス湯沸かし器を購入した。一九五〇年頃には電気を引いた。しかし、屋内トイレと給湯できる浴室がないという問題は残ったままだった。暖炉の前にブリキの浴槽を置いて使うか、あるいは友人の家でお風呂を使わせてもらった。彼女によれば、第二次世界大戦は「それほど変化をもたらさ

---

* two-up two-down. 一階に二室、二階に二室という間取りの小さな労働者住宅でテラスハウス形式の建築様式のひとつ。一九世紀以降、マンチェスターなどを中心に大量に建設され、労働者階級のコミュニティを舞台にしたイギリスの長寿テレビドラマ『コロネーション・ストリート』にも登場する。

* 一八四六年に制定された「公共の浴場と洗濯場の設立を支援する法（Act to Encourage the Public Baths and Washhouses）」に基づき、地方公共団体が都市労働者家族のために建設した。

* General Electric Company: GEC. イギリスの主要な複合企業で、家電製品、軍事用電機製品、通信機器、機械製品などを製造していた。一九八三年には二五万人を雇用し、最も多くの従業員を抱える民間企業であったが、一九九二年にＧＥＣはマルコーニ社と社名を変更し、二〇〇五年にはスウェーデンのエリクソン社に買収された。

なかった」。大きな変化は、次のように起きた。

企業が高層住宅を建て……必要な設備を全部備えているその建物を人々はすばらしいと思った。

スラムの撤去は、サルフォードでは一九六〇年代に行われたが、メアリーが新しい住居を得たのはもっと後のことだった。新しい公営住宅に移った時には、母親はすでに亡くなっており、洗濯はコインランドリーですませ、暖かい食事は職場の食堂でとった。

メトロポリタン・ヴィッカーズには戦前、結婚退職制があったが、それはこの地域の他の工場や作業所でも同じだった。女性が男性の仕事と女性の仕事の両方を行った戦争中をのぞき、女性は結婚退職制の有無にかかわらず、工場労働者の中では少数であった。戦争が終わり数年経ってようやく、女性は恒常的に、そして事務職に雇われるようになったのである。

調査を振り返って

インタヴューのためにグーデンの住まいを訪れた時に、私はがっかりしていた。時期は一月で、雪が激しく降っていたために彼女の家を探すのに苦労した。彼女は私の挨拶をすぐに訂正して、「私は、ミス・グーデンですよ。結婚してはいません」と言った。何度も問い合わせをして、何度も失敗して、ようやく私はメトロポリタン・ヴィッカーズと後のGECでずっと仕事をしてきた女性を探しだすことができた。それなのに、彼女は結婚していなかったのだ。私の調査プロジェクトは、当初、既婚女性にとっての、家庭におけるジェンダーによる不平等と職場でのジェンダーによる不平等との関連についての調査だった。私が用意した質問事項の多くは、働く妻とその夫の、家庭内での親としての役割分担、家計の分担、そして妻の側の親との比較に焦点を当てていた。

私はメアリーの状況に合わせて質問を変えながらインタヴューを進めていったが、その時は、自分が探していたような人ではなかったので多分すべてが時間の無駄だと思っていた。その直後の私のフィールドノートは、彼女の発言のうち最も衝撃的だったことに集中していた。「雇用条件をよくすることができたが、でも家については……キャリアの向上のためにタイプや速記を習う費用を払うのを厭わなかったにもかかわらず、それでもひどい生活条件に我慢していたのは興味深い。南東部にある大きな機械工場の支配人の秘書が〔フルタイムの仕事から〕引退するまでトイレも浴室もなかったというのは想像しがたい」「生活環境が変化したのは、戦争前から後にかけてではなく一九六〇年代以降まで待たなければならなかったことを強調」「雇用の選択は拡がってきたが、生活環境の変化ははるかに遅れていたことを示唆」。家庭内のことでは、「父親が「よい人」であるというのは、お金を家庭に入れたり貯金をしたことを意味しているだけでなく、ギャンブルをしなかったことやお酒を飲み過ぎないことについても、多分言っているのだろう」と思った。そして、「彼女が食堂での食事やコインランドリーに頼っていたことは、子どもがいてフルタイムで働いていたGECの既婚女性が抱えていただろうと思われる問題を明らかにする」。

他の資料やもっと多くのインタヴューをしてからの後知恵ではあるが、メアリー・グーデンの証言は示唆するところが非常に多かった。子どもが一人未婚のまま残り、年老いた両親の世話をしていたために（あるいは、世話をするためにか）家に残った場合の家事と経済面でのやりくりという点が重要だったというだけではない。後で議論することだが〔第6章〕、彼女の言ったことはまた、変化には時期のばらつきがあり〔グレーター・マンチェスター内部のみならず、ロンドンとグレーター・マンチェスターというイングランドの〕南東部と北西部でも異なること、「理想の家庭」というものの含意、歴史とイデオロギーについて考えさせられた。サルフォードの家族構造とそれがもたらす地域文化、既婚女性と独身女性とでは雇用の機会とパターンが違うことも、考えさせられた。

アニー・プレストン

アニー・プレストンもまた生涯サルフォードで暮らした。メアリー・グーデンのように、一九七一年に新しく公営住宅を与えられるまで、設備のよくない借家で我慢していた。しかし、住宅は別として、彼女たちはまったく異なるライフコースをたどっている。彼女は一九一七年に生まれた。母親はアニーが一一歳の時に亡くなった。父親は病弱だったうえに、働いていた木材集積場でけがをした後ずっと失業していた。そして姉は早くに家を出て自立した。

アニーが一四歳でディッキー・ハワース社の紡績工場に働きに行ったとき、彼女の受け取る賃金は一家の主要な収入だった。家事は父親が引き受けた。

一九三一年に学校を終えてその日から工場で働き始めました。私はそこでは織工で、二二歳で結婚するまでやりました。「よかった、これでもう働かなくてもいいんだ」と思ったんだけれど、でも、その後も働きに出ました。［私の夫は］建築業で仕事を得ましたが、私はそれでも働かなければいけなかったんです。夫の収入は家族を養うには十分ではなかったからです。

戦後も、アニーは四人の子どもを育てながら、さまざまな仕事をして働き続けた。そうした仕事を「あらゆる種類の」仕事と言い、時には同時にいくつものパートタイムの仕事をしていた。彼女は食堂で働き、工場で働き、そして何年もの間、サルフォード大学で夜一〇時から翌朝七時まで夜間の清掃をしていた。それに加えて公営の共同洗濯場で他の二人の女性の洗濯を定期的に引き受け、洗濯代を受け取っていた。

アニーは姉に子どもの面倒をみてもらうお金を払っていた。

姉は、結局私の子ども三人の面倒をみてくれました。私は三人を手押し車に押し込んだものです。雨が降ったときには大きな傘をかけて、毎朝姉のところに連れて行って、毎晩連れて帰ったんです。

夫が賃金から渡してくれる家計費が家族を養うのに十分だったことはなかったので、アニーの収入は帳尻を合わせるために不可欠だった。家計はいつもきわめて逼迫していた。しかし、そのことを夫婦間で話し合うことはなかったようだ。夫は家事をまったくせず、家に帰った時には夕食が整っていることを期待し、「卵の茹で方とか、そういうことはまったく見当もつかなかった」。他の伝統的なサルフォードの男性同様、彼は自分のことを「王様」だと思っていた。

アニーは、一週間の時間を細かく割り振って予定をたて、掃除も全部自分でした。ちょっとした時間の節約のために皮を剝いたじゃがいも、あるいは〔本来は鉢植えのハーブを指す〕「ポット・ハーブ」と呼んだ瓶詰めのミックス野菜を買うこともあったが、家族には家で料理した食べ物だけを食卓に並べた。大きな買い物をも含めて、家計管理の責任を全面的に担っていた。彼女は洗濯場が閉鎖されるまで、週に三回洗濯場に通った。衣服を前の晩に仕分けし、姉ともう一人のぶんも洗濯した。またそこで自分自身の入浴を済ませ、そしてアイロンかけも全部した。全部、終えるまで、三、四時間かかったが、洗濯物を完全に乾かして、「ピカピカにして」持ち帰った。

調査を振り返って

アニー・プレストンはインタヴュー当時、郷土史プロジェクトに参加していた。そして友人のフロー・ナトールとコニー・ファウラーがアニーと一緒にインタヴューに加わるように取りはからってくれた。インタヴューに行くと、三人とも以前、私を郷土史図書館で見かけたと言った。彼女たちは、老人ホームで上演することになっている戦前のサルフォードの生活についての演劇の台本を書くために、地域の映画館で上映していた映画を一九三〇年代以降に発行された新聞のマイクロフィルムで調べていた。インタヴューの間、とてもくつろいでおり、お互いに質問したり、特定のテーマについてお互いに答えを引きだしたりしながら、多少ながら自分たちでインタヴューを進行させていた。熱意を込めて、過去――とくにサルフォードの歴史を保存すること――について語ってくれた。

サルフォードにおける生活がどのようなものだったか、その生き生きとした情景を聞いて帰った。サルフォードの伝統について、男女が行った仕事について、地域の心情、近隣関係、貧困、ギャンブルの重要性、強固な性別分業、女性の厳しい生活などについて聞けた。テープに録音されている内容はとてもよかった。グループでのインタヴューになったがゆえに単独インタヴューよりも問題をはっきりさせることができたからだ。また、彼女たちとは個人の暴露話になるような詮索的な質問をしなくても、家族の問題を議論できた。たとえば、伝統的な男性支配とそれに対する女性の反応を説明するとき、自分の経験を他の人と比較し、より一般的な分析をしてくれた。また、全員が公営の共同洗濯場をほめたたえた。第一に便利だったからだが、それはまた社交の場でもあったからだ。公営の共同洗濯場がなくなったことを彼女たちがどれほど残念に思っているかははっきりしていた。フロー・ナトールは、息子が洗濯機を買ってくれたのに気に入っていた洗濯場を使い続けた。

アニー・プレストンとその友人たちにインタヴューし、目指すべき新しい方向が示された。調査プロジェクト全体にとって非常に重要だと気づいたのは、彼女たち三人の経験と、ボルトンとオールダムでインタヴューをした既婚女性の経験が対照的だったからだった。

しかし、私は少し不安でもあった。この三人の女性たちがサルフォードについて非常に確定的な描写をしていることに気づいたからである。私のフィールドノートにはこうある……「彼女たちが話した内容について、サルフォードは昔から「古典的なスラム」と言われてきたため、それがどれほど彼女たちの発言に影響を与え、その発言をどの程度まで割り引いて考えるべきなのかはっきりしない。彼女たちは、過去の（神話的な？）ステレオタイプに合わせようとしているかのようだった。だからその話が正確だったのか、それともその頃の暮らしのイメージを創造していたのかを判定することは難しい」。それはとくに清潔さと食事の準備に関連する、世間に恥ずかしくないようにというリスペクタビリティ*の規範や近所のゴシップ、道徳的判断についてあてはまった。たとえば、近所にはパイやフィッシュアンドチップスなど総菜を売るチップ・ショップと呼ばれる店がたくさんあったが、彼女たちの母親は決してそういうチップ・ショップのものを買わなかったし、いつも手作りパイを焼いていたと主張した。家で調理する方が健康的であり、安く上がるからだという。つまり、彼女たちは、彼女たちの母親を自分たち自身にとって、お互いにとって、そして〔聞き手である〕私にとっての「よい母」のモデルに合わせて話したのだった。

エンゲルスの『イギリスにおける労働者階級の状態』は、一八四〇年代のサルフォード調査だが、この本が書かれて以来、サルフォードの町を描いたものは多い。そうした自伝や小説、演劇、絵画の中で、サルフォードは北部の産業地帯における典型的な労働者の町として表象されてきた。(2) アニー・プレストンとその友だちはこうした著作についてよく知っており、サルフォードの住人であることに誇りを持ち、その歴史の担い手となって語ることでまたその名声を支えたのだ。彼女たちが理解していた過去、場所、その場所の過去は、非常に印象的だった。しかし、私がインタヴューの後で思ったように、彼女たちがサルフォードの歴史について語ったことは、過去よりもむしろ現在を我々に語ったのではないだろうか。あるいは、自らのアイデンティティでありかつコミュニティのアイデンティティの一側面として、特定の過去イメージがもつ現在の自分たちにとって重要性を示唆しているのかもしれない。ここには、「現在の視点から見た過去」、すなわち記憶とサルフォー

＊　上の階級の生活様式を品位あるものとして受容する価値観。一九世紀のイングランド社会においては、専門職のみならず産業の進展の結果生じた技術職や事務職の増加によって拡大するミドルクラスが、地主階級の生活様式を真似ることを通じて上流階級の意識に近づこうとした。また、ミドルクラスの社会改良家は、本書にみられるような公共の洗濯場の建設等によって労働者階級の衛生状態の向上を図った。さらに、労働者階級の子供たちの健康状態の向上も議論されるようになった。こうした議論を通じて上層労働者階級もしだいにミドルクラスの生活様式を取り入れていくようになり、そうした恭順は社会秩序の維持に寄与することになったと言える。しかし、労働者階級独自の共同体意識や道徳観、ミドルクラスへの対抗意識も同時期に形成されていき、リスペクタビリティをめぐる労働者の社会意識は重層的であった。

ドの象徴的な歴史的地位の両方が媒介した彼女たち自身の歴史があるのだ。

エディス・アシュワース

エディス・アシュワースはボルトンに近いリトル・ハルトンに住んでおり、生涯織工だった。彼女の父親は建設労働者であり、母親は織工で七番目の子どもを産むまで働き続けた。その子を出産したときには一番上の子どもは賃金を稼ぐようになっていた。

エディスは、一九〇七年に生まれ、織物産業における「ハーフタイムシステム」が廃止される前に働ける年齢になっていた。エディスは一二歳の時に梳綿《そめん》室*で働き始めた。一週間のうち三日学校に行き、その翌週は二日学校に行った。

ある日は学校に行き、そうでない日は働きに行く。休日の時も「〔監督の男性に〕休日も働かせてくださいと頼みなさい」と言ったもんでしたよ。私は母の言うとおりにしたんです。それを誇らしいことと思ったものでした。おばかさんよね。一二歳で、フルタイムで働いたこともあったんですよ。それは残酷でした。……休みの日もずっと働いたんですよ。

一四歳の時にエディスはフルタイムになり、彼女の賃金は週給一一シリングから一ポンドに上がった。一八歳で四台の織機を扱い、週四ポンド稼いだ。彼女は母親に賃金を渡し、その中からいつも一シリングを小遣いとしてもらった。

そして、月曜日にお金がないと、エディスは前の週に受け取ったお金をまた貸してもらうのだった。

——当時、あなたは実際に家族を養っていたのですか。
エディス　ええ、私はそんなことは言わないけれど、家族の誰よりも多くのお金を家に入れました。父よりも、誰よりも。もし母がいたらそう言うでしょう。しかしそうだからといって誰がメダルをくれることもないんですよ。
——では、その当時、働いていたときには家事はしなくてもよかったんでしょうか。
エディス　もちろんやってましたよ。
——働いていて、家事も？
エディス　そうよ。私たちはみんなそれぞれ家事分担があったんです。日曜日にはパンやパイを全部、焼いたものです。日曜日にはみんなでパイを食べたんですよ。

エディスは、一九三二年に結婚し、一九三三年と一九三七年に子どもが生まれた。彼女の夫は炭坑労働者で、採炭現場で採炭夫として働いていた。それは最も危険で、熟練を要したが最も賃金のよい仕事だった。戦争中には、エディスは、妹二人と一緒に、トラフォード・パーク工業団地にあるフォード自動車工場で働いていた。戦争が終わるとまた絹織物工場でのフルタイムの織工に戻った。そのときには自動織機になっており、彼女は二〇台を任され、一九五〇年代の半ばには一週間に一四ポンド稼いだ。週日には、母親に、お金を払って子どもを預けた。
——では、この点をうかがいたいのですが、子どもたちを学校に迎えに行ってくれる人をお願いしなくてはな

＊　繊維の塊をほぐすと同時に紡績に適さない短繊維を針で除去する紡績工程の主要な操作を行う場所。

らなかったんですか。

エディス　いいえ、母が子どもたちをどちらもみてくれたの。母が子どもをみてくれたんですよ。

――で、お母さんにお金を払っておられたのですか。

エディス　ええ、もちろんそうですよ（笑）

――いつもお母さんがみてくださったのですか。それとも放課後だけ？

エディス　覚えてる限りでは、母が平日はずっとみてくれました。そうに違いないわ、だって子どもを学校へ連れていったとか、迎えにいったことが思い出せないから。

――子どもたちは、平日は夜もお母さんのところに泊まったのですか？

エディス　ええ。

――それは一般的なことでしたか。他の人でそんな風にしていた人を知っていますか。

エディス　ええ、友人で一人。彼女も織工で、ウィニーというんだけれど、お母さんが週日ずっと子どもの面倒をみていましたよ。

エディスと夫は二人の収入を合わせて、一九三七年に風呂と電気とアスコットガス社の湯沸かし器のある家を自分たちで借りることができた。彼女が最初の洗濯機を購入したのはかなり早く、一九三六年のことだ。その洗濯機はカナダ製でエコという製品だったが、何年も使えた。そして洗濯機を買った直後に掃除機を買った。

私たちはずっと洗濯機を使ってました。本当に、実際に必要だったんですよ。

エディスの夫は賃金をすべて家計に入れたので、洗濯機のような大きな買い物は夫婦で一緒に決めたのだろうが、彼女が家計を管理した。夫は皿洗いをしたが、そのほかにはあまり家事をしなかった。

ええ、彼はいつも交代勤務で働いていたのよ。彼が家にいる時間はそれほどなかったの。夜働いたり、午後働いたりしてたんですよ、ね。

調査を振り返って

以上はインタヴュー記録の引用から、かなり選択したかたちでのエディス・アシュワースの人物像である。かなり省略されており、彼女の人生のほんのわずかしか明らかにしていない。これは、読者にエディス・アシュワース、メアリー・グーデン、そしてアニー・プレストンとその友人たちの間にある、労働生活、住環境、家事分担、生活水準等におけるきわだった違いがわかるようにという狙いからだ。引用には、母親がまだ幼い自分を仕事に行かせたというエディスの憤りがよく出ている。エディスや私たちが現在理解するところでは、子どもや若年労働者への経済的な搾取だと見なせるようなものへの憤りである。

先の引用からはまた、とくに彼女の妻・母としての生活に関する質問に対する答えが非常に短いことがよくわかる。実際彼女とのインタヴューは、言ったことより、言わなかったことの方が示唆するものが多い。家事、家庭内の日常、責任、子育てに関する問題に関するほぼすべての問いに対し、まったくもってそっけない答えで、探りを入れたり答えてくれるよう促したりしなければならなかった。エディスは協力的ではなく、詳細な事柄については自分からほとんど話さなかった。私の問いは彼女にとってはその当時も今も重要度が低く、インタヴュー時でもほとんど関心を持てない、取るに足らない事柄であったようで、いやいやながらに答えることが多かった。このことに気づいて、「はい」あるいは「いいえ」と単純に答えられるように質問を言い直さなければならなかった。ここで再現してもそのことがわかるだけなので引用はしない。しかし、掃除、洗濯、料理を曜日によって決めていたかどうかについて、細かい記憶がないようだった。子どもが母親のところに泊まっていたかどうかについても、記憶は曖昧だった。

他方で、織工としての仕事については、いつどこの会社に雇われていたのかをまとめた長いリストを用意し、織機を何台受け持っていたか、そしていくら稼いでいたか、より多く、そして熱意をもって話した。織布のさまざまな工程、種類の違う生地を織るときに何が使われるか、長年、エディスが観察してきた技術的進歩を説明するときには明快で、彼女の生活についての話よりもはるかに詳細に説明した。

生活のさまざまな側面に関するエディス・アシュワースの話し方に特徴があったのは、単なる物忘れだろうか。あるいは一部だけ覚えているのか。それとも彼女にとってそれぞれの事柄の重要性が、過去もしくは現在（あるいは両時点）において違うからだろうか。

口述証言が作られる条件

口述の証言が一定の条件のもとで作りだされることはわざわざ言うまでもない。しかし、インタヴューで得た資料を使って解釈をするとき、そうした条件をいかに、どの程度考慮に入れるかはそれぞれの解釈者の自由裁量に全面的に任されている。解釈という点で、この調査段階に適用しうる、一般的に広く共有されたやり方というものはまずなく、データ収集段階の方法よりもはるかに発展していない。証言を作られたものとして扱うか否か、どの程度まで〔作られたものとして〕いかに扱うかについて解釈者たちのやり方はきわめて多様である。証言を「あるがままのように話すこと」として何の問題もない証言と見なすのが一般的傾向であった一九六〇年代から一九七〇年代における初期のオーラル・ヒストリーの時代からは、大きく変わってきたのである。その後、はるかに深刻な懐疑主義が支配してきた。主要なオーラル・ヒストリー研究者の多くが、ほとんど正反対の観点を持つようになり、過去に関する口述の証言を神話として、あるいはストーリーとして扱い、神話と神話化された事象との関係を不問に付している。(3) 他方で、フェミニストの方法論を発展させようとしているオーラル・ヒストリー研究者は、インタヴューによって作りだされたものが、調査者と被調査者の間のやりとりの内にある交渉の所産であり、インタヴューに関わった人たちによって共同で作りだされた、交渉の所産としてのストーリーであると見なす傾向がある。(4)

私が行ったようなインタヴューでは、尋ねられた問いは、これまでは問題になっていなかった過去に向けて、現在から投射された問いである。それらの問いは、たとえばジェンダー間の不平等、地域性と場所の重要性、時間性の構造など、現代のフェミニズムと社会科学の関心を反映している。問いの組み立てや答の分析は、アイデンティティ、文化、主観性、セクシュアリティ、女性性など、すべて今日的な概念化および今日的語彙からとった用語を前提としている。調査者が、当時は必ずしも存在しなかったこのようなプリズムを通して過去をみることは避けられない。さらに、自分の現在のあり方からそれ以前に遡ってその生活について、話し手《インタヴュイー》は、過去を圧縮し、特定の記憶を選びだすかもしれない。そして、このタイプのオーラル・ヒストリーでは、ライフストーリーの手法にみられる自由に思い出したままに語るというよりは、調査者の質問に答えを提供しているのだ。関心を持つ側の主体である調査者によって問いの変数が決められ、それらに従って問いが用意されるのである。

インタヴューの状況における知をめぐる関係は、〔調査者が〕被調査者についての情報を得るという目的、あるいは被調査者から情報を引きだすという目的があるにもかかわらず、結局は調査者が全体として状況をコントロールする立場に身を置くことになるのは避けがたいことだ。調査者である彼女が設定し、彼女が知りたいと思い、彼女が問いを決め、彼女が答えを分析する。彼女が答えを、知への貢献として社会的に認識されるように、より形の整った形式に変えていくのである。

しかし、そうであっても、話し手《インタヴュイー》が言うべき内容や言い方によって、〔聞き手たる〕調査者は最初に計画した方向を変えて、調査プロジェクトを洗練させたり再定義したりする。こうしたことは、三人の人物像に対する調査を振り返りながら示唆したように、私の調査プロジェクトでまさに起こったことだった。

語らないことが教えるもの

語らないことが、雄弁に物語る場合がある。さらに数人の女性にインタヴューをした後、エディス・アシュワースだけが「よく覚えていない」人ではないことが明らかになった。他にも多くの女性が同じ問題を抱えていた。私がインタヴューをした織工は全般的に家事について話すことには気が進まず、無口になったり、話したがらなくなったりした。自分の母親の日常生活については細かく話したが、自分自身の日常生活についてはおおまかな話しかしなかった。それには非常にがっかりした。最初は、聞きたいことが出てこないので、もうだめだと思った。彼女たちは自分の賃金労働について話すことばかりに熱心で、私がほしいと思っている情報を手に入れることができなかった。彼女たちの言ったことを無視して、家庭内労働と有償労働をやりこなしていることについてもっと話してくれる女性たちだけを対象とするべきだったのだろうか。それとも、綿織物業における女性労働についてこれまでには思いもよらなかったような新しい情報を生かすために、調査目的を変更するべきだったのだろうか。

〔当初、〕私は彼女たちの雇用形態にはあまり注意を払わないで、引退した女性労働者にインタヴューを始めたのだった。しかしながら、家庭のことについて話さないのは織物産業労働者であって、家庭についてとくに多弁なのは、複数のパートタイムで働いていた臨時雇いの女性労働者であることが次第に明らかになった。この対照は、結果的に、織工と臨時雇い労働者の違いを説明する枠組を作る前提の一つとなり、分析のために設定したテーマの一つとなった。調査を始める前にはこの二つのグループの違いは考えさえもしなかったのだが、インタヴューからこの二つのグループが浮かび上がったおかげで、何週間もの間のつまずきと絶望的と思われた状況から、さらに調査を進めていくことができたのだった。明らかに織工は家庭内労働を重要だと思っていなかった。証言から彼女たちが家庭と仕事との間に、二つの分離した様態かつ人生の異なる領域というはっきりとした区分を設けていたことがわかった。しかし、この区分は、臨時の雇用形態で働いている女性にとっては判然としていなかった。そこでは、仕事と家庭、有償労働と無償労働、家庭内の仕事と他の領域の仕事とはもっと入り組んでいて、さほど区別できるものではなく、二分法的に分けられるものとはなっていなかった。

証言の食い違いから浮かび上がるもの

第3章で詳細に説明する、生活と労働が〔どのような関係で配置されているかという〕さまざまな布置連関は、一人の女性が言ったことを他の女性の言ったことと比較して区別し、比較・対照して練り上げたものである。よって、〔聞き手の〕私が証言の中から最も重要だと思ったことが必ずしも話し手《インタヴュイー》にとって最も意味ある事柄だったとは限らない。また、最終的な議論に最も重要だった論点を、一つのインタヴュー記録だけから引きだすことはできなかった。重要な議論を明らかにできたのは複数のインタヴュー記録を〔相互に〕対照させたからだった。無数の食い違い——差異が出てくる中で、問題は、その体系性を確かめ、分析し、説明することだった。このようにして、ある特定の家庭と仕事の分離パターンの特殊性が、異なる証言の比較をすることから立ち上がってきたのだ。

もう一度言うが、そのような特殊性や違いを概念化するのは調査者である。そして、そうした概念化をしたければ、さまざまな証言を検討して、証言を精査し説明すべき生の資料として扱わねばならない。サルフォードの女性は、戦争前の既婚女性には仕事がなかったことについて、それはどこでもそうだったという断定的な説明をしていた。ボルトンの女性は、既婚女性に仕事があったかどうかについて、仕事を得るうえで既婚か未婚かはとるにたらないことだと言ったものの、語り口は同様に断定的だった。どちらのグループも、自分たちの言うことと他のグループの言うことに矛盾があることに気づきようはない。どちらの証言も「正しい」としたうえで、違いをどのように説明するかである。あきらかな矛盾に直面してその対立を理解して説明することは、彼女たちではなく、私にとっての課題であった。しかし、それは彼女たちの証言を集めたからこそ生じた課題だった。

データの切り分けから見えてくるもの

個別のインタヴューの中にあるデータはいかようにも整理できる。それぞれ強調点が異なり、内容も違っている。では、〔インタヴュー記録というひとかたまりの資料を〕ケーキに見立てれば、それはどのように切り分けるべきか。どのくらいの大きさに切り分けるべきだろうか。

エディス・アシュワースが子どもなのに働いたことについて言っていたことを例にあげてみよう。この事例は、「幸せな家族」という神話への疑問という項目を立てて議論できる。その場合、主要な焦点は、母と娘が相対立する関係だろうか（エディスはこの点ではユニークな事例ではなかった）。そして一〇代の文化というものの登場、自己主張、余暇、さらに両親の家庭で暮らす若年労働者の微妙な地位と関連させて議論するべきだろうか。より広い文脈におくことで、私がインタヴューをした女性たちのうちの相当数が、もともと標準化された核家族の出身ではなく、その家族構造は複雑であり、家族のあり方は同質ではなかったことを明らかにするだろう。

あるいはエディスの経験は、若年労働者という文脈で、他の章を設けるなどして、経済的な結びつきと制約との関連にもっと注目した検討も可能だ。その場合、世帯単位の経済の一次元として、調査事例からエディスを一つの事例として取り上げ、一〇代の子どもたちの家計収入への重要な貢献に焦点を当てるだろう。

一つの事例からこれら二つの解釈が可能なのは、今日のフェミニストたちがさまざまな関心領域を持っているからだ。家計の内部構造に関する膨大な先行研究に向けた議論もできる。現代の状況についての研究が中心となっている家計の内部構造の研究分野に、歴史的研究をつけ加えることになるだろう。もしくは、最近取り上げられつつある「女性になること」の歴史研究や、精神分析の知見を用いた女性の主観の展開に焦点を当てることも可能だ。(5)

明らかに、このような解釈の選択肢はいずれも同じ資料を非常に異なるやり方で扱って、異なる点を強調することになる。その解決策は母、娘、そして若年労働者について、別々のセクションあるいは章を設けて両方の次元を入れこむことだ。しかし、これらの資料は現在進行している議論を扱っているわけではないので、家族形態、あるいは家計についての章で描かないと、現在の議論への的確な言及とはならないかもしれない。

資料の切り分け方は（非常に多くの可能性があるが）（調査過程の）「中間」段階において重要な決断を迫られる問題の一つである。この決断は、最終的な成果の全体的構造や強調点に大きく影響することになる。インタヴュー記録をどのように切り分けるかという決断をしなければならないし、それができるのは調査者だけだ。それなのに、最終的な成果の中には、そうした決断がなぜ、いかに行われたか、他の決断としてはどんな可能性があったのか、記されることはほとんどない。資料を整理して横断的に見ていくことは、（多分他の多くの研究者たちも）頭をかきむしり、当然ながらひどく苦しんで成し得たものなのに、あたかも資料自体が指示してすんなりできたかのように、「資料が整理された方法」という項目になっている。

これで、さしあたり、「さまざまな資料を統合する」という問題についての議論は十分だろう。しかしこれは厄介なことに、いったん書き始めるとうんざりするほど書くことができる。そうすると、調査の内容よりも、調査の過程についてより多く言及するようになり、調査者の分析の仕方についてよりも調査者の心の中で何が起きているかについて書くようになるという危険性をもたらす。しかし、（そうした調査過程の作業のあり方と調査者としての自己の振り返りといった）再帰性を重要だと論じるのは、再帰性が、議論とその実証的な根拠を資料の中に「位置づける」助けになるからであり、自己陶酔を助長するためではない。とはいっても、実際、再帰性と自己陶酔の間にはほとんど境界がないかもしれない。調査者はその境界線をうまく引くことができないものだ。

数値の問題性

それでは、さまざまな知を組み合わせる過程と、資料が当初の目的以外の目的のために用いられる過程（の問題）に戻ろう。異なる条件下で、異なる目的のために作られた資料であっても、その異なる知が同じ対象についてうまく合致すれば、はっきりとした矛盾は何も生じない。それらをまとめれば問題なく何かの様相（その真偽と真相はさておき）が示されるように思える。その場合、グレーター・マンチェスターで記録されたほとんどのオーラル・ヒストリーは、私の調査記録を補完するものとなり、また、それらの資料は、全体として、自伝やリアリズム小説に書かれた内容と合致するものとなる。

だが、それらが矛盾するときはどうしたらよいのだろうか。一つの資料を特別に位置づけて、それをいわゆる信頼性のある資料として扱うのだろうか。資料間の食い違いなどなかったかのように上辺を飾り、何ごともなかったかのようにしてよいのだろうか（結局のところ、それに気づく読者はめったにいないが、資料に精通した研究者はどこかにいる）。

私自身、〔資料間の〕大小の矛盾に直面した。小さなものは、たとえば、一九二〇年代の不況期におけるトラフォード・パーク工業団地の状態に関する矛盾である。サルフォードの「年月に橋を架ける」オーラル・ヒストリー・プロジェクトによるインタヴューを受けた引退した労働者たちは、解雇され、失業し、そして困窮した時期の人々について繰り返し話した。しかし、トラフォード・メトロポリタン区が一九八一年に発行した『トラフォード・パークの歴史概説』は以下のように記述していた。

一九二〇年代後期のイングランドにおけるいわゆる商業の不況期においても、多くの工場が景気よく活動しており、設備を拡大していたことは重要である。（Metropolitan Borough of Trafford, 1981: 15）

不況の影響は工場によって違うかもしれない。その景気の裏には、労働強化と工場労働者の解雇という犠牲があったかもしれない。あるいは、前述の「公式の歴史」は、一九八〇年にトラフォードが企業誘致地域になった直後に出版されたもので、期待される投資家たちの投資意欲を損なわないように、一九八〇年代と同様に不況期だった一九二〇年代にバラ色の成長があったかのように見せようとした可能性もある。

もっと大きな、そして私の分析にとってとりわけ問題だったのは、二つの点での矛盾だった。第一に、既婚女性が仕事を見つけられるかどうか、私がインタヴューをした女性たちが言ったことに食い違いがあった。第二に、彼女たちの証言と女性の雇用についてセンサスが示していることとの違いだった。すでに言及したように、既婚女性には仕事がなかったので「働かなかった」と断定的に言う女性もいた。他方で、既婚女性の仕事を問題にすること自体に驚くような女性もいた。彼女たちからみれば、既婚女性はいつも働いていたからだ。

このように矛盾する主張は地域によって異なり、そのことは私がインタヴューを重ねていくたびはっきりした。概して、既婚女性は「働かなかった」と言ったのはサルフォードの女性だった。アニー・プレストンと彼女の友達は、住んでいたところの近くで女性が戦前に働いた二四の会社を一覧にしたが、女性は結婚すると辞めたと強調した。最も大きな企業だったディッキー・ハワース紡績工場とウォーラルズ染色工場はそうではなかったが、会社によっては結婚と同時に退職させていたところもあった。彼女たちを含めサルフォードでインタヴューをした女性たちは、既婚女性には「このあたりでの仕事はなかった」と主張した。これは奇妙だった。なぜなら、トラフォード・パークは非常に近く、マンチェスター中心部もまたバスで行けるところで、そのどちらでも仕事があったからである。それ以上に、既婚女性は仕事をしなかったと言った女性たちは実際には、フォーマルな雇用形態では必ずしもないが、結婚生活の中でずっと何らかの有償労働についていていたからだ。

しかしながら、ボルトンの女性たちは、それとは異なるストーリーを話した。既婚女性の雇用は普通のことだった。雇い主は既婚女性と独身女性の区別をせず、女性たちも区別しなかった。仕事は既婚女性にも独身女性と同様にあり、結婚退職制の影響を受けた経験もなかった。全員結婚後も働き続けた。アリス・フォスターは家にいると退屈だったので、息子が生まれて二、三か月後には仕事に戻ることを望んだ。仕事を一時期辞めていた女性二人も、夫が彼女たちの意志に反して家にいることを望んだのでけんかになったとこぼした。

そのように相反する証言を、単に地域的な多様性であるとみなし、労働市場は非常に地域限定的で、地理的な境界があったと考えることによってその矛盾を理解することもできたかもしれない。このことと関連して、地域的に著しい違いが、女性の仕事の伝統にも結婚後の女性に対する仕事への期待についても存在した。

この違いがセンサスにおける公式の労働統計によって確認できれば問題はなかった。しかし、それはできなかった。一九三一年のセンサスによれば、ボルトンとサルフォードで職業を持っていた女性の割合は実際には同じであり、簡単には説明ができなかった。インタヴューで語られたことと、センサスには矛盾があり、ボルトンとサルフォードとで、仕事に就いている人々も仕事のなかった人々も、一四歳以上女性人口に占める就業者割合（失業中の者を含む）には、ほとんど違いがなかった（表4を参照）。

これらの数字を見ると、就業者も失業者もどちらの割合も織物産業中心の町では高いが、ボルトンとサルフォードとではほとんど違いがない。しかし、就業女性の割合はイングランドとウェールズとを合わせた全体的平均の三四・二%よりも、また北部第四地域の全域におけるセンサスの平均四一・九%よりも高い。

二〇年後の一九五一年のセンサスでも、状況にほとんど変化はない。ボルトンでは一五歳以上の女性のうち四七%が就業者で、サルフォードでは四九%である。それらのうち、ボルトンでは五二%が、サルフォードでは四九%が既婚者であった（*Census of Population*, 1951, Occupation Tables, Table 20: 216）。

私がインタヴューをした二地域の女性はなぜそう主張しなければならなかったのか、そしてまたなぜ両方のグループの言ったことがセンサスのデータとは異なるのか。その食い違い自体を説明することも可能だろう（この点からの説明を第3章「地域労働市場とジェンダー間分業」で行っている）。しかし、それはこれらの資料だけでも、またより詳細な精査と比較によってもなし得ない。主としてその説明は他の次元の問題を考慮に入れて、考察の視野を広げることにかかっていた。だから、証拠となるような資料や他の形態をとる知を、既婚女性の仕事と地域性についての二つの異なる要素を関わらせて、考察に取り入れなければならなかった。その前に、サルフォードの妻

表4　ランカシャーの町における14歳以上の女性就業者と女性失業者の割合

町	女性就業者（%）	女性失業者（%）
ボルトン	47.0	12.4
マンチェスター	45.5	11.5
オールダム	52.2	21.0
プレストン	52.7	20.9
ロッチデール	52.8	16.3
サルフォード	47.1	12.8

出典：*Census of Population*, 1931, General Tables, Table L: 120–1.

たちの言う「働かない」という定義は何を示していたのかを明確にする必要がある。そして、正規の標準的フルタイム雇用と、もう一方の、臨時雇いやパートタイムのような仕事を意味する「なんでもやった」「とるにたらない仕事」とを区別する必要がある。既婚女性は働かないという理想あるいは期待と、それとはまったく異なる実態との矛盾もまた考慮に入れなければならなかった。

信頼性のある資料として使用するうえで、センサスは二重の意味で問題をはらむものだった。女性の仕事に関する歴史的情報源としてのセンサスの限界は周知のことである。いわゆる、女性の職業を細かく分けていないというセンサスの問題がよく指摘される。(6) その結果、女性の仕事は非常に大きな分類項目に分けられ、多くの女性は、「その他」「不熟練」といった残余項目に入れられるか、「無職」あるいは「無給の仕事」に従事していたという分類がなされた。それどころか、一九二一年と一九三一年のセンサスでは一般的な統計処理として、標準的なフルタイム雇用に就いていた女性だけを就業者と分類している。そのため臨時雇用、季節雇用、パートタイム、およびインフォーマルな仕事をしていた女性は就業者には入らなかった。(7) 必然的に、こうした二〇世紀半ばのセンサスは、（彼女たちの言葉では）「仕事をしていた」女性、とくにサルフォードの既婚女性のような働き方の割合をかなり低く見積もることになったのである。

一九三一年と一九五一年のセンサスで、ランカシャーの町で仕事をしていた女性労働者の婚姻上の地位別に詳細な数値がわかるだろうと思った。しかし、町ごとの集計表の間で、また時期によって、統計上の欠落や一貫性の欠如が著しく、比較のためにデータを得たいという単純な希望すらかなわなかった。一九三一年の数字はそれぞれの町ごとに女性の職業についての情報を提示していたが、既婚か未婚かによる区分はなかった。職業の年齢構成がわかっても、住んでいた町の詳細な区分はなかった。よって、職業ごとに女性労働力の年齢構成を比較し、地域ごとの雇用統計データがわかっても、年齢別構成と地域を交差させたクロス表を作成することは(少なくとも簡単には)できなかった。

一九五一年に職業分類が改訂され、長期にわたる比較を直接することが難しくなった。しかし、一九三一年と比べて一九五一年のセンサスは婚姻上の地位を把握できるようになった。ランカシャーの町ごとに、女性就業者の既婚者割合と既婚パートタイマー女性の割合がわかった。これこそが、私が一九三一年のセンサスでほしかった詳細なデータだったのである。しかしながら、一九五一年のセンサスは、町ごとに特定の職業を集計せず、大括りな地域でまとめていた。一九三一年と一九五一年の産業表と職業表からクロス集計表をつくってみても、私が得たい情報は出てこなかったのだ。

こうした欠落があると、情報源としてのセンサスの価値は減じてしまう。しかし、そこから、実施したときの政府の考え方や、分類方法や細目の詳細さ、調査対象への組み入れと除外が、センサスの実施目的といかに関わり、どのように特定の形態の知の生産と結びついていたか、がわかる。一九三一年と一九五一年の職業統計を見た研究者なら誰でも気づくことだが、一九三一年の調査は、女性労働者の婚姻上の地位よりも年齢と就業状態に注意を払っている。一九五一年のセンサスでは様相が変わり、婚姻上の地位とフルタイムかパートタイムかが詳しく調べられている。

このような〔調査上の〕関心を、雇用の増加傾向と経済恐慌の時代から完全雇用と労働力不足の時代への移行を正確に反映したものとみるのは簡単だろう。しかし、なぜ、このやり方でデータが集められ、分類されたのか。政府機関によってこれらのデータがいかに用いられたのか。センサスのデータは、政府の社会福祉政策、社会保障給付制度、課税制度の策定にあたって、どのように情報を提供することになったのか。またこれら政策的意図は、センサスを通じていかなる情報を得るべきかという決定にどのような影響を与えたのだろうか。

一九世紀のセンサスの第一の目的は医療と衛生にあったので、職業分類システムの設定はこの観点から理解されるべきだと、ヒッグスは主張している（Higgs, 1987, 1991）。出生、婚姻、死亡登録事務所（The General Register Office）は、当時の支配的な医療理論に強く影響されていたので、特定の材料、すなわち化学原料がいかに死亡率に影響するかにとくに関心を抱いていた。センサスの目的は、職業ごとの生命表の作成であり、さまざまな化学原料にさらされることによって平均余命がどれほど異なるのかを知るためだった。それゆえに、センサスは死亡率と公衆衛生に関するヴィクトリア時代の科学的な思い込みと社会科学者の関心との関係から検討されなければならない。中心的関心は人々の健康にあったため、病と死の潜在要因である都市や都市化、移民、人口過密に関心がおかれたのである。

一九世紀末には、センサスは、経済・社会分析の手段として有益なものとなるよう期待され、通商産業省や内務省といった政府の省庁が経済や社会に対して効果的に介入できるような情報を提供することになった。このような歴史を背景に、ヒッグスは一九世紀のセンサスを用いる人々に「分類システムを作る際の背後にある思想の歴史を無視するのは危険である」と警鐘をならし、「用語の変化や分類の改訂を客観的現実に存する傾向と取り違えることに注意を促している（Higgs, 1991: 477）。

ヒッグスのような観点から見ると、センサスは、厳選された関心に焦点をあて、当時の理想および言説を、偏りのあるかたちで表したものとして読めるかもしれない。これはそれまでになかった議論ではない。マッケンジーは、統計的概念の発展それ自体を、統計が作られる目的に応じて理解するべきだと提起する（Mackenzie, 1981）。たとえば優生学は、階層序列化の方法の誕生に決定的な役割を果たした。別の例を挙げると、ハキムはセンサスにおける「仕事」の概念の適用や修正に関する議論を取り上げ、そうした概念を「社会的な産物」と説明した（Hakim, 1980: 570）。しかし、センサスは単に現実を「反映するもの」でもなければ、社会的構築物でもない。センサスは、社会に対してその社会像を組み立てて示しもするため、自己監視のひとつの形態となっている（興味深いことに、公式統計の歴史はフーコー主義者の解釈を支持する結果になっているのである）。さらに、統計は、一九世紀半ばの医療人口学的な関心にせよ、あるいは二〇世紀初頭の貧困と所得への関心にせよ、国家が国民の関心事であると考えた問いに対して、国家にとっての「事実」を提供している（Desrosières, 1991, 1993, 1994）。この時期、社会秩序の維持が政治的思考において一般的かつ最も重要な関心であり続けたが、何が主として秩序を脅かすのか、あるいは秩序を保証するものは何であるかについて信じられていたことが変わった。つまり、一九世紀半ばから後半にかけては健康、病気、公衆衛生だったのが二〇世紀半ばまでには貧困や所得の分配、不平等、社会階級になったのだ。

ヒッグスが一九世紀半ばのセンサスについて行ったのと同じような分析は二〇世紀半ばのセンサスについては行われていない(8)。しかしながら、種々の表の範囲や表の詳細を概観すれば、政府機関や立法者たちの主要な関心が変化しているのがわかる。たとえば、一九三一年のセンサスは、居住密度に細心の注意を払い、何枚にもわたって一部屋あたりの人数表を作成した。ところが一九五一年のセンサスは、居住地と職場の場所の違い、通勤にかかる時間や距離などにかなりの紙幅を割いており、それは何の知識もない者には異様に見えるほどだ。また、一九三一年のセンサスにおいては、産業表は労働者を雇用上の地位（管理職、職工、自営業、失業者）によって区分しつつも、依然として扱う素材（羊毛、梳毛糸、絹、人絹、ジュート、麻、亜麻、混合繊維など）によって職業を分類し続けていた。しかし、一九五一年のセンサスは、製造業における職業を、扱う素材ではなく仕事の性格を重視して分類するようになった。

先に述べたように、女性の雇用形態の分類表が変化したのは、社会の表象の仕方が変化したことを示す一要素にすぎないかもしれない。一九五一年の社会構造を描きだすにあたり、センサスは戦後の変化と新しい時代の関心に対応した。一九五〇年代には国家がその結果を用いて社会的・経済的介入を行うようになった。もっと言えば、センサスは特定の傾向を選びだすことによって、政府の概況認識とその強化に貢献した。パートタイム労働はこのよい例だったのかもしれない。一九五一年に初めて取り上げられ、(それゆえに、それまでは利用されなかった労働力として雇用主の関心を惹くことになり)、それから一〇年間、パートタイム労働は、イデオロギー的でかつ政策的な議論の重要な問題となったのである。

以上のようにセンサスは、独特なかたちでの「知の相互作用」を作りだしているものと見なされよう。その質問表は国家の財源を使い、政府機関を通して配布され、回答するように法的に強制される。センサスは特定のやり方で情報収集をし、特定の知を生産するのである。それは歴史的構築物であって、決して「客観的」でもなければ包括的な記録でもないが、社会に関する「自由な解釈」の結果でもない。センサスの分類システムはそれが表象している社会的経済的現実の基層に対応しつつ、また両者は相互に作用しあっている。センサスは国家によって積極的に使われる。だから、対応、相互作用、積極的活用、という変化に富んだ過程がダイナミックに進行するのだ。

それゆえに、調査データから出てくる細かな疑問と女性たちの証言とセンサスとの食い違いから、公式統計を取り巻くより大きな知の関係性に議論を移していくと、トライアンギュレーションの過程は必ずしも一連の証拠を他の証拠に対置しながら確証するという単純なものではないことが明らかになる。

階級に関する社会調査——調査する側の視線

一九三〇年代に実施された無数の社会調査は、センサスよりもわかりやすかった。ほとんどの社会調査は目的を明示しており、特定の問いかけが想定されていた。それらを今日再使用するには、元来の目的を知り、とくに調べようとした問題の範囲をどのように決定したのかを正しく理解することが必要だ。私がここでとりあげるのは、小説家、作家、ジャーナリスト、政治評論家によって作りだされた「イギリスの社会的状態」についての膨大な文献ではなく(9)、より公式的な社会調査である。その多くは貧困の広がり、貧困のさまざまな局面とその連鎖を記録しようとした。そのほか、失業や健康について、とくに女性と子どもとの関連で調査したものがある。(10) これら一連の調査報告書はほぼ全国を網羅し、都市や地域の社会・経済構造を綿密に調べ、産業と労働分野において発展するものがある一方で、衰退するものもあることを知らしめた。(11)

こうした社会調査を、政府の省庁や左翼および中道の政治家は、その時代の経済的な問題を解決しうる合理的な計画を立てるうえで不可欠な前提条件になるととらえていた。調査〔報告書〕は、社会改良に貢献する自らの役割への自信を示す言葉にあふれ、公平な研究の価値と計画の信頼性への信念に満ちていた。(12) 慈善財団、半官半民の組織、大学、そして地方自治体当局もまた、社会の情報を求めて、積極的に科学的な探求に熱中した。そして、種々の「客観的事実」を集め、「XのYに対する効果に関する調査報告書」といったような表題がつけられた。

これらの社会調査からは、私が調査を始めた時に望んだような、マンチェスターやその周辺地域の女性の雇用について（実際のところ男性の雇用についても）体系的にはわからなかった。しかし、それでもなおこれら社会調査は変化の過程にあった産業構成についての価値ある情報、とくにランカシャーの織物産業の終焉とそれにともなう失業についての情報を提供してくれた。

私の調査プロジェクトに関連するテーマの社会調査のなかには、しばしば人を見下すような態度をとる調査者の視点があからさまで、調査報告の書き手の階級観と彼らがとる枠組がわかるものがあった。「失業者」「スラムの住人」「若い女の子」について、調査者は専門家として、外部から、彼らの振る舞いを見下すコメントをしつつ、報告書を書いたのである。〔調査者によって〕被調査者は倹約家だとか「向上」心があるなどとして暗に賞賛された。調査者にとっての（述べられてはいないが彼らの）合理的行動の定義に合わなければ、被調査者たちの生活の仕方は「知性的ではない」と見なされたのである。

たとえばハーリーは、一九三七年のマンチェスターで賃金労働に就いていた少女たちの余暇活動を調査して、その映画鑑賞頻度を、夜間クラスや少女クラブに行くことと比較しながら、非難するコメントを書いている。もっともハーリーは映画館が与えたポジティヴな影響について、渋々認めたのだが。

（映画館は）服装やマナーにおいて、少女に自信をつけさせる要因となった……。（Harley, 1937: 202）

少女たちの会話の話題を批判して、新聞を読むことについては次のように書いている。

知的な読書がほとんどみられない。……新聞とは、世界の出来事がわかるといったものではなく、スリルを味わうものなのだ。また原因と結果を判断するために事実を関連させていく能力がないように思われる。

（Harley, 1937: 204）

これとは対照的に、一九三七年にマンチェスター大学のセツルメントがスラム一掃地域を対象にして行ったアンコーツ調査の著者は自分の意見をあまり述べていない。しかし母親の家事と子育ての腕前が家族の安定と健康を維持するために最も重要だとみていることは明らかである。たとえば貧しい人々によるミルクの消費について、ただ次のように書いているだけである。

女性たちのなかには、ミルクを食料品として重要でないと見なしていた者もいた。彼女たちが言うには、ミルクを使うのは紅茶に入れるためだけだった。新鮮なミルクがよいと考えて経済的に余裕のあるときは子どもに与える母親もなかにはいた。（Manchester University Settlement, 1945: 33）

しかしフィッシュアンドチップスを買う女性たちを「食事をつくるのが面倒でチップ・ショップに頼る怠け者の

女」とする批判に対してはっきりと、合理性を根拠に、彼女たちを擁護さえしている。以下を見てほしい。

ある寡婦は、彼女自身の家事の他にパートタイムの仕事をしていて、一週間に二回、月曜日（洗濯日）と金曜日（掃除日）に、二シリングでフィッシュアンドチップスを家族四人に買っていた。その頃は、イギリスにレストランというものはなかったので、これは賢くて、経済的なやり方であったように思える。（Manchester University Settlement, 1945: 33）

これらの社会調査の多くには「善意」の道徳主義と自ら公言した客観性との矛盾が見られ、当時の社会改良主義者および科学的合理主義者の精神の「範囲内で」行われた調査の限界を露呈している。センサスと同様に、こうした社会調査は、特有の「知の相互作用」をもとにして産みだされたものである。しかしながら、そうした社会調査は時として貧困層の家計費にせよ、一〇代の労働者の趣味活動にせよ、調査テーマについて唯一残っている資料データを提供する。そこから、戦間期のイギリスにおける社会調査の役割や、社会改良、福祉の計画、そして都市と産業の再生政策策定および実施過程で、広く認められていた社会調査の位置づけがわかる。センサスとは対照的に、私はそのような社会調査の内容を直接使い、再解釈や資料の操作をせずに済み、彼らの記述にみられる道徳主義を割り引いて考えることも容易だった。

見えない観察者

これまで検討してきた調査研究の手法とは異なる知が「マス・オブザベーション」*によって生みだされたが、この手法もまた、特徴のある「知の相互作用」に基づいていた。「マス・オブザベーション」が提唱した手法は、有効な表現とコミュニケーションの手段を奪われていた人々に声を与えるものであった。評釈や学問的な分析なしに、しかしエスノグラフィのように詳細に、政治家や政策提言志向をもつ社会調査者たちが無視した普通の人々の習慣や日常生活の細部を記録しようという試みでもあった。そこから、普通はきわめて当たり前のこととされがちな「非常に」多くのことを明らかにしたのである。[13] しかし、初期の「日常生活の社会学」にあったこうした二重の目的は、実際にはしっくりとは噛み合っていないように見える。確かに日記や手紙を保存しておいたり、「マス・オブザベーション」に自分の報告を書いたりした女性たちは（ほとんどが女性だったのだが）、「マス・オブザベーション」を提唱したチャールズ・マッジが予測したように、「自らのために声をあげた」のである。しかし、もう一人の提唱者トム・ハリスンには文化人類学の素養があり、自分たちの国における行動と伝統は、ハリスンがメラネシアで出会ったどんなこととも同じくらいすばらしくて調査する価値があるという信念をもっていたので、「外部」（からアプローチする）方法が必要だと考えていた。[14] 観察している活動に入っていく参与観察ではなく、調査対象から調査者は距離を取り、密かに観察を行うべきであるというのがハリスンのやり方だった。観察者は調査対象者に自分のことを明かしてはならない。「普通の生活」（その言葉は、主として労働者階級の普通の生活を指していた）を特別視し、専門家としての訓練を受けた（主としてミドルクラスの）人々が、何の関わりも持たず、また観察される人々からの許可も得ず、観察するというのはいささか矛盾している。「人々に声を与える」という姿勢に込められた、調査者と被調査者の対等性という（「マス・オブザベーション」の）狙いに疑問が生じるのだ。

＊ Mass Observation. イギリスで一九三七年に設立された社会調査組織。文中にも登場する詩人チャールズ・マッジ、文化人類学者トム・ハリスン、映像作家ハンフリー・ジェニングスによって開始された。日記をつける習慣をもつ、あるいは手紙を保存している無名の人々がボランティアとして、レポートを提出したり、オープンエンドのアンケートに回答して調査に協力した。文化人類学の手法を用いて匿名で観察に参加するといった方法もとられた。一九六〇年代半ばに活動は終焉したが、一九八〇年代に再評価が行われ、サセックス大学にマス・オブザベーションによる社会調査の成果や資料を集めたアーカイブが設置されている。

それゆえ、イギリスの労働者の生活における基本的な制度といえるパブに関するハリスンの古典的研究『パブとパブに集まる人々』（Mass Observation, 1943）は、その序文で「偵察」「侵入」「観察」と説明した調査方法〔の結果〕を統計や刊行された資料とともに用いたのである。この本は、人目につかないようにパブに座って何時間も過ごした結果をもとに、一九三〇年代後期のボルトンにおけるパブとパブ文化について網羅的で魅惑的な記述をしている。（おそらくわざと）お酒を飲む人々を変な人たちのように見せ、彼らの間のさまざまな不文律や凝ったゲームを異常なものとは言わないまでも変わったものとして提示している（そのうってつけの例の一つは、調査ボランティアが耳にしたある酒飲みが亀の首を切り落としたという話で、それは『パブとパブに集まる人々』の中でコメントなしで繰り返し引用されている）。しかし、自国を外国のように見せるのに成功したことが物語るのは、このような調査における知の関係性、つまり調査者の〔よそ者といったような〕外部性によって被調査者が〔対象として〕客体化されていくということだ。

これらの問題点はさておき、〔わたしの調査プロジェクトにとって〕ボルトンが一九三七年から一九三八年にかけて彼らの「労働者の町調査プロジェクト」の綿密な調査対象だったことは非常にありがたいことだった。最終的には、企画された四巻の研究書のうち一巻だけが実際に出版され、買い物の習慣、ウィンターセールス、労働の交換、神智学、ブラックプール〔イギリス北西部の保養地〕での休日、洗濯習慣などの多様なトピックについて大量の情報が再使用可能な形で残っていたのである。見えない観察の他にも、その資料の中には、日記やより公式の調査報告も含まれている。

一九三九年に出版され、「動機と方法」という副題のついた『洗濯レポート』は「マス・オブザベーション」の公式報告書の一つだ。家で洗濯をせずに洗濯物を洗濯屋に頼むことの賛否について、ボルトンの「主婦」六〇人へのインタヴューと二一三人の調査ボランティアの発言に基づいてまとめられている。洗濯は、私がインタヴューした女性もその多くが自発的にかつ詳細に説明をした話題だった。洗濯は彼女たちの母親や自身の生活にとって非常に重要なことだった（あまりにもたくさんの話があるので，それだけで一冊の本になりそうなほどだった）。洗濯は骨の折れる仕事で，さまざまな方法が用いられたようだ。なかには，洗って乾かしてアイロンをかけた洗濯物は良き妻であり母であることの物質的なシンボルだったと言う女性もいた。その他，洗濯が追加的収入を得る手段，つまりある種のインフォーマルな仕事だったと言う女性もいた。

しかし，私が聞いた話は「マス・オブザベーション」報告とは簡単には一致しなかった。女性たちが実際に行ったこと（この点はパブの研究は異なる）への当事者の発言を苦労して集めたにもかかわらず，著者たちは（先述した階級に関する社会調査の調査者同様に）彼ら自身の「分別」意識で情報を選り分けてしまっていた。分析的というよりはかなり記述中心の報告なのに，いくつかの洗濯習慣がそれ以外よりも合理的で知的であると断言されている。

［ボルトンにおける］洗濯観には，多分に非合理的な要素がある。（Mass Observation, 1939: 21）

優れた知性を持っていたり，比較的自由になれる環境に恵まれたりして，ボルトンによく見られた行動パターンにとらわれない考え方をしている少数派もいた。（Mass Observation, 1939: 23）

おそらく普通よりもエネルギッシュで常識のある……女性もいた……。（Mass Observation, 1939: 24）

洗濯方法に関する保守的な態度が生じる理由をより深く理解するためには，主婦の心情を汲んで考えなければならない。主婦にとって，「きれいにする」ということは非常に単純なものであって，理性を用いて考えるようなことではないのである。（Mass Observation, 1939: 27）

この報告書は、外部から来た調査者による説明に基づいており、観察され、「外側から」評価されたものである。この評価は、おそらく、一九三〇年代に盛んに行われた科学的管理法の家庭への応用と脅迫的なまでの衛生概念に影響を受けている。はっきりとわかるのは、この書き手が「最も近代的な」方法の優位性を信じ、良き主婦は能率的で常識ある管理者であり、順応性を持ち、変化を恐れるべきでないと考えたことだ。それゆえ、時代遅れだと思われる方法にしがみついている女性を「知性的でない」としたのである。そして著者は月曜日を洗濯日とした地域の社会的な取り決めを、「非合理的」としてあざ笑った。しかし、私のインタヴューでは、女性はなぜ月曜日が洗濯日でなければならないかについていくつも実際的な理由を挙げてくれた。答えてくれた女性が賃金労働に就いているかどうか、またその仕事の種類によって洗濯習慣が違っていたことははっきりしていた。このことから「マス・オブザベーション」報告のもう一つの問題点が明らかになる。「マス・オブザベーション」は、女性がフルタイムの仕事をしていても、すべての女性を単に「主婦」と書いている。個々人に「織工」やそのほかの職業の肩書きがつく場合もあるが、私の調査プロジェクトの役にたつほど体系的には書き表されていなかった。そのため、「マス・オブザベーション」による報告は当時使われていた洗濯の方法について何らかのアイデアを与えてくれるものの、ジェンダー、階級そして地域についての伝統的な認識によって情報がゆがんでいるため、現時点では、調査の補強や補足的資料として使うには限界がある。もともとの調査票に書かれた「より生《なま》の」情報源に戻ることが有益だろう。

写真が語るもの

「工場を出る」という写真は、ハンフリー・スペンダーによって「労働者の町調査プロジェクト」のために撮影されたシリーズの一つである。この写真から何がわかるだろうか。この写真から工場労働者についてわかることは

工場を出る（Humphrey Spender, 1937）

相当あるが、写真家の立ち位置についても教えてくれる。

　この写真の労働者はすべて女性であり、年齢は多様である。かなり若い女性もいればずっと年配の女性もいる。何人かはバスケットを抱えている。これはランチ用なのだろうか、それとも彼女たちは帰る途中に買い物をしていくのだろうか。彼女たちはとくに急いで工場を出て行く様子もない。多くは、手を組んで、グループで歩いている。みなきちんとした靴を履いており、靴底に木を用いたクローグという靴ではない（私がインタヴューをしたボルトンの織工の多くは、第二次世界大戦まではクローグしか履かなかったと語った。そうするとこの写真はどういう意味を持つのだろうか）。一九三〇年代、自転車はとりわけ女性にとってとても貴重だった。ここに写っている二台はとても新しいようで、とくにドロップハンドルのほうはそうだ。自転車の女性たちは、もしかしたら、社会主義者のクラリオングループ*のメンバーで、自転車でビラを配りに来て、これからグループで田園地帯に行くところだろうか。それとも自転車クラブのレースがあったのかもしれない。乳母車はたまたまこのときに写ってしまっただけか、それともここで赤ん坊を引き

洗濯日（Humphrey Spender, 1937）

取っているところか。もしたまたまだとしても、女性たちはお互いに知り合いのようだ。

しかし、女性たちは誰一人カメラを直接見てはいない。まるで写真家に気がついていなかったかのようである。

二番目の写真「洗濯日」では、写真家と人々の関わりがさらに少ない。といっても写真ではその関わりの多くが洗濯物で指し示されている。

さまざまな資料から洗濯について集めたすべての情報からみて、私はこの写真がとても興味深いと思った。この写真は月曜日に撮られたもののようで、そして、おそらく女性たちは仕事に行く前に朝早く洗濯したのではないだろうか。細かく見ていくと、枕カヴァーだけで一本の洗濯ひも全部が一杯になっている。そしてエプロンがもう一本のひものほとんどを占めている。この理由を推測してみても面白い。実際のところ、一つのまとまったストーリーがこの写真から紡ぎだされるだろう。それはまた別にしても、この写真は、風の強い日の、バック・トゥ・バック・ハウス*と呼ばれる低層の労働者住宅が立ち並ぶ、暗くて陰鬱な通り、その決してロマンティックとは言えない印象を撮影したものだ。通りはずっと続いており、地面はぬかるんでいる。他には何も示されていないが、この写真は煙ったモノトーンの産業地域の景色、あるいははるかかなたの「開拓時代の米国西部」にある辺境の町の厳しさをも示しているかのようである。

なぜ、この写真には誰もいないのか。写真を撮ったスペンダーは誰もいなくなるまで待ったのだろうか。人がいないことは荒涼としたイメージを強めている。しかし、これは無邪気な写真でもなければ偶然に撮られた写真でもなく、単に「その時」をとらえた写真でもない。むしろ、この写真は巧みに構築され、意図されたものであり、写真家と撮影対象との関係および写真家が何をしようとしたかをよく表している。スペンダーは「労働者の町調査プロジェクト」が終わって四〇年後にインタヴューを受け、彼自身の特権的な階級の出自と調査対象者が抱える貧困との違いに直面して、彼の役割と「マス・オブザベーション」の目的について感じた困惑を語っている（Spender, 1977）。

次の写真は、あるパブに座っている男たちの写真である。多分、この写真は「ヴォールト」というパブで撮られた写真の一枚だが、座っている男の手は立っている男に挨拶するために上げられているのか（座っている男たちの目は立っている男に向けられている）、あるいは写真を撮られることに不服を唱えているのかはわからない。

＊ Clarion Group. マンチェスターのジャーナリスト、ロバート・ブラッチフォードが一八九一年に創刊した週刊紙『クラリオン（*The Clarion*）』の購読者を中心としたグループ。週末には自転車に乗ってイングランドの田園地帯を訪問し、労働者教育協会や夜間クラスでは社会主義に基づくイングランド社会の構想を議論した。

＊ back to back house. 一九世紀ヴィクトリア時代に、マンチェスター、サルフォードなど産業都市に建てられた労働者住宅の建築様式のひとつ。庭はなく、二戸一の背割りで、日当たりが悪いなど快適な住環境ではなかった。一九七〇年代までに自治体のスラム一掃計画などにより建て替えが進んだ。

パブ・ヴォールトにて（Humphrey Spender, 1937）

問　あなたはこの〔パブの〕男性たちとお話しになりましたか。

答〔スペンダー、以下同〕　いや、そんなことしたら怖かっただろうね。私がひどく恐れたのは、もし話しかけたら何が起こるかわからないということだった。彼らはまったく見知らぬ外国人のようで、本当に困ったのだよ……。

問　もしあなたがマス・オブザベーションの目的について説明していたら、みなさん、おそらくまごついたでしょうね。

答　彼らはわかってくれなかっただろう。それが社会調査の一種であるなんてね。人は自らの行動をまったく論理的だと信じており、〔社会調査が必要なほどに〕不可解なものではないと思っている。

問　ボルトンの環境は刺激的でしたか。

答　いや、そうは思わなかったよ。ボルトンの環境はとても気が滅入るものだった……。どんよりとした気候で、心理的にも、あの環境は気が滅入るものだったよ。

問　それは工業の町だからですか。

答　そうだ、貧困のせいもあるし、仕事柄目立つしね。やはりばれないようにするのはとても難しいことだ。
問　なぜでしょうか。あなたのアクセントのせいですか。
答　そうだ。私にとって北部イングランドのパブに入り、まったく異なる言葉を話し、「気安く声をかける男」のようにふるまうのはなかなか難しいことだよ。誰かの写真を撮っていると「いったい何のために撮っているんだ」と尋ねられるしね。それはよくあったことだがね。……私が主に気を配り、努めたのは、私自身と写真の器材を目立たないようにしていくことだったよ。

（デレク・スミスによるスペンダーへのインタヴュー、一九七七年七月二七日、ページ番号なし）

その後に、隠し撮り写真について次のように議論している。

……貧困状況にある人々、失業中の人々には、率直に言って自分の状況が明らかにされるのを好まない感情があった。多くの点で、写真を撮ることは搾取だっただろう。このことは私が強く感じたことだったよ。

（デレク・スミスによるスペンダーへのインタヴュー、一九七七年七月二七日、ページ番号なし）

スペンダーは、暗にトム・ハリスンのプロジェクトを批判している。スペンダーは、ハリスンの見えないようにという要求に対して居心地の悪さを感じていた。そして、正体を隠すという論理を困難に感じていた。そのことによって必然的に、人々とその活動は外側の目から記録されざるを得ず、したがって、「その目から見れば人もその活動も」外国人のように記録されることになる。

見る人によって写真のイメージは変わるが、スペンダーのコメントに照らし合わせてみると、これらの写真は撮られた目的とその「産出条件」によってかなり影響されていることがわかる。にもかかわらず、おそらくは影響されているがゆえに、これらの写真はとても示唆的であり、同じテーマを表象する他の手法を補足しているのである。

「現実」を「知ること」

この章では、現実をとらえるためのさまざまな方法のうちから、いくつかを取り上げ、それらを併用する時に生じる問題を検討してきた。さまざまな形態の表象は、同じ現実を違ったものとして構築する。私の分析は、結果的には、先行研究で行われた構築をさらに再構築することになるだろう。そしてその営みは、私自身の思想形成が入り込まざるを得ず、これまでの調査経験と研究の積み重ね、政治観と政治的活動、そして社会学的伝統から学んだ知識の蓄積と分析枠組によっている。明白なことであるが、資料の分析に私が用いた思考法というのは、突然私の頭に沸き上がったものでもなく、何もないところからでてきたものでもなく、私自身の学問上の「知の軌跡」とその歴史的文脈が長期間にわたって交差してきた結果なのである。

私は、現実をとらえるためにさまざまな方法がとられ構築された研究成果を単なるテクストとは考えてもおらず、かといって書き手の側の自由な解釈の結果であるとも考えてはいない。一九三〇年代のランカシャーには厳然とした現実が存在していたのであって、こうしたさまざまな資料はすべて、どれほど部分的ではあったとしても、あるいはどれほどある特定の「方法論」に影響されていても、現実のある一面をとらえている。再構築は、単にパズルのピースを混ぜて違った並べ方をするようなものでもない。むしろ、さまざまな形態をとる知と情報源を再解釈することは、特定の問いに基づいて新しい分析をすることである。その分析もまた、新たな分析の際に用いた方法論の影響を受けて偏りのあるものとならざるを得ないのだが。

調査者は、何の影響も受けずに、一九三〇年代の現実に接近することはできない。すでに存在する形態の知と人々の記憶にことごとく影響されるのだ。そうした知から新しい理論を生みだすとは、それらの知に含まれる合理性と現実を越え、さまざまな形態をとる知を駆使していくことだ。もし、それぞれの知に正しさがあると思ったならば、それ以外を調べる必要も、複数の人にインタヴューをしていく意味もない。なぜならすべての資料は根本的に比較不能であり、にもかかわらずそれぞれが同等に妥当性を持ったものと考えられるからだ。しかし、それぞれの形態の知は特定の知が相互作用した結果であり、ある特定の時間と見解によるものだ。こうした特徴を理解して利用するには、それぞれの今日的な解釈のされ方と、それらの関連の仕方をはっきりさせなければならない。さまざまな知を最大限に利用し、能動的にそれらの知を再解釈することによって、さまざまな資料により広い準拠枠を与え、新しい分析、すなわち新しい社会理論を生みだすことができるのだ。

　それらの資料同様、私が行った分析も特定の「知の相互作用」に影響されている。〔だが、その「知の相互作用」は〕センサス作成者とも社会調査者のものとも違うし、自分たちの生活を語った女性たちのものとも異なる。私の調査の立ち位置は、収集したオーラル・ヒストリーも含めてすべての資料の外部にある。私の分析とは、主に女性たちの証言を理解していく過程であるが、「労働をめぐる全社会的組織化という視角」からみて相互に意味をもって参照できるようなさまざまな資料を併せ用いる。女性たちの生活の「理論化」はこのように、私自身の資料に対する「知の関係性」を反映しているのである。

　さまざまな形態をとる知の再解釈には歴史の影響も実際には入ってくる。知の意味は今と作られた時点とでは異なっている。それだけでなく、歴史的な変化が現在の分析者を過去にそれを書いた人々とはまったく異なる対象との関係性の中に位置づける。私たちにとっての新しい社会的現実が再解釈の手段となる。過去の分析と過去に書かれた記述が、新たな考え方のもと、今日の概念と問いを通じてとらえ直されることは避けられず、またそれは連続的過程の一部なのだ。

　〔調査に用いる資料という〕さまざまな知のありようを論じてきたのは、諸理論に関する単一理論を展開するためや、すでに存在する複数の解釈の統一的解釈をするためではない。むしろ、これらすべてを根拠として利用し、起こったことや社会的現実、人々の生活の組み立て、社会構造の影響を解釈し理論化したい。資料はいずれもそれぞれ独自に固有の知の方法を用いて「現実を把握」したもので、それはセンサスの集計・分類でも各種調査での質問紙法調査、観察、人々の回顧の収集でも同じことだ。これらの解釈の再解釈は、当時の人々が解釈していた現実を消し去ることなく再解釈するために必要な一つの段階なのだ。

注

（1）本引用およびこの後の引用は、とくに言及がない限り、私自身が行ったインタヴューの書き起こしから抜粋したものである。調査対象となった女性たちの名前はすべて仮名である。

（2）たとえば、ロバート・ロバーツの自伝（一九七一、一九七六年）、ウォルター・グリーンウッドの一九三三年の小説『大切な失業手当』、シーラ・ディレイニーの演劇『蜜の味』、トニー・リチャードソンによる一九六二年に行われたその映画化、L・S・ローリーの絵画、イギリスで最も長く続いているテレビドラマ番組『コロネーション・ストリート Coronation Street』は言うまでもないだろう。より包括的な議論は第6章を参照。

（3）たとえば、Thompson（1978）と Samuel and Thompson（1990）あるいは Tonkin（1992）とを比較せよ。雑誌 *Oral History* に掲載された諸論文のうち、一九八〇年代初頭に掲載されたものと一〇年後に掲載された諸論文を比較してみるとよい。

（4）たとえば、Stanley（1990）を参照せよ。さまざまなアプローチとその問題点とその意味については Glucksmann（1994）で議論されている。

（5）これらの異なる方向性は Pahl（1989）の先駆的な研究、あるいは Alexander（1994）の研究にそれぞれ見られるだろう。

（6）Higgs（1987: 63）は、一九世紀のセンサスに見られた欠落およびその影響について有益なまとめをしている。Nissell（1980）はより現代的なセンサスの問題を概観している。

（7）労働省によって集められた公式統計は失業保険の対象になる就業者だけを入れて、失業保険の対象にならない就業者と、そして一九三四年までは一六歳以下の若年労働者を排除している。私の調査目的にとって、労働省の統計は有益な雇用統計となっていない。なぜなら、私がインタヴューをした女性たちのうち、あまりにも多くが失業保険の対象にならない仕事に従事していたからである。

（8）しかし、出生、婚姻、死亡登録事務所が行っていた、職業による同様の社会的区分の分析についてはSzreter（1984,1991）を参照せよ。

（9）たとえば、Brockway（1932）, Cole and Cole（1937）, Greenwood（n.d.）, Hutt（1933）, Orwell（1937）, Priestley（1934）を参照。

（10）例としては、Rice（1931）, Orr（1936）, M'Gonigle and Kirby（1936）, Gollan（1937）, Caradog Jones（1937）, Pilgrim Trust（1938）, Jewkes and Winterbottom（1933a）などがある。

（11）最も包括的なのはロンドンの調査である（Smith, 1930–35）。次にマーシーサイド（Caradog Jones , 1934）の調査があげられる。ランカシャーの調査（Daniels and Jewkes, 1932）に加えて、南ウェールズ（Marquand, 1932）、ブリストル（Tout, 1938）、サザンプトン（Ford, 1934）、ヨーク（Rowntree, 1941）、タインサイド（Mess, 1928）、ブリンマー（Jennings, 1934）、カンバーランドとファーネス（Jewkes and Winterbottom, 1933b）で調査が行われた。

（12）このことは、「政治経済企画（Political and Economic Planning: PEP）」の出版物と機関誌*Planning*においてとくに明らかである。官僚、実業家、そして学者のグループによって、「産業問題を公平に研究する」ために、一九三一年に設立されたこのシンクタンクは、同時代の問題に関する最善策のレポートやパンフレットの作成に力をそそいだ。企画を立てる際の信念に関する議論は、Mowat（1955: 462）, Samuel（1986: 25–9）, Pollard（1983: 104）, Glucksmann（1990: 78）を参照。

（13）「マス・オブザベーション」の記述については、Calder and Sheridan（1984）, Madge and Harrison（1938, 1939）を参照。

（14）一九三六年にメラネシアから帰国して、トム・ハリスンは、ユニリヴァーの創設者〔イギリスにおける代表的な民間研究助成財団であるリーヴァーヒューム基金の創設者でもある〕の生まれ故郷であるボルトンに行った。西洋の生活のただ断片だけが、「彼らのメラネシア山中の食人慣習を持つ種族に影響を与えた」のである（*Worktown*, 1977より引用）。

酒井順子・訳

第3章　家庭と労働
ジェンダー化された経済

調査対象となった女性たちが経験した有償雇用におけるジェンダー間分業と、家庭内労働におけるジェンダー間分業とは、どのような関係にあるのだろうか。本章はこの問いから始めることにしよう。この問いはそれぞれ異なるレベルの分析としてだけでなく、一般性を持った問いとしての探求もできる。具体的には、女性が有償雇用に従事しながら、どのように家庭内労働と育児に対処したのかという問題を取り上げていくことになる。既婚女性がまだ大量に雇用されていなかった戦前期、既婚女性の雇用を後押ししたとされる「家事省力化」機器やその他の商品が大量に利用できるようになる前の戦前期に、彼女たちはどのように労働者と妻という「二つの役割」をこなしていたのだろうか。賃金を得るために一日一〇時間、一二時間働き、帰宅すると今度は夫や子どもたちのために料理、掃除、洗濯のすべてを自分でやったのだろうか。それとも男性に家の手伝いをしてもらうことに慣れており、家庭内労働を比較的ジェンダー化されていない活動として、とらえていたのだろうか。

そうした個々の経験のレベルから一般的なレベルに問いの視点を移せば、有償雇用と無償の家庭内労働にそれぞれあるジェンダー間分業の特徴とはどのようなものであり、その双方の労働領域がどのように結びついているのかという問いとなる。妻が有償労働に従事している場合に、夫が家庭内労働を担っていたとすれば、それを可能したのは夫の仕事の内容なのか、妻の職業なのか、それともその両方によるのだろうか。そこには何かしら体系だったパターンがあるのだろうか。そうであれば、賃金が支払われる有償労働とそうではない無償労働、「職場」と「家庭」における男女間の労働配分にはいろんなパターンがあることを、どのように説明できるだろうか。

これらの問いに答えることによって、一九三〇年代から一九六〇年代のランカシャーにおける市場経済と家庭経済との相互連関がどのようなものであったのかという、その大枠を社会のレベルから指し示すことができるだろうか。市場経済と家庭経済という、この二つのセクターを結びつける回路はどのようなものであり、どのように商品、労働、賃金が両セクターで交換されていたのだろうか。女性労働者は既成商品を購入したのか。世帯はフォーマル経済における市場を介した取引に関わっていたのか。大量生産の時代が始まる前の時期に比べると、市場と家庭経済との間には多少なりとも隔たりがあったのだろうか。

ミクロレベルの接近――労働の布置連関

以上の問いを（第1章で説明したように）「労働をめぐる全社会的組織化」の視角から探求していこう。この枠組の利点は、労働がどのような社会的・経済的な諸関係において行われているか、「労働」が労働以外の活動や諸関係にどのように組み込まれているかに関係なく、労働を包括的にとらえる概念を設定することによって、あらゆる種類の労働を考察できることにある。〔つまり、〕フォーマルな有償雇用という概念に縛られていないので、「労働をめぐる全社会的組織化」は、異なる形態の労働がどのように相互に結びつけられ、あるいは交換されているか、を分析できる。商品経済において行われていた労働と、非商品経済において行われる労働との間には何らかの体系だった結びつきがあると考えられる。「本当の労働」と公式的にも一般的にも見なされている活動は、「隠れた」労働や、まったく異なる条件下で行われている労働に支えられて成り立っている可能性があるからだ。商品経済セクターと非商品経済セクターの境界線にまたがる労働の存在を突き止め、多様な労働形態と労働関係にまたがって行われる交換、そこにある互酬関係、依存関係、不平等のパターンを分析する。そのために「労働をめぐる全社会的組織化」の枠組を考案した。

インタヴュー対象の女性たちは全員、ランカシャー地域の出身者で、同じ年齢層に属し、「労働者階級」と見なされる人々であり、大部分が工場での肉体労働に従事していた。しかし、こうした共通点にもかかわらず、調査開始直後から、その家庭と労働の布置連関、その両者を関係づける構成と配置のされ方が実に多様であることは明らだった。〔このような個人の〕ミクロレベルでの作業概念として使用する「労働をめぐる全社会的組織化」アプローチは、特定の世帯や職業集団、地域労働市場のいずれを焦点化する場合でも、家庭と労働がどのような関係に置かれていたのか、その個々の違いや、家庭と仕事はどのように接合されていたのかを特定する手段となる。

本章では、まず二つの働く女性グループの特徴を描くことから始め、この両者を隔てる家庭と労働のあり方を分析する。次に家庭向けの商品や個人向けサービスの利用を通じてこの二つの女性グループにある不平等と互酬性について検討し、それが両者をどのように分かち、結びつけているのかを見ていく。最後に、調査対象地域の労働市場と〔この地域の〕伝統的特性を空間の観点から考察する。

二つの女性労働者グループ――織工と臨時雇い

ここでは以下の二つの既婚女性のグループに焦点をあて議論を進める。一つは綿工業に従事した織工もしくは紡績工グループ、もう一つは臨時雇いのグループ、清掃から食堂での仕事、パブの給仕、子守、他人のための洗濯にいたるまでのさまざまな種類の仕事をしていた女性である。いずれの女性も一四歳かそれ以前に学校を卒業して働き始め、ほとんどが二〇代前半で結婚した。家庭と労働の布置連関に関して、この両者の間で違いが明らかになるのは、子どもを持った後のことである。それ以降、織工の女性グループと臨時雇いの女性グループとの間では、実際の雇用だけでなく、夫との関係、世帯の中での分業のあり方、地域コミュニティとの関わり、家族ネットワーク、そして何よりも自身のアイデンティティと、さまざまな面で違いが見られるようになる。

第2章で紹介した二つのグループの二人の女性、リトル・ハルトンで織工を勤め上げたエディス・アシュワースと、サルフォードで事務所の清掃やパートタイムで洗濯を請け負っていたアニー・プレストンは、この二つのグループの違いを物語る事例だ。ただし表・調査対象者の諸特徴（第1章参照）からわかるように、いずれも特別な事例ではない。エディス・アシュワースが経験したことはボルトンとオールダムで同様に織工をしていたアリス・フォスターとリリー・ハントのものと似ており、アニー・プレストンが経験したことは、サルフォードのフロー・ナトールとヴェラ・ロジャース、そしてアリス・フォスターの友人ネリー・リンチのものと似ている。(1)

しかし、インタヴュー対象者の女性をある種の労働者として特定してしまうことは、彼女たち自身の自己定義を越えた異なるものとなることを余儀なくさせる。臨時雇いの女性たちは、臨時でやっていた仕事については多くを語らず、仮に語ったにしても、雇用としては認識していないようだった。インタヴューでも口を閉ざしがちで、こちらから促さない限り、たとえばネリー・リンチとのインタヴューではまったく話が前に進まないように思えた。アリス・フォスターが自分の仕事について話した後、ネリー・リンチの順番が来たのだが、仕事については何も話すことはないと繰り返した。

ネリー・リンチ　そうね、私がやっていたことなんて言うほどのことは何もないわ。そんなに話すことはないですね。一〇分もあれば十分ですよ。

アリス・フォスター　やめなさいよ、ネリー。あんたの人生も私のと同じくらいおもしろいわよ。

ネリー・リンチ　やめてよ、アリス。一〇分もあれば十分よ。

このような気のりしない反応があまりに頻繁に見られ、もはやインタヴューという特殊な状況だから起きたことだと解釈するには無理があった。他の女性たちも仕事について聞かれると、何もない、もしくは意味ありげに、「おもしろいこと」なんて何ひとつないと否定することから始めた。それに対して、母として、妻としての経験を話す時にはとてもくつろいだ様子を見せた。長年にわたって有償雇用に携わってきたにもかかわらず、彼女たちのアイデンティティは明らかに、労働者としてではなく、母親として表現された。これは「労働者」という概念が、彼女たち自身にはしっくりこないことを意味していた。彼女たちの間では労働者 対 妻／母という二分法による解釈が根強くあり、仕事に関する話を聞こうとしてもその影響を受けたり、妨げられたりしたのである。労働者 対 妻／母というカテゴリーは、互いに相容れないものであって、彼女たちの口調からは自分がそのどちらの側に位置づけるのかについて迷っている様子は感じられなかった。家庭・私的・無償・インフォーマル 対 労働・公的・有償・フォーマルという、フェミニズムで近年、議論されている二元論が、彼女たちの人生や生活についての語りのなかに明らかに存在していた。彼女たちの労働は、標準的な有償労働やフルタイムの労働、契約上の雇用関係などの公式的な定義には該当しないため、自分の有償労働を軽視し、詳しく語らなかった。外部の人間に話す時、ある種類の労働は「労働」として語ってもいいが、その他のものは「労働」の範囲に入らない、というように、彼女たちは伝統的な価値基準に従っていたのだろう。労働と呼ぶに「ふさわしい」仕事をしていなかったので「本当の」労働者ではなかったと考えていたのだ。彼女たちのアイデンティティは妻・母であり、その自尊心とは家庭で妻・母としての責任を果たす手腕の発揮にあり、そのプライドは家を清潔に保ち、家族の衛生に気を配り、食事を与え、ちゃんとした服装をさせることにあった。

公式の雇用統計やセンサスの分類では、これらの妻・母たちは、労働者として登場することはないだろう。「収入を伴う仕事に従事」「就業」状態として公式に認められている「経済活動」といった標準的な定義には当てはまらないためだ。織物産業に関しては歴史研究が大量に蓄積されているが、臨時雇いの労働について扱ったものはほとんどない。何が労働と呼ぶに「ふさわしい仕事」で、「本当の労働」とは何か。一般的に受け入れられている概念はこの一世紀の間にほとんど変化しておらず、それが公式発表される全体像に作り上げている〔のが現状だ〕。一九三〇年代から戦後直後にかけて臨時雇いの女性が携わっていた仕事の多くは、一九五〇年代、六〇年代までには「わずかな金」のためになされる「ちょっとした仕事」と軽蔑的に表現されるようになった。こうした仕事をしていた彼女たちが自分自身を労働者、もしくは働く母親として認識しなかったこと、より正確に言うと「認識できなかった」のも不思議ではない。

このような問題は織工へのインタヴューでは起こらなかった。職歴を尋ねると、即座に織工であると名乗った。働いている間も退職後の現在も、そのアイデンティティはまず織工もしくは紡績工であり、その自尊心とプライドの源は有償雇用の場で発揮される熟練にあった。製造工程における専門的な知識があり、正式な雇用関係に慣れ親しんできたことを誇りとして、自らの職業生活について雄弁に語った。口が重くなるのは、家庭内労働に関する質問のときだけだった。

どちらのグループの女性も、労働と家庭を二分法でとらえていることは明らかで[2]、それぞれ、二分割された一方の側に自分を位置づけていた。したがって、彼女たちのアイデンティティを介して仕事に関する情報に接近することになった。織工の女性については、公式統計から労働組合への組織化、さらに一般的な世論にいたるまで、すべてが明確に彼女たちを労働者として定義するようになっていた。二分法によって構築された労働者か母親かという定義のありようはいったん脇において、研究者が「労働者」としての彼女たち自身の定義づけをそのまま素直に受け入れたとしても問題はないだろう。

だが、「臨時雇いの女性労働者」という用語を使っているのは私であって、彼女たちではない。臨時雇いの女性たちは共通した労働関係と共通した仕事の種類に携わっており、織工の女性とは明確に区別しうる職業グループである。彼女たちが「労働者」と名のる立場にない以上、彼女たちが労働者として認められ、その有償雇用の重要性が認識されるためには、理論枠組に基づいて分析的に記述していかなくてはならない。織工たちとは対照的に、社会的、経済的、イデオロギー的、あるいは文化的にも臨時雇いの女性を労働者として見なさないよう、すべてが作用しており、彼女たち自身でさえ、自分たちを労働者とは見なしていなかった。「臨時雇いの女性労働者」という言葉が奇妙でぎこちなく響くのは、女性のこうしたタイプの労働を表現する言葉がないためだ。

臨時雇いの女性たちが自分は労働者ではなく母親だと言ったとしても、実際には賃金のために多くの女性が「フルタイム」で働いていた。彼女たちにとっては、こんな風に常に労働に従事するのは当たり前のことであった。その多くがさまざまな形態の仕事に従事していた。夜間清掃と子守、あるいは食堂と洗濯場の仕事など、パートタイムの仕事を複数組み合わせるのもよくあることだった。その労働時間を合計するとたいていはフルタイムの仕事と同じだけの時間となり、継続的な九時間労働ではないものの、一日の労働時間は織工とほとんど変わらなかった。したがって、複数の臨時的な仕事をしていた女性も、標準的な雇用形態で働いていた女性と同じく労働者と見なされるべきだ、というのが私の主張である。しかしながら、彼女たちは「働く」という言葉を労働者としてではなく、母親というアイデンティティを通して意味づける。そのため、彼女たちを労働者として取り扱うためには、そのアイデンティティに疑問を呈することがまずもって必要となる。家庭と労働それぞれにおけるジェンダー間分業とそこにある不平等の相互関連を分析する際、「〔家庭・私的・無償・インフォーマル 対 労働・公的・有償・フォーマルといった〕分離された領域」パラダイムを拒否するのであれば、〔以上の〕考察を進めていくにあたって、臨時雇いの女性たち、織工の女性たちがいかなるパラダイムを持っていようとそれを乗り越えていくことが必要となる。

臨時雇いの女性労働者

アニー・プレストンの有償労働の経歴から、彼女がいかに多忙だったかがよくわかる。第一子出産後の生活は次のようなものだった。

生活するのに十分なお金がなかったから、私はそれでも働きに行かなきゃいけなかったんです。皮工場に財布を作りに行ったんですよ。それから［さらに次の子どもたちが生まれた後］……私たち、夫婦で大学の夜間清掃に行くことに決めたんです。一晩中働きましたよ。夜の一〇時から朝の七時まで。

そのうえ、二人の女性から頼まれて公営の共同洗濯場で洗濯を請け負っていた。

一〇時から八時まで働いていたから、私が洗濯場に行くのはいつも最後の時間でしたね。急いで行かないといけなかったんです。でも最初は自分の洗濯をしに行ったんですよ。それから私のいとこは、足が悪かったので、彼女のためとそれからもうひとりの人に頼まれて、週に三回行くようになったんです。

アニー・プレストンの友人、フロー・ナトールは夜間清掃に加えて、工場の食堂で長年にわたって定期的に交代勤務をしており、「外注」の洗濯も請け負っていた。ネリー・リンチはパートタイムで清掃の仕事をし、パブでも働いていた。ヴェラ・ロジャースは、平日は事務作業をし、週末には時々工場で働いていた。いずれの仕事も低賃金だったが、女性たちが臨時雇いの労働で得た賃金は、家計収入にとってなくてはならないものだった。この収入のおかげで、夫の安くて、あてにならない賃金を補い、家族の基本的な生活水準を維持できたのだった。彼女たちの夫は、（仕事がある時は）典型的な不熟練の肉体労働に長時間従事していた。その場合でも賃金は平均より低く、解雇されれば収入はなくなる。アニー・プレストンの夫は軍を除隊後、建設業で働き、後にクレーン運転手の仕事をしていた。フロー・ナトールの夫はトラック運転手だった。ヴェラ・ロジャースの夫は倉庫で働いていた。臨時雇いの女性労働者の夫の多くは建設業、トラック運転手、サルフォード埠頭での作業など、冬になると定期収入がなくなる不安定な雇用に就いていた。こうした仕事はまさに臨時的な雇用であったため、今日働いても次の日に仕事があるのかどうか、ある日はシフトに入れても次のシフトに入ることができるのかどうかも定かではなかった。アグネス・ブラウンとヒルダ・ウォーカーの以下の会話は、彼女たちの父親が従事していた埠頭での仕事の不安定さについてのものだ。彼女たちの父親たちに比べると次の世代の状況はやや改善されたものの、男性にとってサルフォード最大の雇用主のひとつが提供する埠頭での仕事は、最終的に埠頭が閉鎖されるまで、不規則かつ低賃金だった。

ヒルダ・ウォーカー　埠頭に「モテ男」という集団があったじゃない。あれに入っていなかったら、全然仕事にありつけなかったのよね。

――港湾労働者は作業チケットをもらわなくてはならなかったんですか。

ヒルダ・ウォーカー　〔作業チケットを〕「割り符」と呼んでそれを貰うために列に並んで、それを仕事する時に〔雇い主に〕手渡すんですよ。まるでたくさんの動物が囲いの中を歩き回っているようでしたね。

アグネス・ブラウン　それに埠頭じゃ、たくさんの宗教が一役買っていましたね。もし監督がイギリス国教会[3]の信者だったら、イギリス国教会の信徒の男性を優先して割り符を配っていましたからね。ローマカトリックの監督もそう。同じ宗派の人から配ってましたね。まあそういったことですよ。

ヒルダ・ウォーカー　集団に入ってなかったら仕事は回してもらえなかったのよ。

アグネス・ブラウン　そうそう、みんなひとっところに集まって（割り符を貰うために）立ってたわよねえ。私の父は運がよかったんですよ。父は「〔夜間作業にあたる〕半夜業をやっていてね、半夜業の仕事がとれたらラッキーだと思っていたんです。五時に戻って来ると、母が父のために夕食を準備するんですが、父は「急いでくれ、仕事に戻るんだから。半夜業の仕事が取れたんだ」と言って取って返したもんですよ。父は割り符を取って一〇時過ぎまで働いてたんですよ。それが半夜業。父はクリスマスの日にもそれに飛びついて、夜の仕事を取ったもんですよ。子どもたちにクリスマスのおもちゃを買うお金の足しになりますからね。オレンジを運んできた船がスペインから来ていてね。父はそのオレンジ・ボートに行って、クリスマス用にお店に出す荷おろしをしたもんです。それ、半夜業って呼ばれていたんですよ。

夫たちは毎週、妻に決まった額の家計費を渡すと、あとはすべて自分の個人的な支出に使った。同じように埠頭の仕事をしていた彼女たちの父親もほとんどの場合、稼いだお金をすべて家計用に渡していた。しかし、サルフォードでインタヴューした臨時雇いの女性たちの間では家計用に「賃金を全部くれる」夫はまずほとんどいなかった。アニー・プレストンとフロー・ナトールの経験はその典型例だ。

――これからお金と家計のやりくりについてうかがいます。みなさんのお連れ合いは、稼いだお金を全部渡していましたか。それとも家計に必要な分だけを渡していたんでしょうか。

フロー・ナトール　稼いだお金のうち一定額だけを渡してくれましたね。

アニー・プレストン　私は家計費しかもらっていませんでしたね。

――お母さんたちの時代も同じでしたか。ご存じないでしょうか。

アニー・プレストン　そうですね、私の父は全部渡していましたね。

フロー・ナトール　私の継父は全部自分のものにして母には渡していませんでしたね。

アニー・プレストン　え、そうなの？　うちの父は全部渡していたけど。だって、クリスマスの時なんか、仕事からの帰り道におもちゃを売っているお店があったんだけど、父は、私の姉の人形と乳母車のために週に一シリング、私のおままごとのティーカップセットのために週に一シリング、というように、ためておいてくれましたよ。そのお金は父のお小遣いから出ていたんですよ。

――でもあなた方のお連れ合いは家計に必要な分は渡してくれるのですね。

アニー・プレストン　そう、父とは違って、家計に必要な分だけをくれるんです。

――お二人は家計に関する支払いの責任者だったんですか。

アニー・プレストン　そう、家賃、保険、それに掛買分の支払い(4)、衣類。実際、夫の服まで買ってたんですよ、自分がなんてばかなんだと気づくまでは。それで言ってやったんです。いいかい、これからはあんたには何も買ってやらないからね、たったの三〇シリングなんだよ、三〇シリングでスーツが仕立てられるんだよ。でもこの稼ぎから出すにはたいした金額なんだよ。これからは自分で買ってよね。そう言ってやったんです。それでそれからは一度も買ってやってません。シャツ、プルオーバー、靴、私は夫に全部買ってたんですよ。そんなこと、普通はできっこありませんよ。本当はできることじゃないんですよ。

夫はたいてい自分たちがどれだけ稼いでいるのかを妻に教えなかったし、アグネス・ブラウンのように（後述）、妻もまたそんな期待はしていなかった。女性たちは、夫がいくら自分に手渡し、「小遣い」としていくら手元に残していたか、その割合がどうなっていたのか、見当もつかなかった。夫の稼ぎが不定期的なうえ賃金のかなりの額を夫が手元に残したため、家計収入はかなり不安定になったのだろう(5)。

突然の出費に対する対応を見ても、ヴェラ・ロジャースの例にあるように、女性たちは夫から与えられただけを受け取り、十分でなかったとしても、それ以上は要求しないという態度でいた。

ヴェラ・ロジャース　どこでお金を工面しようかって、思っていました。お金を出すように頼むなんて考えもしませんでしたね。だからとにかく働きに出て稼いだんです。うちの両親がそうだったから、多分そういうもんだと吹き込まれていたんですね。そういう気がまえを受け継いでいるんですよ。

――お連れ合いは、決まった額の家計費を渡してくれていたんですか。

ヴェラ・ロジャース ええ、だからそれ以上は私も頼まなかったんですね……。夫に、もっともっとお金が必要なんだけど、って頼んでたらよかったかもしれないねえ。でもね……家にもっとお金が必要だとは思ってもみなかっただろうし、私も、もっとお金が欲しいと頼むなんて、考えもしなかったんですよ。それで母に相談したら、母が、「そうだね、外で足りない分のお金が稼げる仕事があるか見ておいで」って言ったんですよね。

働きに出て追加の収入を得る、できるときに貯金する、あるいは質屋に助けを求める、食料品を「掛買い」するなど、とにかくありとあらゆる方法で家計を切り盛りする。それはひとえに彼女たちの肩にかかっていた。夫に追加でお金を要求することは彼女たちのプライドに関わることであり、それは恥ずべきことだったのである。家計収入のうち臨時雇いの女性労働者の稼ぎがどれぐらいの割合を占めていたかを現時点で推定するのは難しいが、少なくとも家計収入全体の三分の一を占めていることが多く、四分の一から半分までの範囲に分散している。家計に占める割合がどの程度であろうと、女性は自分が稼いだお金をすべて家計費にあてた。生活必需品、とりわけ子どもたちの食料や衣類にあてられ、自分のための支出や贅沢品に使われることはなかった。ヴェラ・ロジャースは自分が稼いだお金で五人の子どもたちを食べさせ衣服を買っていた。

――稼いだお金はどんなことに使っていたんですか。やはり生活必需品でしょうか。あるいは、何かご自身のために特別な物を買ったことがありますか。

ヴェラ・ロジャース 家計費で子どもたちを何とか食べさせることはできたけど、あの子たちに買ってあげたいと思った服を買うことはできませんでしたね。

稼いだお金を何に使っていたのか。その質問に、アニー・プレストンとフロー・ナトールは迷わず答えた。

アニー・プレストン　食料品に使いましたね。

フロー・ナトール　食卓に並べる食べ物になったんですよ。

アニー・プレストン　全部食べ物になって、それ以外は何も買えなかった。

――じゃあ、お連れ合いは稼いだお金を自分のために使っていたのに、あなた方は全然、使わなかったんですか。

フロー・ナトール　ええ、まったく。

アニー・プレストン　そうね、うちの夫は金曜日、土曜日、日曜日に友だちと飲みに出かけてましたね。夫はいつもお金を持っていて、そのうえもっとくれと私に頼むんですよ。私もこう言い返しましたよ、「これじゃあ、あんた、私から全部取り上げる気なの」って。でも、私も子どもも本当は何も持ってなかったんですよ。

フロー・ナトール　考えずにお金を使うことはありませんでしたね。いろいろな物のために予算をちゃんと立てなきゃね。たとえば子どもたちが学校で給食を食べるようになったら、金曜日には給食費を別に取っておかなくてはならなかったんですよ。学校に持って行くまで食器棚の上に置いておくんです。貯金箱ですね。わずかな金額の、二、三枚の銅貨だけど[6]、学校用の積み立てですね。だけど金曜にちゃんとお金を取っておかないと、月曜日に（給食費を）持っていくことができなかったんです。

――では、お二人の稼いだお金はまず絶対に不可欠な生活必需品に使って、贅沢品を買うためじゃなかったってことですね。

フロー・ナトール　子どもたちが制服を欲しがれば、それは買いましたね。
アニー・プレストン　贅沢品を持ったことは一度もありませんね。
フロー・ナトール　ないわねえ、一度もなかった。

フルタイムで働き、家計に大きく貢献していたにもかかわらず、彼女たちは家事を最優先し、家庭的であることを常に意識し、大切に考えていたと言う。自分がやっている有償労働についてはそうではなかったが、家庭の管理者としての役割については詳細に、より自信を持って語った。それは彼女たちの自尊心が、雇用という地位ではなく、家庭に深く根ざしていることを強く印象づけた。

一週間の日課、そして掃除、料理、洗濯、育児の仕方について、みな詳細に説明し、どんなに不潔さや貧困と日々格闘し、家やリネン類、子どもたちを清潔にし、そして食事を与えてきたことを満足感と喜びをもって語った。アニー・プレストンがそうだったように（第２章）、自分で焼いたパイとパン、洗い立ての香りのする洗濯物がどの臨時雇いの女性にとっても重要なことだった。アニー・プレストンは洗濯場をあまりに頻繁に使ったため、彼女の夫は洗濯場に「男がいるだろう」と非難したぐらいだった。フロー・ナトールは、本人いわく「輝いている」清潔な洗濯物を家に持って帰ることを誇りとしていた。

フロー・ナトール　私は洗濯場から、本当に誇らしく思いながら帰って来たものです。全部なめらかで、乾いていて、すぐに片付けることができたんです。

彼女は仕事を終えた晩に、洗濯場を使っていた。

フロー・ナトール　いつも六時に予約したんです。前の晩にウール、白物、色物って束ねて分けておいた洗濯物を家から持ってきてね。とくに夏の凄く暑い時には、仕事が終わったら汗臭くなっているんですよ。たとえば私がアニーと一緒だったとするでしょう。一人はお風呂に行って、一人が洗濯物を見張っていたんです。見張ってないと盗まれますからね。私が風呂に入っている間、この人たちが洗濯物を見張っていて、今度は彼女たちがお風呂に行っている間、私たちが洗濯物を見張っていたんですよ。

彼女たちの記憶によると、臨時雇いの女性労働者の家庭では、仕事には出かけるけれど家ではまったく何もしない男たちとのジェンダー間分業が強固に貫かれていた。女性はすべての家庭内労働を非常に労働集約的に行い、家計を一手に管理していた。

——男性は全体としてあなた方より仕事の量は少なかったと思いますか。

アニー・プレストン　ええ、そうですね。うちの夫は家で何にもしませんでしたよ。

フロー・ナトール　彼らが工場を出る頃には、全部終わってましたよ。

アニー・プレストン　男の沽券に関わることだったんだと思いますよ。男の居場所は職場、女の居場所は家庭。男の人が仕事から家に帰ってくるまでに、全部、支度を済ませているのが当然とされてましたね。男の人が家でやることといったら、手を洗って、座って、目の前に食事が出されるのを待つだけ。そういうものだったわよね？

——妻が働いていても、ですか。

フロー・ナトール　そうですよ。体調の悪い時はいつも、誰か近所の人が来たんです。私たちが彼女たちの家に行くか、彼女たちが家に来るかしてましたね。男たちはまったく何もしませんでしたよ。

夫は妻の稼ぎで家計が維持できていることに気づいている様子はなく、彼女たちはとても憤っていた。

アニー・プレストン　うちの夫が、何かのためにお金を払ったことなんて決してありませんでしたよ。たとえば、新しい三つ揃いのスーツを買うとしたら、私は掛けで買ったもんです、分割払いでね。家に帰ってきたら、「ああ、これはいいな」って言うもんだから、「そう、だけど、どうやって手に入れたか聞かないの」って言ってやりました。私がどうやってお金を工面したかなんて、考えもしなかったんですよ。男は男だけの世界に住んでたんですね、そうじゃないですか。

彼女たちは家事全般に責任を持ちたがっているようだったが、少なくとも地域の伝統的な考え方である男性至上主義を思い返しては酷評していた。とくに夫の支配には憤慨しており、次の引用に見るように、単純な家事すらもできない男性たちを軽蔑していた。アニー・プレストンは、夫の家事の無能力ぶりにとりわけ怒りに燃えていた。

子ども全員を家で産んだんですけれど、そのひとりがお腹にいた時、夫に「ねえほら、じゃがいもを茹でておいて」と言ったことがあります。すると二階のベッドに寝ていた私のところまで、じゃがいもの入った鍋を持って来たんですよ。「茹であがってるか、見てくれないか」って。いつもそんなだったんです。じゃがいもが茹であがってるかどうかもわかんないんですよ。あの時は夫がやらなくちゃいけない時だったんですけど、本当は沽券にかかわることだったんですよね。卵の茹で方とか、そういうことはまったく見当もつかなかったんですよ。うちの夫が子どもの面倒を見ることはありませんし、「これから一か月入院するから、子どもたちの面倒見てね」なんて言うことはできませんでしたね。夫は対処できなかったんです。でもね、自分のせいですね、私たちは生ぬるすぎたんですよ。

どのように男性が考え、どんなふうに親分みたいにふるまっていたか。それを語るアニー・プレストンと友人との会話には男性たちのジェンダー意識が露呈された。

アニー・プレストン　以前、夫は、我が家は男の城だって言ってましてね、まったく王様かなんかのようにね。ええ、夫は親分でしたよ。

フロー・ナトール　「ご主人様はご在宅ですか」って言ったものよね。ついこの間だって、バージェスさんが「あなたのご主人様は良い方でしたね」って言うのを聞きましたよ。

アイヴィー・ターナー　昔はみんな「ご主人」って呼んだものですよ。いまの若い世代はそういう習慣はないですね、よかったですよ。

アニー・プレストン　私は男の人を責めたりはしませんよ、でもね、私たちほど、ばかはいません。もし文句を言ったら、結婚生活はずっとけんかしてなくちゃいけないでしょうね。だって、何かを手に入れようとすれば、けんかしなくちゃいけないんですからね、まったくもう。やるがままにさせておくしかなかったんです。

アニー・プレストンの最後のコメントは、夫婦関係をよく表している。女性は夫に対して立ち上がり、夫と言い争うことができたかもしれない。ことあるごとに、数え切れないほど、夫婦の意見は食い違った。でも言い争うことにどれほどの意味があっただろうか。彼女の言葉は、それは水門を開くようなものだということを暗に物語っている。ひとたび始まったら、終わりのない口論になるだろう。なにもかもが問題になり、言い争われるだろう。今日では事情は違っているが、当時は夫婦間で何もかも話し合ったり、不満を、また同意でさえも、相手に見せたりすることはなかった。男性とはそういうもので、結婚とはそういうものだ。そう思ってうまくやっていくしかなかった。サルフォードの他の女性たちと同様、アニー・プレストンは働いているときも、余暇時間の大半も、夫とではなく、むしろ女性たちと一緒に過ごしていた。夫婦が一緒に過ごすことなどほとんどないようだった。多くのことが話し合われることもないまま、議論や同意がないからといって、結婚に疑問を持ちはしなかった。

これまでみてきた臨時雇いの女性労働者の姿から導き出される結論は、彼女たちの有償労働の性格、そのジェンダー化された分業と不平等は、家庭内労働と強い結びつきがあることだ。有償労働と家庭内労働との間には明らかに相互関係がある。夫の労働領域も妻の労働領域も、そのどちらの領域も体系的に異なっていた。臨時雇い女性の有償雇用は、一方の性だけを担い手とするジェンダー分離が明確な仕事でのものだった。その点では大半の夫も同じだった。女性だけが事務所や夜間の清掃をし、男性だけが埠頭や建設現場で働き、トラック運転手をしていた。厳格なジェンダー間分業が彼女たちの世帯、家族、地域での生活やその他の生活場面を特徴づけていた。実際に女性が家庭、子ども、家計管理の一切の責任を背負っていた。男性は余暇のほとんどを男性どうしで過ごし、女性は女性どうしで過ごしていた。

低賃金で働く臨時雇いの女性労働者はそれゆえに収入には限界があり、そのことが明らかに家庭内労働での苦労や仕事量を増加させることにつながった。彼女たちの収入では出来合いの総菜、既製服、洗濯サービス、家電製品、または他の耐久消費財を買うことはできなかった。賃金はひどいレベルで、家庭内労働であれ、有償労働であれ、彼女たちがした仕事はすべて労働集約的なものだった。家事省力化機器やサービスを購入することもできなかった。もしそれが可能であったなら、家のことに追われず、もっと賃金の高い有償労働に就く時間もできたことだろう。

このように、女性の労働は家庭内労働と有償労働の両方の領域で悪循環に陥っており、ジェンダー間の不平等も両方の領域で悪循環に陥っていた。労働市場でも家庭でも、女性の立場は弱かった。男性は家計に貢献しながらも、女性の労働力と労働時間を横どりし、女性は家計収入と家庭内労働に貢献した。二つの領域におけるジェンダー間の不平等は、このように相互に補強されていた。男性と比較すると、有償労働と家庭内労働において、女性の立場は不当なものであり、それゆえに、女性たちはジェンダー間の格差と不平等をしっかりと認識していた。

だが家庭内のお金と権威の関係は、単純に誰が多く稼いでくるかでは決まらない、もっと複雑なものだった。女性たちは男性の権威を試すようなことを積極的にやってみたところで、たいして得るものはないことに気づいて、夫と折り合いをつけていた。同時に、「男性は親分」という伝統的な考え方は過去の遺物に過ぎないことも知っていたのである。彼女たちが語ってくれた戦前期の時代にはそうした伝統的な考え方は消え去っていたわけではなかったが、現在では真剣に受け入れる人はいない。サルフォードの女性が「その当時の生活」を描くうえで、この伝統的な考えは欠かせないものとなっていた。男性をからかい、明らかに見くびった冗談を言いながらも、その言外には社会通念が持つ得体のしれない影響力を頭の隅におき、社会通念の奥底にあるものに今なお恐れをいだいていることをうかがわせた。

織工の女性たち

これとは対照的に、織工や紡績工をはじめとする綿工業労働者に見られるジェンダーと労働とをつなぐ諸関係は臨時雇いのものとはまったく異なっていた。織物産業で働く既婚女性、母親にはフルタイムの「標準的な」常用雇用で就業継続する伝統があった。(7) インタヴュー対象者の多くが織工の娘であった。母親世代では四人目の子どもが(ある事例では七番目の子どもが)生まれて初めて有償労働から離れたそうだ。子どもを持てば仕事(有償雇用)から離れるものだとは思っていなかったし、実際に辞めなかった。その娘である彼女たちは母親世代とは違い、一人か二人程度しか子どもを産み育てなかったが、彼女たちもまた、出産後すぐに仕事に戻り、織物工場が閉鎖されるまで、もしくは定年まで織工として働き続けた。表・調査対象者の諸特徴に掲載した綿工業労働者の中で、アリス・フォスター、ネリー・リンチ、エディス・アシュワース、リリー・ハント、クラリス・ホームズ、ドリーン・ベイカーとマージョリー・フィッシャーの母親は同じく織物産業で働いていた。エディス・アシュワース、クラリス・ホームズ、マージョリー・フィッシャーの生家には、それぞれ五人、七人、八人の子どもがいたが、彼女たちはそれぞれ二人、一人、二人の子どもしか持たなかった（一四人子どもがいた家族に育ったネリー・リンチは四人の子どもを持った）。

織物産業は伝統的な産業の中でもジェンダー分離が比較的少ない珍しい産業であったかもしれない。織物工場では男女共に雇われ、しかも同じ職種に就き、賃金は担当する織機台数に応じていた。とはいえ、実際には、織物工場ごと、部門ごと、織物産業の雇用がある町ごとに違いがあった（Home Office, 1930: 8–10; Savage, 1988, 本章注22も参照のこと）。また担当する織機台数は男性の方が多く、監督をすることも多かったため、手取り賃金に差があった（Lewis, 1984: 164）。[8] しかし、確かに女性織工は純粋に「女の仕事」をしていたわけではなく、男性とも肩を並べて働き、賃金差は少ないほうだった。綿工業全般に言えることだが、織工の賃金相場は当時男性の賃金としては比較的低かったものの、女性の賃金としては地域的に見ても全国的に見ても高かった。[9]

したがってインタヴュー対象の女性織工の賃金は、臨時雇いの女性労働者よりは高く、相対的に安定していた。類似の仕事をする男性の賃金と同等で、夫――その中の何人かは同じ綿工業で働いていた――とも同等ということも珍しくなかった。これとは対照的に、臨時雇いの労働に携わる女性たちは、「女の仕事」で「女の賃金」を得ていた。[10]

織工の女性の夫の雇用先や仕事の内容を見ても、臨時雇いの女性の夫とかなり違っており、建設業、埠頭作業、トラック運転手はわずかだった。織物産業で働いている夫を除けば、炭坑労働者、鋳物工場労働者、そして技術者などであった。また何割かは徒弟制度で訓練を受けた熟練労働者だった。彼らの雇用条件はおおむね常用雇用で、季節変動性も低く、「臨時雇いの女性労働者の夫」に比べて、賃金もより標準化されており、定期的に支払われ、その額も高かった。

女性織工は出来合いの総菜や既製服、洗濯サービス、[11] 家電製品を購入した。フィッシュアンドチップスの店で夕食用のパイを購入することを臨時雇いの女性たちは頑なに否定したが、女性織工は即座に認めた。子どもを親類や近隣に有償で預け、毎夜子どもを迎えに行く者もわずかにいたが、ほとんどの場合は週末だけ家に連れ戻していた。家事省力化を実現する耐久消費財が入手可能になるとすぐに購入した人も多く、彼女たちの間での電気アイロン、掃除機の保有率、とりわけ一九三〇年代段階での洗濯機保有率は注目に値する。家に風呂や屋内のトイレがなかったにもかかわらず、一九五〇年中頃までには、ほとんどが洗濯機を購入しており、公営の共同洗濯場を利用する人はいなかった。

その代表的な事例がエディス・アシュワース（第2章）である。彼女は母親にお金を払って二人の子どもの面倒を見てもらいながら、就業を中断することなくフルタイムで働いた。夫も（織工はもちろんのこと）他の肉体労働者と比べて高い賃金を稼ぐ炭坑の採炭夫だった。夫の収入をあわせると、第二次世界大戦以前に最新設備がすべて整った家を賃貸することができただけでなく、子どもがまだ手のかかる小さい時期に洗濯機と掃除機を買える立場にもあった。

その他の織工たちの経験も似たようなものだった。アリス・フォスターは一九一七年にボルトンに生まれ、エディス・アシュワースより一〇歳若かった。彼女は紡績工として一九三一年に働き始め、後に織工に変わった。鋳物工場で働く男性と結婚し、一九四五年に子どもをもうけ、フルタイム雇用で働き続けた。ウィークデイには息子を姉に預け、そのお礼に賃金の半分を支払った。

私はあの子［彼女の息子］が生まれた数週間後に［仕事に］戻ったんです。そう、家に引きこもっていられなかったんですよ。一人で何をしていいかわからなかったんです……。

彼女は、息子はいとこたちと「兄弟姉妹」のようにして育ったと語った。

彼女たちの話をもとにすれば、賃金と雇用形態において男性と同等だったように、多くの夫が家事、料理、子育てに一定程度の責任を持ち、家事もより平等に分担していたという。幾人かの人はアリス・フォスターのざくっとした話にあてはまった。

家事は週末にやりました。ビルはよくやってくれましたよ。あの人は掃除と洗濯を手伝ってくれましたね。

女性織工の多くは家事の重要性をあまり認めていない様子で、インタヴューでもさほど話したがらず、「臨時雇い」の女性たちのように、掃除、料理、洗濯にすすんで取り組むことはなかった。玄関の上がり口をきれいに磨きあげること、甘い匂いのする清潔な洗濯物に感じる満足感について情熱的に語ることはなく、どちらかといえば家庭内労働は難なくこなしていたという印象だった。

それ以上に、彼女たちの話には、夫の方が得をしていたことだとか、「〔家と外での〕二つの勤務」をこなす不公平さに関する言及はまったくなかった。アリス・フォスターやエディス・アシュワースの夫がそうだったように、夫は収入のすべてを妻に手渡すことが多く、それ以外のケースは互いの収入をまとめる「ひとつの財布」方式をとっていた。臨時雇いの女性の夫たちのように、家計費分として（収入の一部だけを）拠出する方式をとっていたのはほんのわずかだった。[12] 夫婦は、大きな出費も含めて何を購入するかについて話し合っていたようだ。家計が苦しかった時もそれが対立や非難しあう原因になることもなく、一緒に立ち向かう問題ととらえていたことがうかがわれる。臨時雇いの女性たちが強調して語ったような、家庭内労働をめぐる男女間の対立があったという証言はほとんどなく、夫のせいで苦しい暮らしがもっと厳しくなったことをほのめかすような話もなかった。

多くの織工の女性の話には夫と飲みに出かけたことも登場し、夫婦で一緒に余暇時間を過ごしていた印象を受けた。言うまでもなく、臨時雇いの女性労働者に比べると、織工の女性たちは労働時間と非労働時間の境界がより明確であって、賃金のために働いていない時間は余暇とすることができたからだ。

このような〔家での夫婦の様子に関する〕質問への典型的な回答は、リリー・ハントの証言だろう。オールダムの織工だった彼女は一九一一年生まれで、一九三九年に他の工場の労働者と結婚し二人の子どもをもうけた。家事と夫に関して話している口調と強調している点が、夜間清掃員だったアニー・プレストンの語り口とはまったく違う点に注意していただきたい。

――フルタイムで働きながら、どうやって家事や食事の用意をこなしていたのですか。

リリー・ハント　そんなに問題じゃなかったように思うけど。うん、ただ決まりきった習慣があっただけです。私たちは、ただそれを夜やらなくちゃいけなかっただけですよ。私は次の日のための夕食を前の晩に作っていましたね。それで、どちらか家に早く帰って来たほうが夕食の準備を始めたんです。夜にミートプディングを、次の日のために作ったもんですよ、まあそんなところですね。夜にそういう仕事をする習慣がなくちゃだめでしたね。

――とすると、お連れ合いは少しは手伝ってくれたんですか。

リリー・ハント　うちの夫はやりましたよ。家事を手伝ってくれましたね。食器を洗ったりね。私は洗い物はしませんでしたね。私が娘の面倒を見ている間、夫が息子の面倒を見ていたんですよ。

――給料もすべてあなたに渡していたんですか。家のお金に関することはすべて、あなたがやっていたんでしょうか。

リリー・ハント　そうね、私たちは一緒にやってたんですよ、共同の口座を持っていて、そこに全部、一緒にしてましたね。まあ、そんなふうに一緒にやっていたんですよ。「これは私の、あれはあなたの」なんて感じじゃありませんでしたね。

子育てに関する、リリー・ハントのそっけない、ほとんど無造作な語り口はとくに注目に値する。[13]

織工たちの証言からは、臨時雇いの女性労働者の経験に比べて、少なくとも表面上は「友愛」結婚*という夫婦関係が存在していたことが全体像として浮かびあがる。しかし、そこには〔友愛結婚に内在する〕明白な家庭重視主義イデオロギーがないという点で、従来のモデルとはかなり違っていた。[14]

「働く」とは何を意味するのか。織工の女性たちの理解は臨時雇いの女性たちとは大きく異なっていた。同様に、家庭と労働をいかに分け、その区分において自分がどう位置づけられるかについてもまったく違う解釈をしていた。織工の女性たちは織工であることを自負し、担当した織機の台数、作業のスピード、賃金の額に誇りを持っていた。臨時雇いの女性とは違って、織工たちのアイデンティティはまさに熟練工としてのアイデンティティであり、主婦としてのアイデンティティを持っていなかった。家庭内労働についての話に広がりを欠いていたのはそのためである。当時の彼女たちの有償労働の価値は、臨時雇いの女性にはありえなかったほど社会的にも認められており、「立派な」仕事をしている価値ある労働者という地位が織工たちには与えられていた。これとは反対に、臨時雇いの女性たちは日々のやりくりが自己評価の対象であり、その成果はきわめて乏しい資源を賢く使って、いかに家族を食べさせ、衣服をあてがうことができたかによって判断された。

このように、織工の場合にも、臨時雇いの労働者と同様に、有償労働は家庭内労働と結びついてはいるものの、その結びつき方はまったく異なっていた。家庭と労働の結びつき方のパターンの違いには、女性の職業の違いだけでなく、夫の職業の違いも関わっていた。したがって、これらのパターンは、男性の仕事、女性の仕事、そして家事労働という三者間の相互関係を具現化するものとして理解するべきである。

あまりに図式的な分析になる危険を冒すことにはなるが、分析の対象としたほぼすべての場面で、臨時雇いの女性労働者たちと織工たちの二つのグループが対照的に描きだされるだろう。〔その図式とは〕すなわち以下のような形をとる。仕事がジェンダー間分離しているか否か、賃金が高いか低いか、家庭内労働を労働集約的に行うかどうか。夫の仕事が男性ばかりの不安定かつ低賃金の「男性職」か、ジェンダー間分離が不明確で安定した高賃金の職か。夫は賃金の一部を家計費として渡すだけで家事も育児もせず、家計管理にもほとんど責任を持たないのか、それとも賃金を「すべて渡し」、そのうえ家庭内労働や家計についてまで責任を持っていたのか。家庭生活と余暇活動はジェンダー間分離をしているかどうか、である。

この二つのグループの女性たちの経済的な面での相違は歴然としていた。織工の女性は高賃金を稼げるので、それが家庭の雑事に注ぐ時間と労力を削減させる相互作用の効果をもたらした。経済的な自立度が高い分、自分自身の裁量でより生活を管理することができた。男性に経済的に依存しておらず、男性もまた彼女たちに完璧なサービスを期待していなかった。この点が織工女性の世帯におけるジェンダー関係を、臨時雇いの女性とは明らかに異なったものにしていた。織工たちにとって雇用の場と家庭におけるジェンダー間の平等は、相互に増幅し合う関係にあった。これに対して臨時雇いの女性の場合は、雇用の場と家庭におけるジェンダー間の不平等が相互に増幅し合う関係にあった。

調査に着手した時から両者のきわだった相違に驚いたが、これまで述べたようにパターン化することによって、女性たちのアイデンティティがまったく異なっていることが明らかになった。今回の調査のように限られた「サンプル」からでさえも、この二つのグループの事例は、二〇世紀中頃のランカシャーで肉体労働に従事する労働者階級の女性の「女性であること」の意味とその生き方が多様であったことを浮き彫りにする。女性であることの意味は織工たちと臨時雇いの女性たちとでは異なっていた。フェミニスト分析はこれまで、〔社会が構築してきた〕女性性がジェンダー化された主観を作りだすと同時にジェンダー化された主観が女性性を構築するという理論を背景に、

＊　家父長制的な権威や義務、社会規範をともなう結婚である「制度的結婚」に対し、男女相互の愛情や友情、性的満足を重視する結婚形態のことを指す。イギリス・ヴィクトリア期に夫と妻が、愛情と共通の価値観や興味をベースにパートナーとして寄り添う「伴侶結婚」という理想像が提示されていた。

複数の女性性という「女性であること」のなかに存在する差異を理論化してきたが、織工と臨時雇いの女性たちの事例はその証左になるだろう。

分析上の留意点——パターン、グループ、布置連関

ここまでの分析で、家庭と有償雇用との間には構造化された不平等な関係があることを提示してきた。そこでは賃金収入のパターンが異なっていれば、それに応じて家庭内労働もまた異なるパターンになることを見てきた。しかし、このパターンを、人々をある固定的な区分に割り当てるもの、もしくはあらかじめ決定づけられた区分のありようとして理解するべきではない。むしろ、可能性や制約条件という環境の違いに応じて、それぞれが（与えられた環境のなかで）自らの存在や活動を位置づけるうちに、織工と臨時雇いというグループの違いになっていったのである。夫婦の雇用の特徴と彼らの世帯内の分担との間に、単純な相互関係は一切存在してはいなかった。以下に示すように、夫婦の賃金労働と家庭内労働とが直接つながると考えるのは、あまりにも単純だ。

二つのグループによって示された家庭と労働の接点についての事例が、当該地域にその当時あった家庭と労働の結びつき方を論じつくしているわけでは決してない（独身女性と若年労働者については第4章で検討する）。パターンとして区分するのは、あくまでも事実を発見するための手がかりとして、である。それぞれの世帯で、家庭と仕事、あるいは市場経済とが特定の結びつき方をするのはなぜか。その規定要因を見分けるためだ。パターンとして区別することによって、多様な局面が緊張関係をはらみながらも相互に補強し合い、再生産されながら、いかに「ぴったりとはめこまれていく」のかを示したいからだ。パターンとは、本来は非常に複雑な結びつき方をしている個人の実際の生活とその背景、世帯とその背景を、特定の結びつきを示す典型として例示するものだ。しかし、それは分析のために使用されるのであって、すべての事例をそのパターンに「ぴったりとはめこむ」必要はない。いくつ

かの指標が家庭と仕事に関する特定の布置連関の分析に重要だとわかれば、そこからある枠組が用意でき、パターンから外れた事例、あるいは二つの〔パターンの〕混合態となっている多くの事例を解明できる。「グループ」という言葉に関して言えば、織工と臨時雇いの女性労働者は、有償の雇用労働と家庭内労働におけるジェンダー間分業がまったく異なるパターンの経済的な相互連関を成していたという意味でそれぞれグループとしてくくられているだけである。この二つのグループが自ら積極的に、また社会的に集団を構成していたわけではないし、グループとしてくくられているからといって、そのモデルに全員が完全に一致しているわけでも、ある特定のモデルに「属している」ということでもない。

それぞれのグループのなかに多様性があるように、個人のライフコースにもさまざまな違いが見られた。インタヴュー対象となった女性の母親に明らかなように、古い世代の綿工業労働者の多くは、紡績工もしくは織工として長年働いた後、最後には次のような仕事、あるいはそれらをかけもちする仕事に落ち着いた。洗濯（リリー・ハント、マージョリー・フィッシャーの母親）や、掃除（ヴェラ・ロジャース、ヒルダ・ウォーカーの母親）、子守（アグネス・ブラウン、エディス・アシュワース、ヴェラ・ロジャースの母親）である。また、ネリー・リンチをはじめ幾人かのインタヴュー対象者も〔母親世代と同様に〕二つのパターンを移動していた。ネリー・リンチは織工として一九三二年から働き始めたが、その後は臨時雇いの女性労働者のほうに近い人生を歩んだ。炭坑労働者だった彼女の夫は、彼女が第一子出産後は仕事に出ることを「認めなかった」。結局、彼女は清掃のパートタイムで働いた。若くして未亡人になり、四人の子どもを育てるうえで必要な経済面での責任をたった一人で背負ってきた。仕事であればなんでも引き受け、いくつものパートタイムの仕事を組み合わせて働いてきた。アグネス・ブラウンも織工から臨時雇いへ、というパターンの移行を経験しているが、順々に移行していったというよりも、同時にこの二つのパターンを生きていた。アグネス・ブラウンはバスの車掌という、織工と同じく標準的なフルタイムで就業を継続していたが、この仕事を除けば実は彼女の生活は、臨時雇いの女性労働者のほうに近かった。他にも綿工業労働者として働き始めたが、結局はさまざまな異なる職業に行き着いたケースとしてマージョリー・フィッシャーとドリーン・ベイカーがいる。

インタヴュー対象者となった女性たちが現役で労働生活を営んでいた時期はちょうど多くの歴史的変化が起きた頃でもあり、個々の女性と「グループ」とが完全に一致しない要因のひとつとなっている。最も重大な変化のひとつは、一九二〇年代から長期にわたる織物産業の衰退が始まり、最終的には一九七〇年代までに紡績工や織工の仕事が事実上消滅したことである。もうひとつの変化は、既婚女性を対象とするパートタイム労働の導入である。戦前期の詳細は不明だが、一九五〇年代から既婚女性のパートタイム労働は飛躍的に拡大した。

インタヴュー対象者の女性たちの経験には、こうした変化が反映されている。仕事がなくなった時までにはすでに引退していた織工もいたが、他の者たちはこれに代わる仕事を探さなければならなかった。エディス・アシュワースは、〔マンチェスターにあった紡績工場〕トゥートルズが閉鎖された一九五八年から最終的に引退するまでの数年間、病院で清掃作業も請け負うヘルパーとしてさまざまな雑役もこなしながら働いて過ごした。ヒルダ・ウォーカーは〔既婚女性として〕、戦後、全国的に見られたパターンにより近い働き方をした。彼女は一九三〇年から一九四一年までフルタイムで事務仕事をした経験があり、一九五〇年からは、重工業企業のメトロポリタン・ヴィッカーズで事務のパートタイムとして働いた。一九三〇年代初頭の大恐慌による失業時代に、マージョリー・フィッシャーは若い紡績工として家族を支えた。その後、〔結婚し〕子どもたちが小さい時には仕事を一時中断したが、〔戦後〕彼女は機械工場にフルタイムとして戻った。

特定の個人の経験が「ひとつのパターン」にきれいにあてはまらないからといって、家庭と労働の布置連関の分析が失敗に終わるというわけではない。「労働をめぐる全社会的組織化」の分析にとっての課題は、〔労働概念の〕枠組を広げることで、パターンからの「ずれ」とパターンへの接近の双方を説明することにある。さまざまな相互作用が持つ微妙なニュアンスと差異を理解することを通じて、その「ずれ」と接近の諸要因を考察できるからだ。

その際、地域労働市場の多様性と、地域ごとに特有の男女の雇用状況は、考慮に入れるべき要因のひとつである。

家庭内労働――家事、夫、商品

前節で述べた〔分析上、対象が持つ〕複雑さを念頭に置き、この節では、〔戦後の〕大量生産時代以前の時期に、女性がどのようにフルタイム雇用と、家庭内労働や育児というさしせまった要求とを同時にこなしえたのかという問題を検討していこう。

エディス・アシュワースとアニー・プレストンの例は非常に異なっており、先述したさまざまな相違点を示す、うってつけの事例である。エディスはリトル・ハルトンの織工で、アニーはサルフォードの夜間清掃員だった。共通しているのは彼女たちの夫はいずれも、家ではまったく何もしようとしないという点だが、その夫は肉体労働のなかでも対極をなす領域に属していた。どちらもきわめて男らしさを強調する伝統的な重工業のこれまた男性職に就いていたことになるが、エディスの夫は高い熟練性を有する高給取りの炭坑労働者であり、アニーの夫は低熟練、低賃金で、季節雇用の建設作業員であった。エディス・アシュワースとアニー・プレストンの事例からは、家庭内での分業（より正確にはその分業関係の欠如）は、夫と妻がどのような従業上の地位にあったかよりも、夫の就いている職業上の特徴と関係があるように見える。女性がどのような賃金労働をしていようと、それが男性たちのふるまい自体を規定するものでも、その行動の背景を説明するものでもないからだ。

この二人の夫が家庭に関与しないという共通点にもかかわらず、どのように家を切り盛りするかという点ではエディス・アシュワースとアニー・プレストンは非常に異なっていた。エディスは、家庭内労働の代替商品あるいは省力化につながる商品を購入し、さらに他の女性たちから〔家事、育児に関する〕サービスの購入もしていた。戦前期にすでに洗濯機と掃除機を購入しており、その後すぐに冷蔵庫も購入している。お金を払って母親に二人の子どもの面倒を平日だけ見てもらい、便利だとみれば躊躇なく出来合いの総菜を買った。アニー・プレストンの場合は、シチューを作るために「ポット・ハーブ」と呼んだ瓶詰めのミックス野菜の他には（第2章参照）、出来合いの商品を買わず、省力化につながる商品も使わず彼女自身の労働で家事をすべてこなした。一九七一年に新しい家に引っ越すまで洗濯場を使用し、一九六〇年代に掃除機を、一九七〇年代に冷蔵庫を取得した。また、昼間の標準的な仕事に就いた時には、彼女の実姉にお金を払って子どものうち三人の面倒を見てもらっていたが、後に姉のほうがアニーに洗濯をしてもらうためにお金を払うようになった。彼女の誇りは、パイ屋やフィッシュアンドチップスの店に頼らず、自分自身で料理とパン焼きのすべてをやっていたことだ。

臨時雇いの女性の夫はほとんど家の手伝いをしなかったが、織工の夫は程度の差はあるものの何らかの手伝いをしていたようだ。その分担のあり方はさまざまだが、ほとんど手伝いの域を出ない場合（皿洗いやモップかけ）もあるものの、外まわりの仕事（薪割りや石炭購入）を引き受けたケースもままあった。家事や子育てのすべてに責任を負うようなことは、たまにあるかどうかだった。夫たちが家庭内労働を妻と分担しようという気になる最も重要な要因は、〔フルタイム常用雇用という〕従業上の地位が似ていること、男女がともに働く職種で夫婦が似たような仕事をしていることであったように思われる。

こうしたインタヴュー対象となった織工たちの経験は、既存研究でも裏づけられている。歴史家の中でも、アベンスターン（Abendstern, 1986）[15]とギティンス（Gittins, 1982）の研究は家庭内労働の分担に注目しており、その対象は製織工程に雇用され、同一職務で同一賃金を得る夫婦の家庭だったが、そうした様子はすべてとは言わないまでも綿工業の町でまま見られた。とくに、この場合、妻は女性としては比較的高い賃金をもらっていたが、夫は熟練をもつ肉体労働従事者としては比較的低い賃金だった。ただし、こうした状況は、男性には多様な雇用機会があり、織物の仕事は主として女性に集中しているような町では見られなかった。一九七〇年代から八〇年代にかけて社会学者が調査し、強調してきたのは、家計収入への夫と妻の貢献度が同等になればなるほど、家庭内労働における夫の分担が増えることだった。[16] このように、家庭内分業について、夫婦それぞれの有償労働から直接的な結論を下すことは難しい。賃金労働、また家庭内労働内部でのジェンダー間分業の程度とは明確なつながりがあったが、こうした要因自体、他の要因によって枠づけられていたからだ。

しかし、エディス・アシュワースが示唆するように、夫が家事を手助けしたというだけでは、女性がフルタイムで働いている時にどのように家庭内労働に対処したかということの説明にはならない。他の選択肢、もしくは追加的な選択肢としては、労働の代替商品を購入するか、他の女性が提供するサービスを購入するか、あるいはその両方を購入する可能性もある。[17] その場合、市場かコミュニティの女性ネットワークか、もしくはその双方で、この経済的取引を行う交換相手が必要だ。

これらの可能性に関して、臨時雇いの女性労働者たちの対応は、織工たちの対応よりも単純で、みなよく似た状況にあった。アニー・プレストンの夫を含めて、ほとんどの夫は家庭内労働を分担せず、女性たちもまた労働の代替商品を買うだけのお金を持っていなかった。むしろ女性たちは自分たちが提供できる労働サービスを売る側だった。

これに比べると織工の対応は多様性に富んでいる。夫の分担、労働の代替商品の購入、他の女性が提供するサービスの購入という可能性のなかから、それぞれ組み合わせており、その組み合わせをどうするかのバランスのとり方も幅広く、多様だった。世帯内の仕事と子育てを夫が分担している場合、これに加えて、商品とサービスの両方を購入する人もいた。商品あるいはサービスを購入するだけの人もいた。「臨時」の女性たちが三つの可能性のいずれも持っていなかったのに対し、織工はおおむね三つのうち二つを、まれには三つとも手にしていた。

世帯と市場経済のつながりという点から織工の状況を見ると、ある意味で、彼女たちは大量生産・大量消費時代への移行期にあったと言える。彼女たちのケースは戦後の家庭内労働商品化の原型の一部を成しているが、後の世代のフルタイムで働く女性たちとは違っており、地域コミュニティの女性たちが提供するサービスにかなり依存していた。臨時雇いの女性に比べ、織工は家庭経済と市場経済をつなぐしっかりした密度の高い回路を持っており、大量消費が確立した後に普及した規範をすでに先取りしていた。

既婚女性が働くという〔この地域の〕伝統は、このようにして、さまざまな方法によって維持され、受け継がれていった。それが家庭の外部にある諸手段によってある程度支えられていたことからもわかるように、分析の焦点を世帯の内部力学から、商品セクターと家族・近隣ネットワークへと移し、それらと世帯との関係へと広げ、考察する必要があるということだ。雇用と世帯の関係を社会学的、歴史学的に説明する際、家庭内分業のみが取り出され分析されることが多いが、雇用と世帯の関係にとって家庭内分業だけが唯一の重要な要因ではないのだ。

女性間の分業——不平等と互酬性

家のことをどう切り盛りするか。その責任を果たす方法が織工と臨時雇いの女性とで違う要因のひとつは、明らかに経済状況の差にある。織工たちは暮らし向きがよく、臨時雇いの女性には到底手の届かない物を購入できる立場にあった。彼女たちが臨時雇いの女性よりも相対的に高い賃金を得ていたことは他者の労働力を直接購入できるという効果からも明らかだ。こうした形で家族、親族や隣人にお金を支払うことは、拡大家族もしくは緊密な関係にあるコミュニティの女性どうしの賃金の再分配方法として、説明されることが多いが、こうしたお金のやりとりによって雇用の階層化をもたらし、労働者階級の女性間の不平等を作りだしていった。高賃金の既婚女性労働者の周りには、インフォーマルな仕事が山積みになっており、コミュニティの女性たちが臨時的な雇用でその仕事を引き受けていった。労働に従事している限り、織工はサービスを提供する側の女性より経済的に強い立場にいた。そしてその女性とは言うまでもなく、「臨時雇い」の女性たちだった。

サルフォードのアグネス・ブラウンは、織工と似た立場にあった。彼女はバスの車掌としてフルタイムで働き続けた。紡績工として働き始め、バスに乗る前は機械工場とケーブル工場でも働いていた。仕事に行っている間は母親に息子の面倒を見てもらい、その報酬も支払っていた。

——どうやって子育てをしていたのですか。

アグネス・ブラウン　私の母が隣に住んでいたので、息子の面倒を見てくれていたんです。息子を預けるのにこれ以上の人はいないって、わかっていましたからね。私は夜勤と遅番の交代勤務をしていました。ですから、ある週は〔夜勤明けで〕午後から子どもと一緒。学校にも迎えに行きましたよ。で、次の週は遅番という感じでしたね。

——息子さんの面倒を見てもらうのにお母さんにお金を払っていたんですか。

アグネス・ブラウン　もちろんですよ。母には毎週、私が家賃を払うと言ったんです。父はもう亡くなっていましたんでね、それで私が家賃を払って、そう、電気代も払っていましたね。

——その支払いはあなたの賃金のどの程度を占めていたんですか。

アグネス・ブラウン　私がバスに乗り始めたころの賃金が一週間に五ポンドでした。いいですか、私がバスの仕事を長くしていたのは、男のバスの車掌と同じ給料がもらえたからなんです。それで私は一週間五ポンドの賃金から始めたんです。そこから家賃を払って、電気代を払って、母親には一週間に一ポンド払いましたね。そう、毎週ね。母はそれだけ貰って当然ですよ、毎週一ポンド払いました。それは母親の助けにもなりましたし、母のおかげで私も助かりましたね。

何人かは、こういう習慣は単なる経済取引にすぎないという人もいたが、女性の多くはアグネス・ブラウンの最後の言葉と同じ考えを持ち、姉妹やいとこ、隣人に労働サービスの対価として支払いをすることは互いに利益があることだと強調した。

アニー・プレストンとフロー・ナトールが他の人たちの洗濯物を洗濯場に持って行ったことを話したように、サービスを提供した側の女性たちも「お手伝い」について語った。しかし、この二人の女性が言うところの「お手伝い」とは、少なくとも経済的関係の観点からすると、そうとは言えない性質のものだった。アニー・プレストンは他の人たちの洗濯をして賃金を受け取っていた。それは彼女の収入の一部であり、彼女がやっていたパートタイム仕事のうちのひとつだった。これとは対照的に、フロー・ナトールの場合、洗濯以外にも引き受けているパートタイムの仕事をする間、近所の人が息子の面倒を見てくれていたので、その代わりに、公営の共同洗濯場でその人の洗濯とアイロンがけをしていた。(18) これは金銭を介さない労働の交換であり、伝統的な互酬性の定義に適合する状況があった。

キャス・ヒントンは労働サービスの提供者としてではなく、購入者の立場から話をし、親族やコミュニティの互酬性に基づいて子どもを預かってくれた人への対価を支払ったのではなく、もっと直接的な経済交換だったとはっきり述べている。その会話の中で、働きながらの子育てをどんな風にやっていたのかを詳しく述べるよりも、自分がどんな仕事をしてきたかという来し方を語りたがった。

キャス・ヒントン　私たちは公営住宅に住む権利を手に入れたんです。だから今もこのあたりに住んでいるんですよ。私が仕事に行っている間、一番小さい子どもを近所の人に預けていたんです。

——お嬢さんの面倒を見てくれた近所の人には結構な額を賃金から支払ったんでしょうか。

キャス・ヒントン　覚えてませんね。彼女はそんなにたくさん取らなかったと思いますよ。いや、覚えてませんねえ。でも半分の賃金しか手元に残らないんだったら、外に出て働く価値はなかっただろうから……。それから一九五七年にモストンにある〔電機会社の〕フェランティに行ったんです。そこで、はんだ付けの訓練を受けたんですよ。

—— 何を作っていたんですか。

キャス・ヒントン 私はブラッドハウンドと呼ばれる地対空ミサイルのレーダーを作っていました。そう、レーダーをやっていたんです……。一九五九年に末っ子が生まれてフェランティを辞めるまでね。娘が四歳くらいの時に仕事に戻ったんで、またその人に娘を預けたんですよ。

—— 誰に預けたんですか。

キャス・ヒントン 近所の人、もう一人の子を預けたのと同じ人だったと思いますよ。それで一九六三年から六五年に仕事に戻ったんです、コンピューターができて最初の頃にコンピューターを作っていた工場でね。小さいコンピューターじゃないですよ、大きいやつ、すごく大きいコンピューターです。

このような取引は、通常考えられている市場を介した交換ではないが、賃金の支払いをともなっており、経済的に対等な立場にはない女性との間での経済的関係を作りだしていた。こうした取引にある経済的側面を、経済との関わりがない家族とコミュニティの関係に埋め込まれたものであって、そこから経済的な部分のみを切り離すことが難しいからといって、覆い隠すべきではないだろう(19)。相互に支えあう仕事はすべてなんらかの経済効果を生むが、支払いをともなう場合とともなわない場合とを区別することは重要である。サービスを売買する人々の間にある経済的関係は、金銭交換をせずに相互に労働サービスを行っている人どうしの関係とは質的に異なっている。後者の場合、互いにより対等な立場にあるが、前者の場合はどう見ても一方がもう一方を雇用していることになる。この経済的な格差が、それ以外の関係に何らかの意味をもたらしているとすれば、それは探求されるべき未解決の問題である。経済的な関係に比べれば、それ以外の側面は、とりたてて重要ではないかもしれない。そうであっても、緊密なつながりのあるコミュニティという環境の中にある経済的な格差を認識することは、あたかもすべての女性たちが平等にサービスを相互に交換していたかのような「女性のコミュニティ」という美化された描写を払拭するのに役立つのである。他の場合にはそうでなくても、「互いを結ぶ絆」は、ある場合においては必要不可欠であり、多面的な様相を示しているかもしれない。経済的に同じ境遇にある近所の者どうしの互酬性は、織工が他の女性たちを雇用し臨時雇いの女性労働者が金銭のためにサービス提供をする経済的必要性や経済的支援の結びつきとは異なる。

家事サービスをめぐる雇用関係は、労働者階級の女性たちをそれぞれのグループへと互いに隔てていく特有の不平等の形態と見ることができるのではないか。賃金労働をめぐる階級間の不平等は、有償労働と家庭内労働の双方におけるジェンダー間の不平等とは別個のものだが、この二つの不平等は相互に関連しており、ひとつのヒエラルキーの形態と見ることもできる。これらさまざまな不平等が相互に構成しあっていると考えることもできるが、それぞれの不平等はその現れ方もまた質的にも異なっており、同じ尺度で測れるものではない。定量化するために同じ尺度に合わせようとして、つじつまをあわせる、違いをならすといったことは本末転倒の無駄な試みであろう。

地域労働市場とジェンダー間分業

ここまでの議論では織工と臨時雇いの労働者を、その地域性から明示的に言及してこなかった。しかし実際には、調査対象となった町は地理的に非常に近いものの、その空間は明確に違っており、家庭と労働における、それぞれのジェンダー間分業を互いに結びつけるパターンも異なっていた。

グレーター・マンチェスターには、女性雇用に関して全体に共通するパターンは存在しない。既婚女性の労働力率や女性がとくに集中する職業を見ても、マンチェスター中心部、ロッチデール、サルフォード、エクルス、オールダム、ボルトンの各町でかなりの違いがあった。一九三一年、ボルトンとオールダムでは、綿紡績業に集中しており、一四歳以上の女性就業者のそれぞれ五六％、六二％を占めていた（*Census of Population*, 1931, Industry Tables, Table 2: 62–71. この数値は失業中の者を含んでいない。失業者も含めると女性の雇用労働率はかなり高くなるだろう）。対照的にサルフォードとマンチェスターでは、綿紡績は女性就業者のそれぞれ一一・五％、七・五％に過ぎない。サルフォードでは女性が最も集中していたのは衣服製造業で、二一・四％となっており、ボルトンに比べて広範囲の産業に女性が従事していたことがわかる。

地域間の違いは一九五一年までには若干縮小したものの、なお存在していた。ボルトンにおいては、依然として女性は織物産業に集中していた（三七％）。続いて産業の大分類項目で対個人サービスが登場するが、女性就業者の一五・九％と織物産業をはるかに下まわっていた。サルフォードでは、特定の産業に女性が集積する傾向が弱く、最も集中しているのが「織物製品」の二一・三％で、織物産業自体は女性就業者の七・四％しかいない。ボルトンに比べてサルフォードでは女性は事務員とタイピストに就く者が多い傾向があり、日雇い清掃員や事務所清掃員の割合はボルトンの二倍である（*Census of population*, 1951, Occupation Table, Table A: 628–31）。表5は一九三一年にボルトン、マンチェスター、オールダム、サルフォードにおいて女性が集中する産業を比べたもので、表6は同じく一九五一年時点での女性が集中する職業を大分類で見たものである。

ボルトンとサルフォードには明らかな違いがあり、女性を織工と臨時雇いの労働者の二つのパターンに分ける代わりに、既婚女性労働者のボルトンとサルフォードでのそれぞれの地域特性として言及することもできた。サルフォードでは被調査者の大多数が「臨時雇いの」労働者のパターンに合致し、ボルトンでは大多数が織工のパターンに近似していたからである。オールダムの女性たちはサルフォードよりボルトンに近く、この点も雇用統計に明確に反映されていた。

インタヴューをした地域の既婚女性は、どのような仕事にどのような雇用形態で就くことができていたのだろうか。その点を見てみると、サルフォードと一群の綿織物の町との間には、非常に大きな違いがあり、〔思わず、〕地

表5　各地域の女性の産業集中度（選定産業）1931年

	ボルトン		マンチェスター		オールダム		サルフォード	
	計	%	計	%	計	%	計	%
綿紡績	17,632	55.9	9,673	7.5	15,506	62.1	4,342	11.5
衣服製造	873	2.8	31,627	24.4	444	1.8	8,071	21.4
金属他製造	442	1.4	4,693	3.6	861	3.4	2,002	5.3
商業・金融	3,256	10.3	24,695	19.1	2,527	10.1	6,465	17.2
対個人サービス	3,340	10.6	21,283	16.5	2,362	9.5	5,728	15.2
就業者合計	31,518		129,378		24,991		37,660	

失業者を除く14歳以上の全女性就業者
出典：*Census of Population*, 1931, Industry Tables, Table 2: 62–71.

表6　各地域における女性の主な職業　1951年

	ボルトン	マンチェスター	オールダム	サルフォード
織物工	36.9	5.2	42.1	7.4
織物製品製造	7.3	20.3	3.2	21.3
対個人サービス	15.9	19.6	12.4	18.9
事務員・タイピスト	9.9	19.3	9.9	14.3
商業・金融	10.4	10.4	8.7	8.5

出典：*Census of Population*, 1951, Occupation Tables, Table A: 628–31 より算出

域労働市場の構造を性別で見た時に、既婚女性の地域労働市場のあり方はとくに本書が分析している有償労働／家庭内労働／商品経済化のパターンを形成するうえで重要な影響を与えたと、結論を先取りしたくなるところだ。(20)

サルフォードにはいくつかの織物業と紡績業があったが、そもそも綿織物業の町ではなかった。女性のみが織物産業に雇用されており、第二次世界大戦前には多くの会社で結婚退職制を設けていたため、既婚女性が織物産業以外に標準的な雇用を得る機会は非常に限られていた。綿織物産業の町については、ランカシャーの研究者たちが、(21)オールダム、ロッチデール、プレストン、バーンリー、ネルソン、ボルトンを区別する、多くの、しかし矛盾する証拠を提供している。これらの織物産業の町はいずれもそれぞれに地理的な境界線がある労働市場を形成しており、女性の雇用者割合や、雇用におけるジェンダー間分離の程度とその特徴はきわめて多様だった。本書のもとになる研究からは、男性の労働市場がそれぞれの地域の違いに影響を及ぼしていることが示唆されている。男性にとって織物産業

以外のそれに代わる、もしくはよりよい就業の機会がほとんどない町では、男性と女性は似たような仕事に同じような賃金で雇用されることが多かった(22)。そのような「単一産業」の町では、男女織工を監督する地位には男性が就いたものの、男性と女性の職務、賃金レベルはほぼ同じだった。たとえば、バーンリーとネルソンがそうした代表的な地域である。しかし織物産業以外に、男性向けのより高い賃金を得られる有償労働があるプレストンや他の町では、男女が似たような仕事に就くことは少なく、ジェンダー間分業が顕著であり、賃金相場にも差があった。

歴史家は、こうした地域にある違いを、政治、女性たちの参政権運動、産業組合と政治団体への関与などさまざまな背景と関連づけて分析してきた（Liddington and Norris, 1978; Liddington, 1984; Mark-Lawson *et al*., 1985; Bruley, 1993 など）。しかし、これまで述べてきたように、これら地域の違いには、有償雇用と家庭内労働におけるジェンダー間分業の特徴もある程度も明らかに関わっている。

サルフォードでは女性も男性も低賃金の臨時雇いの労働に従事する割合が全体として高かった。労働市場はジェンダーによって厳格に、また不平等に分離されており、女性は低賃金での、臨時雇い相当かそれ以下の労働に就くことが多く、男性よりも処遇は悪かった。サルフォードでは男性の主要な雇用先である埠頭や建設の仕事は男性が独占しており、清掃の仕事は圧倒的に女性労働力で占められていた。このように、臨時雇いの労働者を特徴づける明らかな職種の性別分離は、サルフォードではとくに一般的に見られるものだった。対照的にボルトンでは、男性の労働市場には、職務範囲と熟練レベルが雑多で、相対的にジェンダー間分離が顕著ではない職業と職場が含まれていた（一九三一年と一九五一年のボルトン、サルフォード、マンチェスター、オールダムでの男性就業者の違いについては表7、8を参照のこと）。一九三一年にボルトンでは男性の二五・七％が綿紡績業に雇用されていたが、サルフォードでは三・二％にとどまる（*Census of Population*, 1931, Industry Tables, Table 2: 62–71）。ボルトンとサルフォードでは男女ともに同様の違いが見られる点は注目される。ボルトンでは男女とも織物関連の仕事に集中していたが、サルフォードでは男女の労働力が集中する職業はなかった。ここからも、家庭内での分担とジェンダー化され

表 7　各地域の男性の産業集中度（選定産業）1931 年

	ボルトン		マンチェスター		オールダム		サルフォード	
	計	%	計	%	計	%	計	%
綿紡績	12,975	25.7	5,796	2.72	11,903	31.6	2,019	3.21
運輸・通信	3,285	6.5	23,580	11.1	1,741	4.6	9,054	14.4
建設・請負	3,072	6.0	11,587	5.4	1,756	4.7	2,938	4.7
機械	3,890	7.7	11,730	5.5	5,592	14.8	2,953	4.7
商業・金融*	7,531	14.9	51,276	24.0	5,095	13.5	12,859	20.4
就業者合計	50,493		213,352		37,714		62,884	

失業者を除く 14 歳以上の全男性就業者
*ここに，われわれがこんにち「金融サービス経済」とするものとは異なり，銀行業・金融業に加えて，小売，卸市場，畜産および畜産物が含まれており，産業分類がつねに同一であると仮定することの問題点を示している．
出典：*Census of Population*, 1931, Industry Tables, Table 2: 62–71.

表 8　各地域における男性の主な職業　1951 年

	ボルトン	マンチェスター	オールダム	サルフォード
織物工	12.9	1.7	13.0	2.7
運輸他	7.2	11.5	6.2	15.1
建設・請負	4.9	5.3	4.5	4.4
金属・機械	18.8	18.2	21.2	18.4
商業・金融（事務員を除く）	8.8	10.6	7.6	8.1

出典：*Census of Population*, 1951, Occupation Tables, Table A: 628–31 より算出

た職業および地域性との関連が確認できる。

賃金所得パターンと家庭内労働パターンの連動について、織工と臨時雇いとを比較しながら分析してきたが、地域性というさらにもう一つの次元を加えて考えてみると、また別の分析ができそうだ。有償労働のジェンダー間分業は家庭内労働のジェンダー間分業と共存しており、家庭内での分業のあり方は、低賃金や有償労働のジェンダー間分業に影響を受けているというよりも、むしろ地域労働市場の性別分離の特徴とその分離の程度に関係している。男女が同じ仕事に、ほぼ同じ賃金相場で雇用されることの多い町では、そうでない町に比べて、家庭内労働を男女で分担することがより一般的だったと思われる。地域労働市場が世帯内の分担を決定づけることも、逆に世帯内の分担を地域労働市場から「読み取る」こともできないにしても、労働市場のもつ特質が重要であることは間違いない。

それぞれの町で異なる就業構造には、町それぞれに異なる歴史、伝統、慣習が関連しており、そ

れらの要素は他の町との違いを際立たせる、その町の特色となっている。労働、ジェンダー関係、世帯内での分担に関する地域文化は、人々の期待と実践の双方に影響を与える。ここでもまた、ボルトンとサルフォードの伝統の相違が、織工／臨時雇いの女性の相違と重なってくる。稼ぎ手としての男性役割の理想を強調する一方、既婚女性の賃金労働の意義を控えめにしか語らない、そんな風にジェンダーで区分して家族生活を語ったのは、とりわけサルフォードの女性たちだった。妻が働かなくてもすむ程度の十分な収入を得ていた人もいたが、多くのサルフォードの父親や夫にとってそれは不可能なことだった。しかし妻が働かないことを理想とする地域文化が根強く、そこからすべてが評価された。批判しつつも、サルフォードの女性たちの「このあたりの生活はこんなもんだ」という表現の核心部には、男性支配があった。

しっかり稼ぐべきだとされていたにもかかわらず、男たちは十分に稼がなかった。既婚女性は働きに出るべきではないとされていたにもかかわらず、働きに出ていた。このような「べきである」という観念は、サルフォードの女性が、自分たちの有償労働を卑下しながらも、家計にとってその労働で得た金銭がどれほど必要だったかを強調するという、矛盾に満ちた話ぶりを解明するうえで役に立つ。夫もまったく同様であって、彼らが妻の金銭上の貢献を認めることは、男性稼ぎ手を理想とする期待に添えない無能さを認めることになる。こうした地域の慣習が夫の稼ぎだけではやりくりができないことを夫に告げるのを妻に思いとどまらせていた。もし妻が夫にそのことを言ってしまえば、現実と理想がかけ離れていることを表面化させてしまう。女性たちはみな、なし遂げられなかった期待と語りえない恨み言というダブルバインドに苦しみながら、現実と理想の違いについて語るのを避けたのだろう。結果、サルフォードでは、女性たちの間で評価されるのは（その自負心と同様に）、その金額がいかほどであろうと夫から渡されるお金をうまくやりくりする女性だった。

調査対象の女性たちの証言と既婚女性の雇用に関するセンサスとの矛盾（第2章参照）については、このような地域の言説の違いからある程度、説明できる。サルフォードの女性の間に既婚女性の有償雇用について控えめに語る傾向があれば、彼女たちのしていた仕事の多くが「正式な仕事」に分類されることがなくても、実際の就業率は一般に認められている（センサスの）数字よりも高くなるだろう。

家庭と労働のパターンの違いは、就業構造の違いのみならず、文化、伝統の違いとも結びついている。地域労働市場と地域での言説は、それぞれが別個に存在し、外部から与えられた一時的な変数として概念化されるものではなく、家庭と労働の布置連関の相違を生み出すまさに重要な一部分を成していた。地域性と「このあたりの生活はこんなもんだ」については、第6章でさらに検討される。

アグネス・ブラウンの事例

家族生活に関してまた別の考え方がサルフォードで広く共有されていたとしたら、サルフォードの女性が自分たちの職業生活は臨時雇いの女性労働者よりも織工により近かったと語ったとしても意外ではない。アグネス・ブラウンはバスの車掌だったが、臨時雇いの女性労働者と織工の二つのパターンを経験している。サルフォードの港湾労働者と工場労働者の娘で、彼女自身の子どもは息子一人だが、自分は一二人きょうだいの長女だった。その職業人生と家族構成は織工に似ている。綿紡績工として仕事を始め、メトロポリタン・ヴィッカーズの機械工場に移った。その後、バスで働きはじめる前には〔トラフォード・パーク工業団地にあった〕グローバー社のケーブル工場に行っていた。臨時雇いの女性とは異なり、彼女は常用雇用のフルタイムで働き、その工場の労働組合の職場委員として、同一賃金獲得のために活動していた。製造工程、労働条件、賃金差別、そして組合交渉の駆け引きについて詳しく語った。しかし、夫と家庭の状況は、臨時雇いの女性と似ていた。重要なのは、工場での不平等に対して〔職場委員として〕闘ったことで結局解雇されたほどの彼女が、家庭内労働での不平等について驚くべき寛容さを見せたことだ。彼女の夫は雇用も収入も不安定になりがちな煉瓦職人だった。アグネス・ブラウンが「古い考えの連中」に属していると表現したように、彼は家事をまったく分担しなかった。彼女は仕事に出かける前に洗濯と夫の食事の支度をし、自分が地域の伝統と家族の慣行に則って家庭内労働の責任を果たすことはまったくふつうのことだと述べていた。

――あなたがバスで働いていた時、料理はどうしていたんですか、どうやって家事をこなしたんですか。

アグネス・ブラウン まあ、朝起きた時と出かける前に夫の食事を作るか、オーブンにキャセロールを入れて出かけてたんです。そのときは私の母が家に来てオーブンを見てくれてたんですよ。夫が五時に帰って来た時には、食事の支度はできていました。

――それじゃ余暇の時間なんかほとんどなかったんじゃないですか。

アグネス・ブラウン ええ、余暇なんてほとんどありませんでしたね、土曜と日曜も働いていたんですよ。休日にも働いていましたよ、バスは休みませんからね。朝起きて七時の回に間に合うように洗濯場に行きました。母の寝具類も持っていったもんですよ。母の大きな洗い物は全部私がやって、それから自分のも全部やって、家へ持って帰って、それでその週の分は全部終わり。よっぽど便利だったからね、洗濯場は。速かったからね、だから私は洗濯場が好きだったんです。洗濯場にはカレンダーというアイロンをかける機械があってね、その間に洗濯物をはさんで通すと家にもって帰る時には全部乾いていてアイロンもかかっているんです。

――洗濯機は買わなかったんですか。

アグネス・ブラウン ええ、この家に来た時に、洗濯機を買って持ってきました。

――それはいつでしたか。

アグネス・ブラウン 私が洗濯機を買ったのは今からほんの一六年前のことですよ。その前はいつも共同洗濯場に行ってましたね。よっぽど便利でしたからね。

――お連れ合いは少しは家のことを手伝ったんですか。

アグネス・ブラウン　いやいや、男たちはしませんよ、しません。うちの夫は古い考えの連中でしたからね。

――それは公平だと思いましたか。だって、お連れ合いより、ずっと長時間働いていたに違いありませんから。

アグネス・ブラウン　ええ、憤慨してましたよ、でもしきたりだから、ね。うちの母がしたように、父が帰った時にはいつもテーブルの上に食事があって、男が親分という雰囲気の中で育てられてきましたからね。北部の伝統でね、父親が帰って来たときには食事はできているもんだ、とみんな思っていましたから。それでまあ言ってみれば母親にならったというわけですね、母親がやっていたことにね。

彼女はまた家計に関しても地域の伝統に従っていたことをはっきりと覚えていた。

――それでまたお母さんの時代のことに戻りますけど、お父さんは賃金を手渡していましたか。

アグネス・ブラウン　いえいえ。

――渡してなかったんですか。

アグネス・ブラウン　ええ、誰もしませんでしたよ。母になんとか家計をやりくりするだけの金額を渡して、それでやりくりできなかったらどうしようもありませんでしたよ。男たちは残りを全部、自分の小遣いにしていたんですから。

――では、あなた方ご夫婦はどうだったんですか。

アグネス・ブラウン　まあ夫も一緒だったね。私は夫に何も要求しませんでしたよ。ただ彼が賃金からくれる分を受け取っていただけです。でも私が何か家の物を買ったり、外に行って何か買ったり、時々買ったんですけどね、夫はそれがいくらだったか聞いて半分のお金をだしてくれました……。うちの夫はパン一斤がいくらするか知りませんね。ただ「ガスの請求書がここにあるよ」とか、「電話代の請求書が来てるよ」とか言うだけで。私が全部払ったんですよ。家の支払いは全部して、家計のすべてをやりくりしてるんです。

――じゃあ、家計費は全部あなたのお金に頼ってたんですか。自分の賃金の全額を入れてたんですか。

アグネス・ブラウン　まあそれで彼らの［男たちの］稼ぎを助けてたんですよ。だって夫の稼ぎだけじゃ休暇旅行に行けませんでしたからね。うちのは建設作業員だったから、冬なんかどうなるか、わからないんですよ。もし長い冬だったら雨で仕事が中止になるかもしれなかったし、霜で中止になるかもしれなかったし、まあ働かなければ稼ぎが無い、そういうことですよ。だから私は我慢してね、私の稼ぎ無しでは、うちの家でやってきたような水準の生活はできませんでしたからね。私の稼ぎで夫の稼ぎを助けたんですよ、必要だったんです。

注

（1）以下で議論される分析のために二つのグループに分けたものである。この「グループ」は相互に排他的なものではないし、またこの二つだけが存在するということでもない。

（2）ここでは、プリングルが行った秘書のインタヴュー調査において、「労働と家庭」の構築における違いを強調するために彼女が用いた分析枠組を引用している（Pringle, 1989: Chap. 10）。この調査では、労働と家庭の構築は、職業水準、婚姻上の地位とライフサイクルのステージによって異なっていた。

（3）英国国教会〔原文は **a C of E** の表記である〕。

（4）分割払いでの購入方法。

（5）男性が賃金のどの程度までを気前よく家計に入れているかについては、収入の多寡とは無関係だった。デイヴィスは、家計にお金を入れたがらない夫とそうではない夫たちの間に何らかの「粗野／品行方正（rough/respectable）」という分離があるという見方を否定すべきだと主張し、本書と同様の調査結果を提示している（Davies, 1992a）。確かに、『ボルトンで育って』調査では週給九ポンドを稼ぎながら（高賃金）、十分な賃金を渡さず、家族が娘の賃金を頼りとしていた工場労働者のライフヒストリーが記載されている。

（6）銅貨とは銅で作られた半ペニー硬貨やペニー硬貨などの小銭を指している。

（7）この節で使用しているインタヴューデータは、Roberts（1984, 1995b）, Abendstern（1986）など女性綿工業労働者に関する既存研究、そして大規模オーラル・ヒストリー・プロジェクト調査『ボルトンで育って』（1981–83）の結果を裏付けるものとなっている。しかしロバーツの調査結果とは違って、私のインタヴューでは織工たちは結婚や母親となることを機に有償労働を辞めたいと思ったり、辞めるだろうと見られていた、といったことは述べなかった。むしろ、その逆であり、その点において彼女たちは、臨時雇いの女性とは際だって対照的な存在であった。

（8）しかし紡績業の職場内部では、男女が担当する仕事に関して明確なジェンダー間分離が存在した。男女は共に紡績工場で働いていたが、男性はミュール紡績工や機械修理などのより熟練技能を要する仕事をし、女性は、より自動化された機械を使うリング紡績工に集中するというように、異なる製造工程を担当していた。

（9）「一九二四年に八四の産業のうち、綿工業より高い時給を支払う産業は、男性に関しては七七産業あり、六産業がこれを下回った。女性に関しては八四の産業のうち、一二の産業が綿工業より賃金が高く、七一の産業が綿工業の賃金を下回った。したがって綿工業の女性労働者の賃金は、その他の産業の女性の賃金に比べて非常に有利であった。しかし男性の比較では綿工業は不利であった」（Jewkes and Gray, 1935: 15–16）。

（10）織工が経済的に豊かであったという記述の意味は、臨時雇いの女性労働者と比較した場合の相対的なものでしかない。本書での議論においては、常に以下の点を心に留めていただきたい。織工は長時間労働で、年々、労働強化（「織機をより多くうけもたせる＝織機の多台持ち」の経営方針）が進み、失業の影響にさらされていた。いかなる意味においても、彼女たちが絶対的に高賃金であったとか裕福であったとは言えず、その他の肉体労働に従事する女性と比べた時に、賃金が比較的高く、裕福だったという意味でしかない。

（11）ビーチャムは、二〇世紀初頭において既婚の女性織工が夕食や洗濯サービスを購入する慣行は一般的だったと述べている（Beauchamp, 1937: 17）。

（12）結婚生活における金銭の管理についてはパールを参照のこと（Pahl, 1989）。私がインタヴューした女性の多くが説明する金銭管理のあり方は、パールによる〔家計管理類型のひとつで〕夫が家計費として収入の一部だけを妻に渡し、妻がこれに自らの収入を加えて家計費に充てる方式（housekeeping allocative systems）に非常に似ている（Pahl, 1989, Chapter 5）。パールの記述によれば、歴史的に収入が少ない時には賃金を全額渡すのが全般的な傾向としてあるが、男性の賃金が上がるにつれて、この方式に取って代わることが知られているという。しかし、私の調査結果では、全体の傾向として、全額渡すのは世帯に相対的に多くの収入がある織工たちの間でより普及しており、家計費分を妻に渡す方式は、比較的貧しい臨時雇いの女性労働者の世帯で特徴的に見られた。

(13) この点もまた、ロバーツの調査にあるプレストンの女性たちの証言（Roberts, 1984: esp. 118）と非常によく似ている。

(14) 比較的友愛的な性格をもつ結婚をしたという点で、ここでもまた織工たちは時代の「先がけ」だった。フィンチとサマーフィールドは、友愛的な形の結婚は一九五〇年代の戦後復興の時代に出現し、当時の時代に見られた特有の家庭生活だと示唆する（Finch and Summerfield, 1991）。私の調査結果はギティンスによるバーンリーの織物労働者に関する説明（Gittins, 1982: 185）と響き合うものがある。つまり、〔双方の調査が指摘するのは〕夫婦がともに同じ職場あるいは似たような職場で同じような仕事をしている場合、家事仕事が分担される平等な「役割関係」になる傾向があるということだった。ギティンスは、女性が家にいる時間が非常に短い世帯では、家庭重視イデオロギーが存在しないことと関連づけて考えている。私のインタヴューの印象では織工たちの労働者としてのアイデンティティとより関係が深い。

(15) アベンスターンは、ロッチデールでのオーラル・ヒストリーにおける夫の家事協力の程度に関する妻の説明を額面通り受けとることには慎重であるべしと警告する（Abendstern, 1986: 185）。〔その分析から〕アベンスターンは「手伝いと援助が欠如していることを……認めるのは難しい」ことを見いだし、妻たちが誇張していた可能性があるという。ただしなぜ誇張したのかについては明らかにしていない。

(16) 現代に近づくにつれ、妻が夫と同程度の収入を家計にもたらすか、労働時間が同程度である場合、もしくは、その両方のケースについては、男性が家庭内労働を担当することが実証されている（Pahl, 1984: 275–6; Yeandle, 1984; Gershuny *et al.*, 1986: 33; Morris, 1990: 90）。キアナンとウィックスは、女性が雇用労働に就き、働けば働くだけ、男性パートナーによる家事の分担度合いが大きくなると報告している（Kiernan and Wicks 1991）。

(17) 子どもの数の減少が最も労働を大幅に削減する「手段」だった。臨時雇いの女性労働者には四―五人の子どもがいたが、織工の多くは一人、二人の子どもしかいなかった。子どもの数が多いことで臨時雇いの女性に課せられるコストは大きくなるが、子どもたちが学校を出て働き出すと、より多くの給料袋が家にもたらされた。家庭内での労働と収入に関する子どもたちの貢献については第４章を参照。

(18) 「隣の女性は私の息子の面倒を見てくれて、私は彼女の洗濯物をやってあげて……彼女はきれいになったタオルとシーツを見て喜んだものですよ」。

(19) 非労働的関係および非経済的関係における労働の埋め込まれ方については「労働」の再概念化の文脈とともに、グラックスマン(Glucksmann, 1995)でより詳しく検討されている。経済活動への埋め込まれ方については、制度化された経済過程についての古典である Polanyi *et al.*(1955)および Granovetter(1985)の著作を参照。

(20) ここでは経済内部での決定要因として注目しているが、地域経済のローカリズムが経済的なもの(例:労働市場など)によってのみ規定されていると言いたいわけではない。

(21) プレストン、バロウ、ランカスターについては Savage(1985, 1988), Murgatroyd *et al.*(1985), Roberts(1984)を、ロッチデールについては Higgs(1986)を、バーンリーについては Gittins(1982)を、ランカシャーの家族の歴史については Anderson(1971)を、サルフォードについては Davies(1992a)を参照。

(22) 綿工業の町や紡績業の各セクター間にみられるジェンダー間分業の多様性については、Jewkes and Gray(1935), Daniels and Jewkes(1932), Home Office(1930)を参照のこと。Savage(1988)は織物に集中している町(プレストン、ブラックバーン、とバーンリー)と紡績の町(オールダム、ボルトンとマンチェスターを取り巻く町々)との違いは、粗悪な綿を取引している町(ブラックバーン、オールダム、バーンリー)と、高品質の綿を取引している町(ボルトン、チョーリー、プレストン)に分けられ、この二つの地域は東と西という形で分断されていたことで事情をさらに複雑にしたと説明している。空間的/性別のパターンには採用活動、熟練獲得の仕方、それぞれの町に見られる失業の特徴といった別のパターンが付け加わっていた。

石黒久仁子・訳

第4章　娘たちの労働と家族
私たちが若かった頃

本章では切り口を変えて、親子関係、とくに母娘関係について、若い世代の側からさぐってみたい。労働に焦点を当てていくことに変わりはないが、若年労働者が中心的な探究課題となる。本章でも、主たる検討対象は私がインタヴューした女性たちの証言だ。ただし、成人後の労働経験や妻としての経験ではなく、親元にいる娘としての経験を分析したい。彼女たちには共通した経験がある。みな若い頃、学校を卒業して一〇年から一五年くらいは賃金労働に従事し、生まれ育った家族の家計を補った。そのうえ、「仕事のない」時間には家庭内労働もこなしていた。

多くは二〇代のうちに結婚して家を離れたが、少数派ながら一定数の女性はそうした道を歩まなかった。そこで本章では独身女性特有の環境にも注意を払うことにする。結婚しない場合は親元にとどまる傾向があった。親と娘がともに年を重ねるにつれて、誰が誰のために何をするかという役割パターンは少しずつ変わっていった。

そこで、ここでの分析は夫婦間ではなく、親子間の交換、そこにある互酬性、義務に集中して行いたい。前章では織工と臨時雇いの女性を比較し分析したが、本章では若年労働者と「独身」女性を対比させて検討する。織工や臨時雇いと同じく、子どもが働いて稼ぐことは、世帯を支える労働でもあった。〔娘たちの〕賃金労働と家庭内労働とが結びつく状況も、その結びつき方もさまざまだった。それがこの章の中心的なテーマといえる。とくに最初の節では、若年女性とその家族・世帯に焦点を当てるが、その形態はかなり多様だった(1)。次の節では、一九三〇年代の若者に関する調査と言説を取り上げて論じる。とくに、彼女たちの失業や余暇の経験、「若者問題」の構造、「一〇代」というカテゴリーの登場を取り上げる。最終節では、インタヴューを行った独身女性に再度焦点を当て、その境遇とアイデンティティの特徴を示したい。

家族と労働

若者が置かれた位置

一九三〇年頃まで、若者が働くことは家族にとってきわめて大きな意味を持った。しかし、その意味を十分に理解するには、当時の家庭経済が歴史的に見てどのような特徴を帯びていたかを考えなくてはならないだろう。この時代に、国家は福祉によるセーフティネットを備えていなかった。窮乏し、極貧状態に陥った人々を支援する社会保障給付はないと言ってもよく、失業保険はきわめて限られており、無料の医療サービスは普及していなかった。それゆえ、人々は家族がそれぞれ家に持ち寄る賃金を当てにするしかなく、多くの場合、子どもの賃金は生きていくために欠かせなかった。

また、この頃はまだ家庭用品が大量生産されておらず、耐久消費財や省力化機器が利用できなかった。世帯で使う大半のモノやサービスは手間ひまかけて自給されていた。ミドルクラスの家族は家事使用人を雇い、機械がなくても服を手縫いで作らせ、食事を作らせ、洗濯や掃除をやらせることができた。しかし、労働者階級の女性はぜんぶ自分でやるしかなかった。

このように、さまざまなモノやサービスをやりくりと自家生産で賄っていたため、子どもの労働は特別な意味を持っていた。世帯はどの世代にも制約と義務を課して成り立っていた。女の子たちには、家事をするか働きに出るか〔どちらかだけ〕を選択する余地などなかった。さらに、それが単なる「お手伝い」とは見なされなかったことも重要だ。娘の賃金も労働も家庭経済全体として不可欠であり、それを親子ともども当たり前のことと思っていた。子どもが大きくなると、世帯はその稼ぎを当てにした。子どもの稼ぎは通常、その世帯にとってそれぞれが家に持ち寄る「家族賃金」の一部になる程度というのがほとんどだが、絶対に欠かせないものとなっている世帯もあった。学校を出た子どもは家計への貢献を当然視されており、仕事を見つけなければ親に申し訳なく思ったようだ。後述するが、この頃の家族形態は多様で、なかには家族を扶養する責任を負った若年労働者もおり、彼らが家に入れる金額は「ふつう」よりもはるかに高かった。

若年労働者とその親が経済的に依存しあっていたことは明白だが、それは実際の親子関係全体と切り離せない。経済的な側面はむしろ、各家族におけるあらゆる関係性の内側に入り込んでいた。それは抽出できるかもしれないが、そうしたからといって、「純粋な」経済的関係が存在することにはならない。この点にこだわれば、調査対象者たちが実際にどんな関係を結んでいたのか、何がとりわけ印象深く記憶されたのかが見えなくなるだろう。多くの人にとって、経済的な側面と愛情や権威、権力といった他の諸側面は、必ず重なり、交差するものだった。ひとたび子どもが家に賃金を入れ始めると、親子間の協議の有無にかかわらず、親の権威を維持するのは難しくなる。賃金を手にした子どもは新たな権利を獲得し、これまで背負わされていた義務をどうするのか、とくに父親やきょうだいとの間で、かなりの軋轢が生まれた。また、ある時には子ども、ある時には大人と言われ、若年労働者の地位はあいまいなものだった。

家族というプリズムを通して若年労働者を見ると、「労働をめぐる全社会的組織化」という枠組の重要性を再度理解してもらえるだろう。これにより、さまざまな人々がそれぞれの文脈のもとで執り行う多様な労働がどのように相互に関係し合っているか、分析できる。二〇世紀初頭のランカシャーでは、労働者階級の家族が複数世代にわたる家庭経済をなし、それはある特徴的なかたちでさまざまな有償労働と接点を有していた。各世帯を検討しても、労働をめぐる全社会的組織化を検討しても、若年労働は市場と世帯の両領域にまたがっていた。子どもが一四歳になることは、それぞれの家族にとって重要な意味を持った。社会的なレベルで見ても、そのたびに数十万の新たな労働力が市場に加わるのだから、その意味は大きかった。雇用主は学校を出たての年少者を既卒者よりも好んで採用した。賃金が安くてすむし、従順で手先が器用だと考えたからである。しかし、失業率の高かった一九二〇—三〇年代には、彼らも成人した労働者との過当競争にまきこまれ、失業者の列に加わった。

しかし、この状況を変革したのは国家権力内部であり、政策介入が実施された。若者の労働市場参入を規制するため、国にできる手立てのひとつとして、義務教育修了年齢が変更されたのである。一九三九年にその政策が実施されると、若年労働者コーホートは一気に縮小し、翌年以降は総労働力人口の増加をかなり抑えることができたようだ。政府はこうした社会的な介入を行うことで、教育制度と雇用を接続し直し、しかも新たに労働市場に参入する人々の技能水準を上げることができた。また、数百万人に及ぶ失業者の削減という、政治的に望ましい効果も得られた。しかし、意図せざる結果も生んだ。当然、若年労働者の賃金を頼みにする家族ではその収入がもろに影響を受け、衝撃が大きかったのだ。何十万人もの子どもたちが一年余計に学校に留め置かれる問題が社会的規模で提起されたため、政府は最終的に解決策を迫られた。一四歳の子どものいる家族が倹約し、一年分の不足額を補う方策をそれぞれ講じても、問題は克服されなかった。折しも発生した、戦後期の義務教育の延長とそれにともなう若年労働力の供給量の低下は、広範囲にわたる労働力再編のほんの一面にすぎない。一四歳の労働者が消えてほどなくして、既婚女性がとくにパートタイム雇用によって初めて労働市場に大量参入し、さらには大英帝国の植民地・旧植民地出身の移民が労働者として入国を奨励されるようになった(2)。

全体像のどの部分に焦点を当てるにせよ、労働に制約や可能性をもたらす「秩序構成」というものがある。あるレベルで要因を一つ変えただけで、〔その変化は〕残りすべての要因に影響を及ぼしたのだ。

複雑な家族構成：「私の、あなたの、私たちの」

インタヴューした女性たちの生まれ育った家族はさまざまで、「拡大」家族や「核」家族といった定義には収まらなかった。親が離別か死別（妊産婦死亡率はまだかなり高かった）し、その後再婚している複合家族が多い。そのため、義理のきょうだいがいるのはごく普通のことだった。しかし、義理の親とうまくいかずに妹たちと一緒に家を出て暮らす女性もいた。実質的に兄姉に育てられたり、ごく幼い頃から弟妹の面倒を母親代わりにみる場合もあった。このことは、人口学的要因によってある程度説明できる。低い平均寿命や不十分な医療、依然として高い妊産婦死亡率のせいで、配偶者との死別はありふれたことだった。夫となるはずの人が第一次世界大戦で亡くなり、「引き取り手のないお宝」となる女性もいた。しかし、人口学的な事情はさておき、標準的な家族集団という概念はまったく当てはまらないように思われる。かなりの割合の女性が現代風に言えば「ひとり親家族」の出身だったし、未婚もしくは寡婦のおばとその子どもとともに暮らすこともあった。義理の子どもを含む「ごっちゃになった」家族が大半であった。

ネリー・リンチの育った家族も、それとほぼ同様である。

さっき言ったように、うちはごっちゃになった家族ですから。私の、あなたの、私たちの〔家族が一緒にいるような〕……。両親が結婚したとき、父には三人の息子が、母には息子二人と娘二人がいて、私が生まれたのはそれからです。つまり、私は父と母から生まれた五人きょうだいの一番上なんです。その後母はお産で亡くなってしまって、そのとき私は一〇歳、末の弟はたった二歳でした。だからもちろん、私が母親代わりになって面倒をみなければならなくて。兄や姉たちはもう結婚しようかという頃でしたから。

ネリー・リンチはさらに、家庭内のいざこざや、子ども時代に家事や稼ぎの責任を負っていたと話してくれた。

彼女の友人であるアリス・フォスターの家もまた離別、再婚を経験した、ごっちゃになった家族だった。母親はアリスが一一歳の時に「蒸発」し、父親は自分の姉と同い年の女性を後妻に迎えた。彼女は姉から料理や家事を教わり、育てられたようなものだった。

他の人も似たような経験をしている。アニー・プレストンは一一歳の時に母親を亡くし、父親は仕事中のけがが原因で身体が不自由だった。フロー・ナトールは義父を嫌っており、義理のきょうだいもいた。キャス・ヒントンの父は怠け者で、自分の母親に「食べさせて」もらいながら家におらず、ほとんど母子家庭のような状態だった。コニー・ミッチェルが一四歳になったとき、賃金を定期的に家計に入れるのは彼女だけだった。

――そのときお父さんは何をなさっていましたか。

コニー あのう、私にとって父は本当にどうでもいい存在なんです。というのも、彼は海軍にいたので。母と五人の子どもをほったらかしにしてたんですよ。だから本当に生活は厳しくて。

――お母さんはどうやってやりくりされていたのですか。

コニー ええ、あの頃は家族手当もないから、母がなんとかする必要がありました。私が学校を出るまでは毎日大変でした。結婚しちゃったから働けないでしょう［彼女たちがトラフォード・パーク工業地域に住んでいたことには留意されたい］。私がブルックボンドにいたのは、一四歳から二五歳までの一〇年間くらいでしたから。結婚してトラフォード・パークに住むようになって、仕事は辞めざるをえませんでした。

母親はコニーが働きだすまで、一回二シリング六ペンスで洗濯の請負をして稼がねばならなかった。暮らし向きは、子どもたちが学校を卒業するたびによくなっていった。

もう六、七〇年経っているというのに、子ども時代や実家の暮らしを振り返り、その時期を自由で幸せな「人生で一番よかった頃」だと言う者はまずいなかった。多くの人が生活苦だけでなく、不公平な扱いや人間関係のいざこざを、いまいましげに語っていた。たとえばクラリス・ホームズ（一八九五年生）は、病気で床に伏せっていたときに、母親から家族全員の食事の作り方を教えるから起きろと言われ、フライパンで殴られた思い出を振り返った。酔った父親による家庭内暴力をほのめかす人もいた。

家族や世帯のかたちに標準というものはないとしても、社会生活・経済生活は日々の暮らしを基盤とし、世代をまたいで再生産されてきた。家族構成が多様であっても、男は外へ働きに出、子どもは育ち、衣服が洗濯されるという点では共通性があった。しかし、子どもの労働は、たった一四歳の収入が一家が暮らすための「家族賃金」の足しにできるということ以上に、家族によってははるかに重要な意味を持っていたのは明らかだ。福祉国家になる前の一定期間、家庭内労働で子どもが果たす役割と稼得能力は、家族が生きていくのに欠かせなかった。貧民院以外にはなんの対策もなく、子どもが他の子どもや大人の世話をしたり、扶養したりする責任を負わされることがしばしばあった。ひとり親家庭や複雑で折り合いの悪い再婚によってできた家族などでは、子どもの労働はとりわけ重要だった。福祉国家が子どもの負担を肩代わりするようになるのはもう少し後である(3)。

世帯や家族には標準的形態がないため、世帯ないし家族を経済単位として単純に定義するのは問題がある。従来の「核」家族でも「拡大」家族でもないさまざまな家族が、多様な親族と経済的つながりをもっていた。親族の範囲は、一世代におさまることもあれば世代を超えることもあった。姉妹どうしがずっと経済的に助け合い、それが結婚しても続く場合も、それが切れる場合もあった。より広範な血縁関係や近所の人々、コミュニティといったネットワークのなかでは、世帯／家族という単位がどのような位置を占めるのか。女性どうしのネットワークが支え合いや互酬性〔の維持〕に果たした役割とは何だろうか。ここでも女性たちの証言は実にさまざまだった。地元の人たちとともに親しくする家族もあれば、インフォーマルな女性互助集団に根を下ろす女性たちもいた。一つの経済単位の姿には固定的な境界線はなく、むしろぼんやりとしており、それが親族関係であっても世代ごとの場合も

あれば、世代をまたがる場合、近所の人々とまとまりをなす場合もあった。(4)

女の子の仕事

問　働き始めたときのことを少し教えていただけますか。紡績工場で、あなたは何をして……

答　ええと、紡績工場に入ったとき、私は最初「取りつけ屋」の仕事をしました。それが何かと言いますと、まず、糸を巻き取る枠があって、〔紡績機の運転操作をする〕紡績工がいて、その助手を「取りつけ屋」と言っていたんです。その仕事は「外し」と言って、糸を巻ききったら外して空の枠をつけて、またそれを最初から繰り返す。だから私は枠を全部外したり、取りつけるのを手伝ったり、そんなことをしていたんですね。

問　家のいろいろな仕事をする日は決まっていたのですか。

答　ええ、そうです。月曜は洗濯です。洗濯とアイロンがけが月曜、火曜。ステンレスがなかったころの水曜はナイフ、フォーク、スプーン磨き。磨き粉、金属研磨剤を使って、一晩かけて座って食卓用金物類もろもろを磨きました。うちには炉格子がありましてね。それが鉄製で、長かったんです。紙ヤスリをかけたあとに磨き粉をつけて磨いて、雑巾でぴかぴかにするんですよ。別の日の夜には黒鉛で磨かなきゃならなかったし。黒鉛で磨くとか、そんなこんなをして、また別の夜には全部の床をごしごし磨きました。そうやって毎日何かしらしてました。

問　それは学校や職場から帰って来てからのことだったんですね。

答　ええ、そう、仕事を終えてからです。

問　男の子も同じですか、それとも……

答　いいえ、男の子だったらやらなくていいの。それがまかり通ってました。しなきゃいけないのは私たちだけ。(*Growing Up in Bolton*, 1981–83, 34 JP/SS/1B/009 Transcript: 12)

こう語った「ＪＰ」は、一九〇八年生まれのボルトンの織工であり、最初は「取りつけ屋」だった。彼女は一二歳の時、ハーフタイムシステム〔第1章訳注参照〕を利用し、織物工場でキルト地を製造する仕事に就いた。彼女の母親は洗濯の請負仕事をしていた。ＪＰの勤務時間は朝六時からなので、彼女が列挙した家の仕事は、おそらく一二時間賃金労働をした後にやっていたのだろう。

彼女の証言（同じことを多くの人が『ボルトンで育って』で語っている）から、関連する二つの事柄を示すことができる。第一に、若い女性にとって「働く」こととは、当然のように有償雇用と家庭内労働の両方を意味した。彼女たちは「職場」でも「家庭」でも、報酬の有無にかかわらず、フォーマルな労働でもインフォーマルな労働でも、雇用主や母親の監督下で働いた。第二に、これは第一の点と関連するが、有償労働でも家庭内労働でも、子どもの労働は強くジェンダー化されていた。男の子が家庭内労働を言いつけられることはめったになく、日常的な、再生産に寄与する基礎的な仕事などは決して頼まれなかった。そうした仕事は女きょうだいがするのが当たり前だった。彼らは木を伐ったり木炭を搬入したりといった「外まわりの」仕事をこなした。多くはわりと単発的で、それほど時間をとらず、大がかりであったとしてもあまり頻繁にはないちょっとした仕事、たとえば飾りつけのような仕事だった（Abendstern, 1986: 163–4）。

女の子が労働者になることは大人の女性になることも意味し、それに付随して多くのことが生じた。妻、そして母となるのに要求される、家事のスキルをすべて学ぶことが期待された。子どもが家でやる仕事が男女で違うことは、成人期のジェンダー・アイデンティティを育む一因となったに違いない。その過程で少女は女性であるとはどういうことかを学び、少年は男性になることにいかなる活動が要求され、どんな責任が除外されるのか認識するのだ。

女性性と男性性の形成に家庭内労働が重要なことは明らかだ。しかし、何であろうと、女の子が担う家庭内労働がもたらす貢献を軽視してはならない。当時は現在よりもずっと世帯内で生産する部分が大きく、経済にかかわる課業も広範囲にわたっていた。賃金労働による貢献は当然として、少女たちが担った家庭内労働への貢献は過小評価すべきではない。少年の比較的低い貢献度と比べるとそれは明らかだ。

有償雇用において、若年労働者は同じ時間働いても大人より賃金相場が低かったし、少年は少女よりも稼ぎが多かった。両者はともに、家に全額入れさせられ、個人支出用に一定割合は戻してもらえた。ここで違いがあるとしたら、男の子のほうがたくさん小遣いをもらい、しかもそれが年々増えたことだ。女の子は家庭内労働に加えて、賃金を家計に入れる割合も大きかったと見られる。その結果、彼女たちは兄弟ほど余暇活動に時間をさけず、使うお金も少なかった。

このように男の子と女の子で期待されることが異なっていたのは、時代と場所を絞ったオーラル・ヒストリーからも明らかだ（Roberts, 1984, 1995a; Abendstern, 1986; Fowler, 1988, 1992; Davies, 1992a, 1992b）。調査対象者が不平等な扱いを敏感に感じ、ずっと不当な仕打ちを受けてきたと今なお感じていることがうかがわれた。しかし、次に示すように、その時代の問題関心のみに特化した社会調査からは、こうした若年労働の重要な特性を推し量ることがほとんどできない。

子どもに課された家庭責任：働かされ屋のちび

ネリー・リンチの話に戻り、さらに議論を進めよう。複合的な「ごっちゃになった」家族で育ち、一〇歳の時から母がいなかった彼女は否応なく世帯の主たる責任を背負い、かつ弟妹の面倒をみなくてはならなかった。誰も代わってくれる者はおらず、父親には助けを求められる人もいなかった。

家族は幸せではなかっただろう。姉たちは父親と口論の末、家を出た。家族はみなネリーを手助けしなければと感じていたようだ。父親は家で手伝いをしたし、彼女は弟たちに少しだけ家の仕事を分担してもらおうとした。ただし、兄たちは何もやらなかった。

彼女が働きに出始めると、賃金をそのまま父に渡し、世帯のために使うことになった。さまざまな家族の世話もこれまでと同じように続けた。小遣いの使い道を説明してくれたので、当時の様子がよくわかった。まだ子どもでも、将来の病気に備えて貯金する必要があった。また、家族のいさかいや破局、残された者どうしの対立やしがらみ、ネリーの罪悪感、それにいじめや「働かされ屋のちび」の話も衝撃的だった。

ネリー・リンチ　私はかなり責められながら育ったんです。父は言ってました、「家族に悪いところがあればおまえのせいにされるんだからな」って。ずっと脅されてきたようなものです。私のきょうだいのうち女二人と男二人は私のことを「やかまし屋」と言ってたけど、私は彼らが何か面倒を起こさないか心配していただけなんです。

――その頃も、食事の支度や掃除をしなければならなかったのですか。

ネリー・リンチ　そうなんです。最初は姉たちがやっていたけれど、あの人たちにとっては義理の父親ということで、うまくいかずに家を出てしまったから。私は、父と血のつながった三人の男の子と生まれたばかりの弟を残されたんです。他はみな、義理の父親とはやっていけないと言って出て行って……。その時、私は一四歳だったので、学校を卒業して大きな問屋のようなところに勤めに出ました。ショディーズというところだったかしら。一五歳の時には紡績工場に行って、紡績工助手として働き始めました。見習い期間中は、お金は一切もらえないんです。二週間はそうでしたね。そうして最初にもらった賃金は、一四ペンス＋三・五ペンスだったはずです。一四ペンスを家に入れなくてはならなくて。三・五ペンスはというと、そこの診療所というか、病院に一ペニーを納めなきゃならなかったからそれに使って、半ペニーでリグリーのスペアミントガムを買ったものです。それでお小遣いはおしまい。服は、お下がりと古着でどうにかしました。

――勤め始めてから、家や他のきょうだいの面倒をみることに変化がありましたか。そういう仕事は、帰宅してからしていたのですか。

ネリー・リンチ　そうね、帰ってからでしたね。兄たちはしなかったから、私がやらざるをえなかったんです。父は言ってましたよ、「今晩は出かけないでこれをしろ、あれをしろ」とね。それでまた、ちびっちゃい、本当にちび〔末弟〕の面倒を見なくてはならなかった。まだ二歳で、〔最初は〕姉が面倒を見てくれてましたけどね。もちろん父は姉にはお金を払っていました。

——そのとき食事の支度は。

ネリー・リンチ　そうね、父が戻ってから手伝ってくれました。鋳物工場で働いていたけど、仕事から帰ってからやってくれたものです。

——そうするとお父さんもいくらか家事や食事の支度をしたのですね。

ネリー・リンチ　ええ、そうです。それに二歳下の妹が洗いものの手伝いなんかはしてくれましたし。でもささいな口げんかがいつもありましたね。あの子たちは出かけて遊びたいわけなのに、私はこれをやれ、あれをやれと、無理強いしたものだから。でもそれはあの子たちのためになると思って言ったんだけど。

——弟さんたちも手伝いましたか。

ネリー・リンチ　はい。昔は糸で巻いた敷物を使ってたでしょう。私が座り込んで敷物を作ってる時、坊主たちに敷物を揺すらせてね、こんなふうに。それにお湯なんか出なかったから、私たちはやかんでお湯を沸かしてました。でも、今の話は母が亡くなってからのことですよ。母がいたときはパン作りも、洗いものも、何もかもやってくれてましたからね。

——お母さんが亡くなったあと洗濯はどうしたんですか。誰が洗濯を。

ネリー・リンチ　私たちみんなでやりました。

——まだあなたもお家でやっていたのですか。

ネリー・リンチ　そうです。そのときは一番上の姉が帰ってきて私たちの面倒をみてくれていて。父とうまくいっていなかったのに、私たちのためにやってくれたんですよ。そのとき決心したんです。二〇歳になったら家を出ようとね。これ以上、働かされ屋のちびの役目はもうたくさんだと思ったから、家を出て、一番上の姉と暮らすことにしたんです。私は一五歳からずっと紡績工場で働いたけど、自分自身の糸枠を持てるようになるまで、ずっと紡績工助手の仕事でした。姉たちとはいつも口げんかばかりでした。私たちは全然うまくいかなかったんです。嫉妬みたいなものでしょうね。もう一方に告げ口したりね。

若者に対する搾取

以上、若年労働の必要性とそのジェンダー化〔された様相〕について述べてきた。ここで、年若い娘たちが体験した、さまざまな従属を考察するのは価値があることだろう。家庭経済とフォーマルな経済の結びつきのこの時代特有のあり方は、女性に「二重の負担」をひき起こした。女性が若ければ負担はさらに増えたのだ。

私がインタヴューした女性のうち、エディス・アシュワースやクラリス・ホームズといった一番上の世代は、ハーフタイムシステムで一二歳から働いた。一九三〇年代まで、クラリスはボルトンの失業者デモを組織し、週二ペンス弁護士として失業手当の獲得に向け活動していた。クラリスの娘、ドリーン・ベイカーは、失業手当受給者学校*に通った。この最高齢の世代が若かった頃は、仕事に就けるかどうかということと失業の期間が、職業と出身地に左右された。

幼くして働いていた頃は、どの女性も給料袋をそのまま母親に渡していた。それは結婚して家を離れるそのときまで続いた。お小遣いを少しだけ受け取り、ストッキングや映画代にあてた。洋服代は母親が娘の稼ぎのなかから

* 若年失業者が失業手当を受給する場合に、出席が義務づけられていた学校。

別に出した。賃金労働に就いてからもみな家の仕事は引き続きさせられていた。ボルトンでは金曜日の「バケツ」の夜、ロッチデールでは木曜日の「地獄の業火」の夜に掃除を行う習慣があった。人々の当時の記憶では、町の若い女性はみな家にいて家事をしていた。しかし、日々の家の仕事はそれ以上に時間がかかり、やっかいなものだった。ボルトン出身のJPのように、多くの者には毎日やるべき仕事があった。週末のパン焼きや、弟妹の世話や病身の親の介護があった。

女の子たちはこの二重労働をどう思っていたのだろうか。働き始めると、その家庭での地位は変わっただろうか。両親は大人として扱ってくれるようになったか。そこから、彼女たちが何を家族に対する義務と受けとめたかがわかる。稼ぎを入れるようになると、窮屈だと感じてはいてもごく当たり前と思っていたことに、疑義が生じることになる。以前は受け入れていたさまざまな親子関係、なかでも経済的資源と親の権威との結びつきに疑問を抱く可能性が出てくるのだ。賃金労働者である娘と両親の関係は、傍目には同じような構造に見えたとしても、各家庭の関係性によってその経験は大きく異なるものになった。不況期に家族に養ってもらったことを苦々しく腹立たしい思い出とする人もいれば、楽しく幸せな思い出だという人もいた。

賃金を入れるようになると、家族内で自分の食事の待遇が目立ってよくなったという証言は多かった。たとえば食事をするとき、立ったままではなく座ることを許され、時には父親と同席できるようになった。タンパク質のものが多くなり、量も増えた。子どものときはきょうだいで分けあったり、父親がほんの少しだけ分けたりしてくれた卵を丸々一個食べられるようになったのである。

一九三〇年代、多くの子どもは稼ぎ出すとすぐにこれまでの借りの返済を両親から期待された。〔社会調査家の〕パール・ジェフコット*はある一四歳の少女が、最初の仕事を見つけるのに苦労し、その返済ができないことにひどく悩んだ経験を詳述している。

午前七時半ごろ職探しに出るのだけど、全然だめで、丸々三週間は工場や職業紹介所をまわりましたね。お茶の時間にはいつも泣いていたものだから、全然お茶が飲めなくてね。

「だって、私以外みんな仕事を見つけているんだもの！」ってずっと泣いてました。しまいに父は私に食卓から出て行けと指さして、かんしゃくを起こしたわ。母は慰めてくれましたけどね、「時間はまだまだあるじゃないの。だから、心配するのはやめなさい！」って。

それでもやっぱり心配でした。父と母は何の見返りもないまま、私を養い続けるのかしらって。私は一四年間まったく稼がずに養ってもらった。それがこれからもずっと続くかと思うと、とても恐ろしかったんです。

（'One Girl's Story,' Jephcott, 1942: 19 による引用）

私がインタヴューした女性たちは仕事を見つけて稼ぎを全額差し出し、家の仕事をすることを疑問に思わなかった。親と口論になるのは、主に夜に外出させてもらえる回数や門限くらいだった。男きょうだいにはほとんど制約がなかったこと、そして威圧的な父親が相変わらず自分を子ども扱いにして不当に権威を振りかざすことを恨めしく思ったと語る人は多い(5)。

親の求める金額が多すぎると感じて憤慨したり、反抗したりする場合もあれば、当たり前と受けとめる場合もあった。すでにお金のことで揉めているような家族では、子どもが稼ぎはじめると、経済的に貢献しているから意見を言う権利があると考える傾向があった。娘たちも、家族に対してフェアではない父親の場合、彼よりも多く稼ぐ

＊ Pearl Jephcott, 1900–1980.『自分たちだけの時間』をはじめ若者研究のパイオニアとして数々の社会調査で知られる。

ようになれば、親の権威に公然と反旗を翻してよいと思っていた。

「ＡＢ」はそうした娘の一例である。彼女の父親は娘の目から見て無責任かつ男性至上主義者だった。自分の経済的貢献が大きくなると、当然父親を非難してよいと考えた。彼女は織工となるが、一九一六年にボルトンで八人の娘がいる家に生まれた。両親はともに紡績工場勤めで、母親は家計のやりくりに苦労した。父親は、紡績工としては高給取りだったものの、稼ぎの大半を飲んでしまい、家計に入れなかったからである。

借金しては借金を返す毎日でした。父は飲んだくれで、有り金を使い果たしましたからね。だから、母はまったく貯金なんかできませんでした。母が言うには、あの家を買うのに貯めたお金はつまるところ私たち子どもが家に入れたお金だったんですって。父がきちんとお金を入れたことなんて、一度たりともありませんでした。それなのに、何でも一番をほしがって、子どもと一緒に食卓に着こうとしなかったんです。食卓の一角はいつも父専用で、父の食事中私たちは近寄っちゃいけなかった。最初に箸を付けるのは父なんです。その日はお肉があったとするでしょう。父が食べちゃったら、私たちはお肉なしの食事になるんです。(*Growing Up in Bolton, 1981–83*, 28 AB/JW/1a/009 Transcript: 15)

ＡＢの母親は洗濯の請負もしていた。娘に商売を学ばせたかったため、彼女が織物工場で働きはじめたとき喜びはしなかった。しかし、織工の仕事に就いたＡＢと妹はほどなく紡績工場で働く姉たちや父親よりも稼ぐようになった。彼女は学校を卒業した翌日から結婚式前日の金曜日まで、賃金を全額家に入れ続けた。収入が多かったおかげで、彼女は父親に立ち向かう勇気を持つことになった。

当時、父は週に一二――一四ポンド稼いでいて、その頃としては結構なものでした。その頃母は三ポンドもらえればいいほうでしたしね。私は五ポンド家に入れていたんですけど、結婚する直前（一九三八年）は八―九ポンドにまでなりました。だから、思い直してはっきり言ってやったんです。「ねえ。私はお父さんよりたくさんお金を入れているの。私が家を出たら、お父さんがしっかりやらなきゃいけなくなるわね。小さいのがみんな大きくなれば、もっとお金が必要になるんだから」って。もちろん父は「おまえは生意気なんだよ」って言い返しましたよ。それで何かと私にひどく当たるし、それ以外にも私が結婚するぎりぎりまでわめいてたわ。私にいろいろ言ってくるばかりか、母にもひどいことをしていたんです。ええ、もう殴ったりなんだり……。だから亡くなる前の三年間で父が変わったとき、本当にうれしかった。ともかく父は母より先に死んだから、母はその三年間を幸せに振り返ることができたんだしね。（*Growing Up in Bolton*, 1981-83, 28 AB/JW/1a/009 Transcript: 15）

エディス・アシュワースは子どもの頃の生活を語るとき、どうしても皮肉っぽい口調になった。それは第2章で引用した文からも明らかだ。彼女は自分に心底から関心を向けたことなどない母親に搾取されてきたと、ずっと思っていた。彼女の賃金はとても高かったので、こう語った。

私に結婚してほしいなんて、母は露ほども思わなかったでしょうね。

エディスは一二歳の時から外で稼ぎ、賃金を家に入れ、家事やパン作りのほか家族の服まで作っていた。彼女の女きょうだい（インタヴューに同席していた）はさらっとこう言った。

エディスが一五歳の時母がミシンを買ってきたのは、あれは確信犯でしたね。エディスはわが家の縫い物係でした。そんな豪華なものじゃなくて……そういう人だったんですよ、それ以来、縫い物をするようになって。かわいそうな子ですよ。

エディス・アシュワースのように働けば、今日ならば確実に虐待と見なされるだろう。雇用主からも労働力を安く買い叩かれた。親は彼女たちの稼ぎをかすめとり、さらに無償の家庭内労働をさせ、さらなる仕事と時間を横取りした。そういった仕事が男きょうだいや父親に割り当てられることはなかった。しかし、娘たちがこれを搾取と思うか、親に稼ぎ手として感謝されていると感じるかは、まったくその家族関係しだいだったようだ。この観点からすると、マージョリー・フィッシャーはエディス・アシュワースと好対照をなす事例だ。二人の状況はさほど変わらず、当時としてはよくあるパターンだった。しかし、彼女は父親が失業すると進んで紡績工場で働き、その稼ぎで大家族を支えた。父親の飲酒癖にも理由があると同情すらしており、少しも悪く言わなかった。彼女は六〇年たった今も、ひどい仕打ちを受けたと感じてはいないようだった。

――お父さんの稼ぎは家族全員を養うには足りなかったんですか。

マージョリー・フィッシャー　そうなんです、あの頃父はお酒が好きだったから、母にはあまりお金が渡らなくて。

――お父さんが全額お金を入れたか、お母さんに生活費を渡していたのか、ご存知ですか。

マージョリー・フィッシャー　結婚当初は全額入れたと思いますけど、しばらくすると母はパブで飲んだ残りをもらったんじゃないかしら。本当に長いことお酒を口にしなかったのに、あるときからがらっと変わってしまって。働いている男の人はたいてい飲むでしょう。いい夫婦関係ではなくなっても、家のことを考えれば洗濯だってパン焼きだってあるわけだし。母はその中で本当によくやっていましたね。

――お母さんはやりくりを全部できていましたか。

マージョリー・フィッシャー　それは見事なものでした。日曜日にはローストビーフ、もっとお金がある家でもそんなもの食べてない頃ですよ。本当にやりくり上手で、すごかったですね。お金がないのに、かなりいい食事でしたよ。ポテトパイやポテトハッシュを作ってね。骨付き肉を買ったら、ポークチョップ、ポークステーキ、ステーキアンドオニオンにするんです。うちはみなこうしたものを食べていて、母は私たちの面倒をみてくれたものでした。豪華な家に住んだことなんて一度もないけど、家はいつもきれいできもちよかったもの。

マージョリー・フィッシャーの家は子だくさんで、そのうち八人が無事に成長した。彼女は一四歳の時に、紡績工場で紡績工助手として梳綿《そめん》室に入り、いろいろな工場で働き、不景気で父親が失職した頃には、一人前の工員になっていた。

――お父さんが失業したとき、稼いでいたのはあなただけでしたか。

マージョリー・フィッシャー　しばらくはそうですね、私だけです。あの一九三〇年代だもの。結婚していた姉の夫は失業して、二人の子どもを抱えてました。それで、私たちの家に転がり込んできたのだから、全然生活費が足りないんです。その時、家にはちょっと上の兄二人もいたので、要するにきょうだいの下三人が残ってたんですね。兄二人が失業し、父も、義理の兄も仕事を見つけられなかったときは、私の稼ぎしかありませんでした。父と母にはわずかに失業手当が出ていましたが。姉にいくら失業手当が入ったかは、忘れましたね。でも、義理の兄には子ども一人につき一シリングか二シリングしか出ませんでしたよ。子どもを養うって、お金がかかるのにね。同居してるうちに、姉は死産してしまって。入院するのにお金が必要だったのは覚えています。二ギニーかそれくらいかしら、正確にいくらかはわからないけど。元気になる以前に、まずは分娩の支払いが来るんです。母もそうですけど、お金なんか誰も持っていませんでした。

家族をほとんど一人で養っていたため、彼女は二〇歳になるまで自分でお金を使うことがなかった。しかし、エディス・アシュワースとは異なり、母親や仲のよい家族との心温まる思い出ばかりが残っていた。

私がインタヴューした女性たちが若かった時代には、親子が役割を相互に交換しあうことが、規範として根付いていた。それから一〇年か二〇年後になると、次世代に「与える」一方で、上の世代に対しての「お返し」はしないのが主流のパターンとなった。エディス・アシュワースやマージョリー・フィッシャーが一〇代の賃金労働者を子にもつ母親になる頃には、若年労働の状況がかなり変化した。母親の世代よりも家族は小規模になり、子どもの義務教育修了年齢も有償労働への参入年齢も引き上げられた。自分たちのように子どもが経済的資源と見なされることはなくなった。子どもが家計に寄与することは、家計に欠かせないものというより贈り物であるかのように語られた。たとえば、アニー・プレストンとフロー・ナトールは、息子たちが家族のために買った耐久消費財について、詳しく説明をした。ほとんどの子どもたちに「手助け」は期待されず、好意でやってもらうものになったのだ。概して、一〇代の収入について言及されることはほとんどなくなった。とくに織工ではそれが顕著だった。両世代のあいだで、経済状況が激変しているためもあろう。自分が子どもの頃は家計に貢献したものだと言うことはできても、親として子どもの稼ぎをあてにしているとはなかなか言いがたい可能性もある。

失業した若者と一〇代の余暇

若者の失業問題

この本に出てくる女性たちが若かりし頃に書かれた文献は、若年女性労働者の二重労働を実質的に無視している。

それだけではなく、「若者問題」一般として一括りにし、女性の従属を助長することになったことは批判されるべきだろう。若者の失業と文化に関する文献をみればこの傾向は明らかだ。

当時の若年労働者に関する研究は、相矛盾する二つのテーマを取り上げた。ひとつは、失業とそこから生まれかねない政治不信である。もうひとつは新たな余暇活動の登場と、それらが示す若者の購買力、若者の前途だ。どちらの課題もその時代の経済や社会の発展と密接に関わっていた。それがさまざまな面で若者に影響を与えていた。あらゆることが社会的関心を呼ぶ事件とされた。若者は政治的・社会的不安の元凶であり、彼らが道徳的価値観を失っているという見方が強まった。仕事に就いていようが失業中であろうが、どのみち若者に勝ち目はなかったのである。

若年労働に関する文献が取り上げたのは、有償雇用のみだった。なかでも「将来性のない職業」と年少者の失業という一対の問題に焦点をあてていた。ジョン・ジュークスとシルヴィア・ジュークス*や、アラン・ウィンターボトム*、パール・ジェフコットといったリベラル派の社会調査家も、ジョン・ゴラン*のような共産党の政治家も、次の点にみな注目していた。かつて熟練職につく機会を提供してきた諸産業が衰退し、また訓練が要らないために「つぶしが利かない」他の産業での不熟練職の拡大が、若年労働者に与える影響である。彼らの議論からはっきりしたのは、小売部門や機械化した「新興」産業が「幼き指の奪い合い」を引き起こす一方で、ある地域や産業では失業者が増大するという、相反する傾向である。ゴランはとくに需要があるのは少女の指であって、「少年労働」

＊ John Jukes, 1902–1988; Sylvia Jukes, ? ジョン・ジュークスはイギリスの新古典派経済学者。シルヴィア・ジュークスとともに *The Juvenile Labour Market*（1938）を著す。

＊ Allan Winterbottom, 1907–? ジョン・ジュークスとともに *Juvenile unemployment*（1933）を著す。

＊ John Gollan, 1911–1977. イギリスの共産党指導者。一九二七年にイギリス共産党に入党。スターリン批判やハンガリー事件で動揺する党の体制立て直しをはかった。

は熟練構造の変化（徒弟の数は激減した）によって悪影響を受けると認識していた。しかし、若者の就職や失業におけるジェンダー格差も、少女だけに課された二重の負担も、注目されなかった。[6]

未成年者の失業は、道徳的にも経済的にも影響がある。遊ばせておいては国の資源の浪費であり、職業訓練を施さなければ、労働力の質は将来的に低下するだろう。しかし、評論家の一部（Maera, 1936 など）は、若者の失業はモラル低下の大きな要因であると指摘し、ヴィクトリア期のように社会的無秩序や政治的急進主義の源となりうるため危惧すべきだとした。失業期間が長引けば、「身体能力はかなり衰えるが、もっと重要なことは落ち着きや労働倫理上の規律が繰り返し教えられることがなくなり、適切な向上心の育成を抑えつけてしまうため、若者の雇用に適した能力を蝕むと考えられた。（Rees and Rees, 1982: 17）

政府の施策はこうした問題の克服を目的としていた。少年教育センターが提供した教育は、明らかに「モラル低下」の影響を憂慮したものだ。[7] カリキュラムは職業教育というよりも実地訓練的なもの（Morgan, 1939）で、主な目的は以下が示している。

少年少女に人生のほんとうの意味に気づかせ、生き生きとした機敏に反応する心身を保たせ、健やかな身体を与え……（Ministry of Labour, 1934: 4）

少年は木工やブーツ修理、皮革工芸を習い、少女は調理や被服、在宅看護といった家の仕事しか習うことができなかった。失業手当受給者学校に通った人たちの多くは、そこが不満だった。

ドリーン・ベイカーは、〔世界恐慌により大不況下にあった〕一九三四年に実施された〔工場の〕操業短縮の影響を受けた一人である。彼女は、失業給付金受給につけられた条件に対して、よい印象を抱かなかった。「失業手当受給者学校」もとりたててよい経験ではなかった。

ドリーン・ベイカー　働く時間は短かったです。たまに一週間働いて次の週は遊んで、また次の週働いて次の二週間は仕事がなくて、そうしたら職業安定所に行かなければね。当時は一八歳以下は、失業手当受給者学校というところに半日行かなくちゃならなかったんです。行かなければお金がもらえないですから。

――そこで何を習ったんですか。

ドリーン・ベイカー　最初は、シェルフォント通りの学校に行ったけど、あんまりいい感じじゃなかったわね。なぜかって、欲しがられていたのは洗い場の掃除とか調理とかのパートタイムや家政婦の仕事で、私はそれじゃ嫌だったんです。別のクラスがあったから、結局皮手袋製造のクラスに出ました。一日中手袋を作っていられたらみんなに作ってあげたんだけど、それはできなかったわ。ともかくさっき言ったように一八歳のときに父が亡くなって、短時間しか働けないのは困るから、本当にボルトン中を歩き回って仕事を探したんです。

政策の二つめの柱は義務教育修了年齢の引き上げだった。労働運動は一五歳に引き上げるよう勧告した一九二七年のハドウ・レポートを支持したし、それは多くの雇用主も同じだった。しかし雇用主側は基本的に失業対策ととらえ、労働運動側は教育や技術面を強調した。この双方の主張に考慮して策定された一九三六年の教育法は、義務教育修了年齢を一九三九年九月から一五歳に引き上げた。ただし、

「有益な」仕事に就ける場合、満一四歳以上であればいつでも卒業を認めるものとする。(Jewkes and Jewkes, 1938: 147)

としたのである。

あらゆる利害関係者を満足させようという姿勢は見え見えだった。反対意見は教育関係者からしか出なかった。景気のよくない地域から職のある地域への移動を調整する産業転換計画により、若年失業には大きな地域差もあることが訴えられた。この計画は少女の主たる転職先を家庭内サービスと定め、何千人もの若年女性に家事使用人になるよう圧力をかけた。しかし、ウェールズやスコットランド、北東部における最悪の高失業地域に比べれば、マンチェスターやイングランド北西部の少女はこうした施策の影響をそれほど受けなかった。

一九七〇年代に再び若年失業問題が政治的課題になると、戦間期が回顧され、経済史家たちは、その深刻さと公共政策による効果をもう一度議論しはじめた（たとえばGarside, 1977, 1979; Benjamin and Kochin, 1979）。多くの人たちに若年失業の深刻さがきちんと把握されていたかはわからないが、専門家はみな、かつては大きな地域差があったという点では一致していた。若者の売り手市場がある一方で、若者がどんなに必死で探そうとも仕事を見つけられない地域があった。この地域差は、経済の再編や衰退産業・成長産業の空間的位置と密接に関わっていた。そのため、隣りあった町でも、その産業構造によって、失業率がまったく異なることもあった。

マンチェスターはロンドンと同様に小売業、行政・金融部門が拡大し、織物産業は相当落ち込んでいたものの、全体として失業率がかなり低かった。しかしその近くであっても、綿工業の町や不熟練労働が高い割合を占める町に住む若者は深刻な影響を受けた。公式統計の集め方や対照項目がうまく合わないために最終的なことは言えないが、それをさしひいても、マンチェスターと調査対象者らが育った町では決定的な違いが認められる。[8] 一四歳から二〇歳までの若年女性の失業率はオールダムで一一・三％、サルフォードで八％であった。これは、ボルトンの五・三％、マンチェスターの六・四％より高い（*Census of Population*, 1931, Occupation Tables, Table 18: 606–9 より算出）。このセンサスでは、特定の職業、とくに織物労働者と不熟練労働者は一段と深刻な影響を受けていた。さらに言えば、同じ職種でも、町によって失業率は異なった。たとえば織物産業の若年女性労働者をみると、オールダムでは一三・四%が失業していたが、ボルトンでは六・六%でしかなかった（*Census of Population*, 1931, Occupation Tables, Table 18: 606–9）。

とくにひどい影響を受けた若年女性と女性全体を比べると、わかることがある。ボルトンで全女性労働者の失業率は一二・四%だったが、綿織物労働者だけを見ると一五・四%にのぼる。オールダムでは、それぞれ二一%と二六・五%であった（*Census of Population*, 1931, Occupation Tables, Table 16: 234–5 から算出）。つまり、中高年女性のほうが若年女性より多く失業していた。

サルフォードでは、不況の間ずっと若年労働者の状況は深刻であり、しかもそれは広範な職業に及んでいた。労働省が考案した指標によれば、一九二七—三六年の一〇年間のうち、サルフォードの失業率が一〇%を超えたのは七年間に及び、一九三六年に一時的に低下しただけだった。隣接するマンチェスターがこのレベルに達したことはない。ロンドンでは最も失業率が高くても一九三二年の三・七%であり、その差は歴然としていた（労働省が作成した一覧表、Fowler, 1988: 371 所収）。

ボルトンのドリーン・ベイカーだけでなく、調査対象者の多くが失業を経験していた。しかしその経験の多様なありかたは、公式統計から捉えられる明らかな多様性を反映している。オールダム出身者は仕事を探しまわったと証言した。キャス・ヒントンは仕事を探して何足か靴を履きつぶしたという。リリー・ハントは結局求職をあきらめ、〔保養地の〕ブラックプールにあるパブに転職した。〔一方〕サルフォードの女性はそこまで深刻な状態にならず、転職ができると考えていた。綿工業労働者であるエディス・アシュワースとマージョリー・フィッシャーは、それぞれリトル・ハルトンとロッチデールでずっと同じ仕事を続け、一家の大黒柱となっていた。

就業状況に空間的差異があると認めると、次なる興味深い点がうかびあがってくる。それは、若者の消費パターンと余暇活動という、一見対極にある領域である。この問題も当時活発な議論を引き起こしたものだが、近年また論争が起きている。ところで、一〇代と一〇代の文化がはじめて登場したのはいつだったのだろうか。それはエイブラムズ以降通説となったように、相当豊かな社会となった第二次世界大戦後、一九五〇年代だろうか（Abrams, 1961）。近年の社会史家やオーラル・ヒストリー研究者の指摘によれば、「戦後」の青少年文化は一九三〇年代にその源流がある。

働く若者が家族から独立せず親に依存し、従属し続けたと強調する論者がいる一方（たとえばRoberts, 1984: 42–3, 1995a: 45–6. 類似した指摘がDavies, 1992a: 83）、若者が相対的に豊かで自立していたと主張し、一九三〇年代の余暇活動と消費パターンは一九五〇年代の前触れだったという者もいる（Fowler, 1988: 206–16, 1992. 同様の主張はHarley, 1937; James and Moore, 1940; Jephcott, 1942で既出）。

マンチェスターの若者は、確かに景気の恩恵を享受し、可処分所得も高かった。(9) 彼らのレジャーは当時もかなり研究されており、マンチェスター大学の修士論文のテーマによく取り上げられていた（Fielder, 1932; Middleton, 1931; Harley, 1937; Thompson, 1937）。これらの論文はこの時代の社会調査の例にもれず、「上から目線の」論調となる傾向があった。若者の時間とお金をもっとためになる活動に費やすべきだと暗に主張していたのだ。ハーリーは、とくに映画に対して批判的だった。彼女は調査対象者の九〇％を占める少女たちが一週間に少なくとも一度は映画を見に行き、なかには週六回行く者やそれに加えてダンスホールにも行く者がいることを明らかにした。ハーリーはさらに少女が無節操に雑誌を読み、「物質至上主義を称揚」してはばからないことまで批判する。

ジェフコットはここまで厳しい目を向けることはなく、映画館と映画に対しては批判を差し控えた。それでも、どうすれば少女の能力を伸ばしその状況を改善できるか、同じように関心を持っていた。

女優のヴェロニカ・レイクやラナ・ターナーは、一四歳の少女にとって、単なるヘアスタイルのお手本に留まらなかった。……若者が……自分の嗜好を作り上げるとき……その享受すべき娯楽や生きるに値する生活のイメージは、映画会社の作ったものに基づいている。それは全体として暴力や低俗な行為、感傷癖、エセ心理学を基調としている。(Jephcott, 1942: 119)[10]

ダンスに夢中になることはそれほど批判されなかった。ジェフコットは、社会的・身体的に前向きで若い女性のためになると評価した。

ダンスは、体を動かしたいという切実な思いを解消する方策の一つだ。また、たとえば体操教室と比べると気を張る必要もない。……リズミカルな運動は不安な気持ちを解消する手立てとして認められていると心理学者は述べている。(Jephcott, 1942: 122)

さらに次のように続けた。

少女たちはまた、ダンスホールを社交の場、同世代と交わる場と認識している。……少女は流行のドレスを着てすてきなタイツを履き、周りより魅力的に見せようとする。つまり、同年輩との見栄のはりあいをしているのだ。将来の伴侶を見つける場として教会の地位が下がった今日、ダンスはそのための手段として受け入れられている。さまざまな雑誌がそのように読者に勧めているのだ。(Jephcott, 1942: 123)

オールダムやボルトンの近郊ではないが、マンチェスターの場合一〇代後半になると、母親から必要最低限のお小遣いしかもらえなかった一四歳の頃よりも、もっとたくさんもらえると期待するようになった。そのような年ごろの都会の若者こそが、当時急速に拡大した映画やダンスホールなどのレジャー産業にとって主要な市場だった。マンチェスターやサルフォードといった町では、一九三〇年代に何千もの映画館やダンスホールが続々と建設された。若者の消費財や余暇活動に関する市場の急激な拡大とこの分野の活発な起業が、相互に絡み合って展開したことは明らかだ。若者向けの雑誌は失業率の高い地域でも人気があり、はやりの衣類や化粧品、バイク、ソフトドリンクなどの勢いづく新興製造業にとって確実な宣伝媒体となった。これらの産業はみな、とりわけ若者市場をターゲットにしていた。

ランカシャーのオーラル・ヒストリー（とくにアベンスターン、デイヴィス、ファウラー、パワー、E・ロバーツとD・トムスン）からは、当時の人々の印象を確認できる。青少年について正反対の説明をしているからだ。しかし失業統計を読み込むと、これらオーラル・ヒストリーの筆者の議論にはある程度の食い違いがはっきりと見られる。彼らが調査した町にはあまりにも若年失業率に差がありすぎたため、「一〇代」の存在についてさまざまな結論が出るのは当然だった。よってマンチェスターで一〇代が集団として立ち現われてきたとしても、その動きはサルフォードではそれほど顕著ではなく、バローインファーネスやランカスター、プレストンでまったくみられないのは無理もない。

ファウラーは次のように主張し、正当化しようとしている。

商業化したレジャーの利用が前提の一〇代の文化と、若者向けレジャー商品・サービスの誇示的消費は、一九二〇―三〇年代のマンチェスターの特徴だった。（Fowler, 1988: 244）

映画やダンスホールといった新しい商業娯楽を享受するサルフォードの若者は、より伝統的でインフォーマルな

「モンキー・パレード」（日曜の夕方にメインストリートを占拠すること）にも参加し、街角をごろつくこともやめなかった（Roberts, 1971: 146–85; Davies, 1992a: 103–16）。サルフォードが特殊なのではない。新しい若者文化と古い若者文化がどこの町でも共存し、それぞれが異なる意味を持っていたのだ。

比較的裕福な若者に焦点を当てれば、若者はたしかに「一〇代」と見なせる。しかし、裕福か否かということはたくさんありうるグループ分けのうちの一つにすぎない。にもかかわらず、道徳的な崩壊は自立した若者が引き起こすものと見なされ、「若者」と「問題」という本来つながらないカテゴリーが構築されたのは間違いない。映画館通いと「自立した」若者は有害で、犯罪の急増を招くと警鐘が鳴らされた。そのときほぼ必ずと言ってよいほど、失業して街角でたむろしている「堕落した」若者が想起され、社会不安や犯罪を助長する恐れがあると言われた。こうした整合性のない尺度があるために、若者は敵対と恐れの対象となり「怠惰」が批判すべき状態とされたのである。若者が就職していようが無職だろうが、映画館にいようが街角にいようが、そのように非難し汚名を着せる側にはあまり重要ではなかったのだろう。この意味において、当時の研究は若者、とくに若い女性の経済的従属の固定化に荷担するとともに、これを文化的に補完してもいた。

独身女性の生活

結婚しなかった娘たち

娘が結婚しないで老いた両親と暮らすパターンは昔からよく見られた。イギリスの場合、今日よりも二〇世紀半ばまでのほうが、ずっとその傾向が強かった。本章と前章で交換について検討したが、親と長期間同居する娘は一つのグループを形成している。そこにはさまざまな特徴があり、若年労働のかなり特殊な例をなしている。私がインタヴューした独身女性には、特徴的な有償雇用パターンが見られた。その家庭経済にも家族員どうしを結ぶ交換、義務、互酬性に特徴的な構造があった。要するに彼女たちには、前出の表現を使えば、家庭と労働の結びつき方のパターンに特有なものが見られ、ここには時代性もあり、織工と臨時雇いという既婚女性労働者二グループでの違いもあった。戦後期には人口学的変化（家族規模の縮小と平均寿命の上昇）があり、それとともに家族形態と女性の雇用パターンが変わった。それにより親と娘のパートナーシップに関して、既婚女性と独身女性の両方が影響を被った。高齢者に対する国の福祉供給が充実するにつれ、老いた親と大人になった子どもが同居し、互いに依存しあうことは少なくなった。

歴史家や社会学者は、加齢、被扶養と福祉、家族・親族の義務に関する研究で、娘が既婚でも未婚でも老人の世話をする重要な役割を果たしてきたことに注意をうながしてきた（Finch and Groves, 1983; Graham, 1983; Gittins, 1982, 1993; Lewis and Meredith, 1988; Finch, 1989 など）。未婚の女性親族が妻のいない家で「ピンチヒッター」として家庭内労働を担う傾向があるとは言われてきた（Delphy and Leonard, 1992 など）。しかし、独身女性に関してはほとんど関心が持たれず、二〇世紀のイギリスで暮らす労働者階級の独身女性をとくに取り上げたものはほとんどない[11]。

このように文献がなく、ましてや結婚や異性愛カップルという支配的言説に対する異議申し立てもないなかでは、既婚女性と対照せずに独身女性を描きづらいだろうし、既婚・未婚の二項対立が優勢な文化では、女性は安易にカテゴリー化されやすい。よく引用がなされるスコットの論考によれば、「労働者」というカテゴリーはすでにジェンダー化され、「男と女の自然的な性質と考えられたものをとおして確立されていった」（Scott, 1988: 175 ＝邦訳二六三頁）。「女性労働者」の歴史を書くことで不均衡をただそうとして「物語を始めるわけだが……手遅れである」（Scott, 1988: 175 ＝邦訳二六三頁）。なぜなら、それは男女の対比を自然なものとし、「固定的なカテゴリー的差異」（Scott, 1988: 175 ＝邦訳二六三頁）を実体化するからである。同じような議論は「独身」というカテゴリーにも適用できる。すでに意味と評価が定まっているため、未婚は既婚と比べて否定的にとらえられ、婚姻の有無が女性のアイデンティティの重要な構成要素となる。「意味が排除をとおして構築されると認める」（Scott, 1988: 7 ＝邦訳二五頁）ならば、結婚の意味が、未婚や「行き遅れ」「オールドミス」「ハイミス」との対比によって構築されているのは、間違いないだろう。そのような固定した二項対立と、それがほのめかす序列を否定するために、フェミニスト分析は以下の点を示さねばならない（Holden, 1996 で提唱された概念。Davidoff *et al.*, 1999 も参照）。「既婚」も「独身」もいずれも内実はさまざまであり、より広範な関係性パターンの一部にすぎない。

先に家族形態は多様だと述べたが、老いた親と娘の同居は、一つのあり方だ。以下ではその詳細を検討し、とくに独身であることに留意したい。労働者階級の子どもたちにとって、結婚するまで家族と暮らし、経済的に助けるのは、ごく当然のことだった。結婚していない女性が家を出て一人で暮らす自由はほとんどなかった。文化的・経済的制約のため、サルフォードやオールダムの貧困家庭の未婚女性は、親と同居し続ける傾向があった（未婚の男性ならばおそらくもっと自由があったと思われる。ただし、その多くが親や結婚したきょうだい、親族と同居した）。

独身女性が「家に」とどまりがちな理由はわかりやすい。そのほうが世帯としては経済的に「うまくいく」し、同居、ケア、相互扶助に関して親娘ともに利点があるため、合理的だ。この家族形態においては、親娘の良好な関係や心の支えなどなくても「うまくいく」のだ[12]。

しかし、個々の女性はなぜ家に留まるのかいつも質問されたようだ。理由があって選びとったと思われているのだ。その答えにはたいてい結婚が絡んでいる。あの人は結婚していないから家にいるとか、親の面倒をみるために家にいるから結婚しなかった、という例がそうだ。私がインタヴューした女性が家に残った理由はじつにさまざまであり、それは非常に重要なことだ。つまり、どの人も明確な決断の結果そうしたのではなく、ただそうなっただけなのだ。当事者にとってはなにも特別なことではなく、他の生き方以上に説明を要するものではなかった。「いい人にめぐり合わなかったから」とか「結婚し損ねた」とほのめかす者はいなかった[13]。時代錯誤的な思い込みをもとに、選択や感情、セクシュアリティをとらえてしまう危険性がある。独身女性がとどまった世帯や、一般に「ごっちゃになった」家族が珍しくないなかでは、こうした思い込みは当事者にとって何の意味もないだろう。

独身女性に対する視線

インタヴュー対象としてはごく少数だが（代表性の問題に関してはここでは置いておく）、彼女たちの生活から、この階級、この時代と場所における独身女性の状況に関してわかることは多い。私は必死になって既婚女性を探していたため、この三人はもともと回答者候補から漏れるはずだったことは特筆しておきたい。私が当初、製造業、なるべくならトラフォード・パーク工業団地でずっと働き通した女性を見つけようとしていたことから説明できよう。後でわかったし、サルフォードの女性が幾度も主張していたことだが、トラフォード・パーク工業団地にも地元産業にも既婚女性が働く場所はほとんどなかった。そうしてなんとか見つけた三人の女性は、長期間雇われていたものの未婚だった。しかも、トラフォード・パークで働いたその友人たちもみな独身だったとは……。

第2章で取り上げたメアリー・グーデンは、四〇年間メトロポリタン・ヴィッカーズで働いた。最初は工場勤務だったがのちに事務職、そして専属秘書となった。二人きょうだいで、なかなかの家庭に生まれたようだがメアリーが働きはじめてから二年たたないうちに父親と兄が亡くなり、彼女に母親を養う責任がのしかかった。

一九一四年生まれのアイヴィー・ターナーは八人きょうだいの末っ子で、親は職を求めてダービーシャーからサルフォードに移住した。

アイヴィー・ターナーと言います。結婚していないから、語れるような家族もいないけれど、男四人、女四人の八人きょうだいの末っ子でしてね。一九二八年に一四歳で学校を卒業して、生協で働きました。当時、キャッスルフィールドにあった生協の製茶工場に二年いたんですが、トラフォード橋のたもと近くに新しく倉庫ができて、あとはずっとそこで働いたんです、ええ、六二歳までずっと、四八年間。その後倉庫は閉鎖されましたけど。

アイヴィーの父親はトラック運転手や港湾労働者をしており、母親は結婚前まで大邸宅の料理人だった。トラフォード・パークにあった生協の製茶工場は茶のブレンドとパック詰めをしており、ここに就職するのは容易ではなかった。

アイヴィー・ターナー　……生協の仕事についたら、もう安泰でしたよ。母が職長と友達でした。一四歳の時、その職長から二人の紹介状を持ってきなさいと言われて、それぞれ学校と教会に頼みました。最初の二年間は働きたくなくてね。「ああ、もう行きたくない」「いやなんだもん」って言うと、「母は」「行きなさい。口利きしてもらったんだから、行きなさい！」って。

――もっといい条件だとか、いい給料のところがあったと思いますか。

アイヴィー・ターナー　給料はすごくよかったんです。最初から週一〇シリングでしたから。八時から五時までの仕事で、ですよ。それからだいぶ経って二二歳の頃、二ギニーにまでなりましたね。一週間の休暇もとれましたし、もっとあとには二週間休みももらえました。働くにはものすごくいいところでした。病欠手当もあるし。

四八年の間に工場は大きくなり、多くの作業工程は機械化され、アイヴィーはパック詰め・ブレンド作業から昇格して現場主任になり、彼女が担当する女性たちよりも相当高い賃金を得ていた。その頃女性はまだ監督職から排除されていた。

彼女の父親は一九三四年に亡くなり、きょうだいの多くはまだ地元で働いていたものの、母親の世話は一九五一年に母親が亡くなるまで彼女が担っていたようだ。

アイヴィー・ターナー　四人兄がいました。そうそう、時々失業していたけど、大人になるとみんな結婚して、私が家に残りました。

——そしてずっと家にいたんですか。

アイヴィー・ターナー　母が放してくれませんでしたから。もう全然愚痴ることなんかないけど（笑）。だからかなり長い間家にいたことになりますね。

末娘が家に残って母親の面倒をみるという伝統があったとすれば、アイヴィーの家族はそれに従ったようだ。末っ子で不運だったにすぎない。「結婚できなかった」というよりもむしろ、彼女はある種の世代間の束縛（Dequenin, 1984）に従っていたのである。こうした束縛は、家族形態と結婚に常についてまわり、ほかに選択肢はなかった。アイヴィーはとても熱心に自分の有償雇用について語り、いかに「面白い」仕事をしたか繰り返し力説した。しかし、実家にとどまった理由については、押し黙り、残念そうに語るのである。彼女は自分が義務としてとらえていたことを拒否できる立場になかった。この義務のため、他の機会を得て経験を広げることはできなかった。だが、彼女によると、自分が母親の言うとおりになったのは、母親だけのせいではない。戦争が始まると、上司はよかれと思って彼女の家庭環境を考慮してしまった。自由に選べたなら、アイヴィーは軍隊に入隊したかった。

アイヴィー・ターナー　でも、生協では、結婚すると女性は辞めさせられるのよ。

——結婚退職制ですか。

アイヴィー・ターナー　戦前はそうでしたが、当時は既婚者を復職させたんです。戦時労働に社員が大勢動員されていました。私だって男の仕事に就かされたんです。もっとも、上司は私が唯一家に残っている子どもだからと、善意でそうしてくれたのですが。私はむしろ軍隊に行けたらなあと思っていたんです。結局行けませんでしたけどね。

エイミー・ファウラーは三人目の「独身」女性である。他の二人とは違い、彼女は五〇代半ばで結婚した。夫婦とも、年老いた母親を看取ってからの結婚だった。エイミーは育った子ども五人のうち、一番上だった（親を養うのはつねに末っ子の役目だというのは思い込みにすぎない）。一四歳で初めて勤めたのは箱製造の仕事だったが、二年後にはグローバー社のケーブル工場に移り、そこで三五年間勤めた。最初は〔工員として〕現場の仕事に就き、のちに生産管理担当となり、一九五八年には職員の地位を得た。一九七〇年以降は他の工場の仕事を引き継ぎ、定年まで働いた。

この三人の女性には、人生のある段階で親と役割を交替したという共通の特徴がある。彼女たち娘はみなずっとフルタイム雇用に就いていた。そして父親が亡くなると母親を経済的に支え、お金に関する主だった決定に責任を持った。そのかわりに母親は娘の「世話」をし、買い物、食事の支度、洗濯などの家事を受け持った。既存の文献は未婚の娘が「ケア」役割を背負い込むことばかり記したが、それとは対照的だ。彼女たちからは、母親が亡くなる間際を除けば家庭内労働や介護をしたという話は聞かれなかった。娘たちは金を稼ぎ、家に電気を引き、風呂を設置し、暖炉を最新式にした（そしてその代金を支払った）。三人とも妻の「代役を果たす」どころか、普通は夫の役割とされる「稼ぎ手」の地位を引き受けていた。三人の稼ぎ手としての地位から権利として生じる家事サービスの提供を母親が担った。

メアリーとエイミーは働く若者として女の子の規範に従い、母親に給料を差しだし、有償労働のほか家事も行った。アイヴィー・ターナーはこの点は少し免除されていたが、彼女によればそれは先払いのようなものだった。きようだいは家事を押しつけなかったが、彼女がいずれ母親の「面倒を見る」のは当然だと考えていた。

ええ、あの人たちがみんな結婚してしまうまで、本当に何もしませんでした。三人の姉妹がいて、家事をみんなやってくれるから、夕方は自由でした。そう、当時はGFS、ガールズ・フレンドリー・ソサエティ*に入ってたんです。GFSは「救いようのないオールドミス〔the Godforsaken Spinsters〕」の頭文字だって言う人もいましたけどね。だから私は結婚しないのよ。(14) 火曜、水曜はGFSに行って、月曜は映画、木曜はダンス、金曜は聖歌隊の練習、土曜の夜はダンスで、日曜は教会で三回聖歌隊をしました。そういうわけで家事をしたのは、本当に母と二人きりになってからでした。

しかし、ある時点で誰が誰のために何をするかの再調整が必要になる。おそらく、家を出るかどうかがはっきりするのは二〇代半ばから後半にかけてだろう（この頃までに、三人の父親はみな死んでしまった）。そこから立場が逆転し始める。母親ではなく自分が、自分の稼ぎのどれだけを家計に入れるかを決めるようになった。また、それまでやってきた家の仕事も減る。依存関係という点でも、相対的な地位は逆転し始める。それまで夫が就いていた家長の座が娘のものになると、母親はもっぱら生計を娘に頼った。

メアリー・グーデンはほぼ父親に取って代わった例だろう。

メアリー・グーデン　兄が亡くなり、母はお金のことが不安でしょうがなくなったので、私がみんな引き受けることになりました。母は年々歳をとっていくし、私がやるしかなかったんです。

――フルタイムで働いているときは、洗濯・掃除や食事の支度など全部どうしていたんですか。

メアリー・グーデン　ありがたいことに、母がみんなしてくれました。私が帰ってくるのを窓から見ていて、家に着いたら食事は食卓の上です。母がいたころ、私は食事の支度なんかしませんでしたよ。

エイミー・ファウラーは母親に世話をしてもらう一方で、母親が年をとるとともに住まいや金銭の「管理」もした。ここで、エイミーが家庭内労働を「労働」と考えていないことに注意したい。洗濯に対する考え方は、彼女の近所にもいただろうサルフォードの臨時雇いの女性たちと明らかに異なる。

──最後に家庭生活についてお尋ねします。お母さんがご存命のときは、いっしょに実家に住まわれたんですね。

エイミー・ファウラー　一九六六年にロバート・ホール通りから家族で公営住宅に移ったんです。家主といざこざがありまして。父は一九五七年に亡くなりましたが、法律では賃借人は一度だけしか変更できなかったので、もちろん母にしようということになりました。何か問題が起きたら、家主は私に「〔おまえたちに貸す〕部屋はないよ」って言うだろうと思いました。家主にはそういう権利がありますからね。ですから公営住宅に引っ越すときは母が賃借人になりましたけど、私も共同賃借人になりました。一九六六年のことです。

──お母さんはあなたの世話をしてくれましたか、それともあなたが面倒を見たのですか。洗い物や食事の支度、買い物などは誰がなさいましたか。

エイミー・ファウラー　母がしました。一九七〇年ごろまでだったかしら。

──その頃にはお母さんに家計費を渡していましたか。それとも前と同じように全額渡していましたか。

＊　一八七五年、メアリー・タウンゼントらによって設置された少女、若い女性のための保守系友愛組合。イギリス国教会の教会区を基盤に活動を組織し、当初、労働者階級の婚外子出生を抑止する活動など、「誘惑」から労働者階級の若い女性を守り、社交の場を提供していた。

エイミー・ファウラー　家計費は渡して、あと家賃の差額も出しました。家賃が高くなったので。それに、当時はみんな電気になっていたから、私が電気代を払うと言って。

——お母さんはどうやって洗濯をしましたか。それともあなたがやりましたか。〔公営の共同洗濯場の〕大釜はいつなくなりましたか。

エイミー・ファウラー　大釜は一九六六年に使わなくなりました。母はうちからそれほど遠くはない洗濯場に行ってましたが、そこに洗濯しに行くわけではないんです。本当に、友だちと会うためだけに行ったのだと思うわね。

独身女性に関して家庭と労働との関係を一般化するのは適切ではない。しかし、これまで取り上げた三人の女性には、人生のある時期に親との互酬性と役割交換のパターンがはっきりみられた。娘が成長し、親が年老いるにつれ、支える側が徐々に変化した。娘が若いうちには若い働き手がいる世帯に特有のサービスと依存のパターンが見られたが、その後まったく異なる義務と、ケアと依存の形態が展開した。サルフォードの雇用構造や貧弱な住宅環境など、似たような境遇にある女性たちが、これと同じようなパターンを幾度となく経験してきたことは、疑いようもないだろう。

既婚の織工・臨時雇いと独身者との相違

アイヴィー・ターナー、エイミー・ファウラー、メアリー・グーデンにみられた世帯内での交換パターンおよび家庭と労働の〔ある特定の関係に基づく配置のありようとしての〕布置連関は、第3章で分析した既婚の織工や臨時雇いとは構造的に異なっている。

織工も独身女性も、フルタイムで期限付きではない標準的な雇用に従事した。しかし、臨時雇いと同じく「女の仕事」はあり、女性の相場に基づいて賃金が支払われた。仕事は厳格に男性向け・女性向けに分かれ、ジェンダー間職務分離がみられた。メアリー・グーデンのように女性だけが事務職に就いた。エイミー・ファウラーのようにケーブル接続機の操作は女性しか行わず、男性労働者は違う機械を操作した。お茶のブレンドとパック詰めは女性だけが行うが、女性は監督にはならなかった。この三人は、四〇年ほど働くなかで女性のキャリアとしてはほぼ昇り詰めることができた。だが、出世のはしごは非常に短いものだった。

三人の女性の勤務先も、織物工場とは異なる環境だった。いずれも地元の雇用構造において特有の地位を占めており、労働市場のそれぞれの適所から人を採用した。信頼しうる労働力を育てて離職率を下げるため、最も質が高く「品行方正な」若年女性を求めたのである。メトロポリタン・ヴィッカーズと生協はよい働き口として知られ、就職するのは容易ではなかった。「口を利いてもら」い、よい推薦状があるのが条件だった。そのかわり、ひとたび採用されると新人向け教育訓練や、サルフォードの多くの工場よりも高い賃金と良好な労働条件（休暇や病欠手当を含む）を享受できた。

三人の職場はいずれも第二次大戦前は結婚退職制を敷いていた。伝統的な温情主義的経営を踏襲し、男性・夫は稼ぎ手で、女性・妻は扶養家族だと見なした。しかし、既婚女性を排除したといっても、職場に年輩の女性がいないわけではなかった。独身女性には固有の地位が用意され、長く働き続けられた。独身女性と既婚女性は、職場でも家族内でも互いに補いあう関係にあった。職場と家族という両方の制度を維持するうえで相異なるものの、同じように重要な役割を担っていた。結婚退職制のある会社では、女性労働力の大半を一四―二四歳の若者が占めており、独身のベテランや寡婦は少数派だった。エイミーが働いたグローバー社の工場では寡婦の割合が驚くほど高かったが、彼女はむしろ独身と解釈していた。

若者と寡婦、それも第一次世界大戦で死に別れた人が多かったです。ほんとうにたくさんの寡婦がいましたもの。実際、私の働いていた部署なんて、そうですね、一四人中六―七人くらいはいました。本当に多いですよ。第一次世界大戦で恋人を亡くした人が何人もいて、自分は「引き取り手のないお宝」だと言ってました。つまりオールドミスなんです。

よって、トラフォード・パークの工場を勤め上げた既婚女性が見つからなかったのは当然だった。また、話を聞けた独身女性がみなこのような職場で働いていたのもおかしなことではない。雇用主側からみれば、メアリー、アイヴィー、エイミーは理想的な従業員だ。忠実で、良心的で、教育にかけた金の何倍も稼ぎだしていたからだ。三人の女性はみな自分と母親が暮らしていくのに十分な賃金をもらい、賃金相場は織工と臨時雇いの中間だったものの、そのどちらよりも安定していた。臨時雇いと同様サルフォードの劣悪な民間住宅に暮らし、一九七〇年代以降には引っ越していった。そこでインフラ設備を整えはするが、織工のように耐久消費財を買い、他の女性のサービスを購入しはしなかった。じっさい、独身女性は他のグループと違い家庭内労働を非常に否定的に語った。母親が元気なうちは家事に責任を持たなかった。母親たちが家事をしなければならなかったのだ。

母親が亡くなると、独身女性はそれを自力でやらざるをえなかった。戦後は既婚女性がさまざまな工場に雇われることも増えた。彼女たちの証言から明らかだだが、それでもフルタイムの仕事と家族の世話を両立するのはたいへんだったので、大多数の既婚女性はパートタイムで働いた。アイヴィーは一人分の洗濯物を洗濯屋に出し、メアリーは大概の食事を工場の食堂ですませた。エイミーは結婚した。メアリーとアイヴィーは親と同居し、数十年すると、新しくできた公営住宅へ引っ越した。それは、料理や洗濯に都合がよかったからだった。

メアリー・グーデン　けっこう多くの友だちから、一人で身の回りのことをできないだろうと言われました。でも、なんとかなりました。たくさんの人から「あの人は絶対に一人で暮らせないよ、お母さんに任せっきりだったから」と言われてましたが。けれど結局何とかしました。それでよかったんです。ありがたいことに職場で温かい食事が出ましたし。食堂があってちゃんとしたものを食べられましたから。だから夕食は家で軽くとればいいんです。

アイヴィー・ターナー　母が亡くなって最初はどうしようかと思いました。でも、お隣の通りの角に小さな店があって、洗濯物を引き受けるというので持っていきました。それが生協でした。ためていっぺんに持っていき、毎週金曜日に受け取りに行ったものです。

――費用はバッグウォッシュ〔洗濯のみで乾燥・アイロン仕上げをせず引き渡す洗濯サービス〕とかコインランドリーよりももっとかかったんですか。

アイヴィー・ターナー　まあね、アイロンもかけてきちっとしてくれますから。袋に入れて出せばいいだけですから、楽なもんでしたよ。

独身女性にとって家庭と労働は結びついており、前述した二つのパターンとは異なっていた。有償雇用に注目すると、独身女性は労働市場で特定の位置を占め、固有の環境で働いていた。その家庭内役割と家庭経済の構造も独身女性に特有のものであった。両者は均衡しており、明らかに相互に関連していた。つまり、片方に力を入れるにはもう片方に頼らなくてはならないのだ。独身女性の生活は、織工や臨時雇いよりもジェンダー間分離がはるかに明瞭なのが特徴だった。仕事も家庭も余暇も、圧倒的に女性と過ごすことが多かったからだ。

独身女性に特有の経験は、独身・既婚にかかわらず女性性を多角的に考える助けとなる。（初めは）〔工場などでの〕肉体労働に就き、労働者階級で、ランカシャーの同じような地域で暮らすという点は織工や臨時雇いと一緒だが、女性であることをめぐる経験は異なっていたからだ。家庭という場では男性と関わりを持たないが、職場などもっと広い世界では、他の女性と同じく男性支配に服した。彼女たちが母親への経済的責任を負い、家庭内サービスを受けていたことをもって「男の役割を引き受けた」と考えるのは、完全に曲解だろう。彼女たちの主観的な経験ときっぱりとした語りからは、女性であるあり方が異なっていたことが示されよう。

母娘関係は、たとえ明示されなくとも、働く若い女性や独身女性に関する議論には不可欠のテーマとなってきた。娘が母に抱く、相反する感情について、ここからいささかの示唆を得られればと思う。自分たち子どもの世話を懸命にしてくれたという母親の理想化と、親に不当に支配・搾取されたという恨みの両方がいつも聞かれた。いまから思えば、家庭では母親の権威に服従すべき子どもであり、仕事という大人の世界では自立した稼ぎ手であるという二重の地位を違った視点から見ていたのかもしれない。しかし相反する思いは時が経っても消えなかった。それどころか、若い頃は何も考えずに受け入れていたが、知らないうちに母親に「利用された」と今になって考えるようになった人もいる。成長してからは親と夜の外出は何回までで門限は何時までか言い争うことはあっても、仕事や稼ぎへの権利をめぐって争うことはなかった。一世代後になるとセックスとセクシュアリティ、ことによるとプライバシーがけんかの種になった。しかし、一九二〇―三〇年代に一〇代だった女性でこういったことに一番関心があったという人はいなかった。

彼女たちのその後の人生は母親世代と連続性を持つ点もあるし、持たない点もある。調査対象者は過去を振り返り、どれほどたくさんのことが人生で変わったかを判断するときの決め手となる基準として、母親に言及した。母親の人生を繰り返して同じ道をたどったか、そのようなあり方をどのようなやり方で壊し、変えてきたかを論じたのだ。本章ではいくつかの示唆を提示することができたと思う。その他の局面は時間についての議論から浮かび上がるだろう。そこでは、母娘の両世代を差異化する方法が柱となる。

注

(1) まったく異なる視点から見れば、ここでの議論は、社会学、社会政策学、歴史学の文献が取り上げてきた諸テーマに関連するだろう。列挙すると、家族、家族史、若者と青少年、世代とライフコース、親族関係と義務、依存とケアである。これらはそれぞれ別個にではあるが古くからずっと、しかもたびたび詳細に論じられてきた。これらの幅広い文献にはさまざまな考察が示されているが、私は原資料に基づく分析を展開させたい。

(2) 義務教育修了年齢の引き上げと同時に無償教育が導入された点も重要だ。

(3) 労働をめぐる全社会的組織化の見地から見れば、教育給付の拡大、若年労働の重要性の低下、子どもが家族の再生産に寄与する程度の低下という諸現象は相互に結びついており、戦後期に福祉国家を導入したこととも関わっていたことがさらに裏付けられよう。

(4) 各世帯を地域の状況に照らして詳しく分析すれば、もちろん結びつきのパターンやネットワークの構造をつきとめて説明できるだろう。私が集めたデータでは、織工か臨時雇いかが関わっている。臨時雇いの女性の友人関係と社会的ネットワークは明らかに織工よりも強く、近くに住む女性たちのコミュニティとつながっている。場所の問題に関しては、第5章と第6章を参照。

(5) 興味深いことに、父親に対する恨みを語るときのほうが、家事を分担しない夫を批判するときよりもはるかに大声になる女性がまま見られた。

(6) ジェフコットの『少女が成長して』(Jephcott, 1942) は、本書の考察対象時期よりも少し後に刊行されたものだが、少女に注目した珍しい例である。ただし、ジェンダーによる比較の視点はない。

(7) 少年教育センター (Junior Instruction Centres) は旧若年職業安定所 (Juvenile Unemployment Centres) を改組したものだった。失業保険加入年齢が一六歳から一四歳に引き下げられると教育訓練の提供が義務付けられ、若者は強制的に参加させられた (Garside, 1977)。

(8) 関連するセンサスでは、一四歳から二〇歳までを一集団にくくっており、数値があわない。失業率が最悪には至らなかった一九三一年でも同じ傾向が見られる。労働省は一八歳以下の数値を毎年公表している。しかし、性別で分けておらず、若者すべてが失業者として登録されているわけではないため、推計値を示す他はない。

(9) 若年労働者がかなりの可処分所得を得ていることは、『ニュー・ロンドン・サーヴェイ』や、マージーサイド、サウサンプトン、ヨークの調査にも表れている。

(10) なお、続きは以下のとおり。「賢い一五歳の少女ならば、朝八時から夕方五時まで段ボールに三か所留め金を打ちこみ続けるような生活に満足できない。その子は代わりに満足できるものを見つけようとして、ギャング映画に出てくる宝石泥棒、恐喝、息を呑むような冒険に目をつける。もしくは、腹がよじれるほど大笑いできる喜劇『凹凸お化け騒動』で気を紛らわす。ハリウッドやデナム〔映画撮影所があったロンドン郊外の町〕から流れてくるすてきな時間、かわいらしい洋服、「うっとりするようなくちづけ」に満足を見出す……」(Jephcott, 1942: 119)。

(11) レズビアンに関する文献が増えているのに加え、ほとんどの歴史研究は、とくに教職にあったミドルクラスの独身女性や、一八―一九世紀を取り上げている。これについては、Oram (1985), Jeffreys (1985), Vicinus (1985), Anderson (1984), Hufton (1984), Sharpe (1991) を参照。一九九六年に提出されたキャサリン・ホールデンの博士論文は、既存文献の重大な欠落を埋めている。Davidoff *et al.* (1999) も参照。

(12) ルイスとメレディスのインタヴューでは、確かに、母親を介護する女性には、同居する母親との関係に問題があると話す人もいる (Lewis and Meredith, 1998, esp. 57–65)。家族の義務が拡大することと感情とがどのように関わるかについては、フィンチの議論を参照 (Finch, 1989: 205–10)。

(13) デュケニンは一人娘や末娘が他のきょうだいと異なり、親との関係で特権と責任を負う特殊な位置にあると力説する (Duquenin, 1984)。二〇世紀初頭に彼女が研究したデヴォン州の織物産業の町では、結婚しない女性の大部分が、このカテゴリーに属していた。親が年をとってからできた子どもは「物質的な豊かさ、教育、就業機会、お金の点で」(Duquenin, 1984: 42) 好ましい状況を享受するが、親が年をとるにつれ、その世話や付き合いがのしかかってくる。結婚か親の世話かというと、今では自己犠牲のように思えるが、「片方を選べばもう片方は選べないというものではないし、あるいはその問題はあまり重要ではないようだ」とデュケニンは指摘する (*Ibid*: 44)。

(14) アイヴィー・ターナーの表現と「救いようのないオールドミス」への言及に注意されたい。たとえ独身であることを説明する必要はないと彼女が思っていても、コミュニティには独身に対する哀れみや非難がおそらくあっただろう。彼女はそれに対し、GFS会員だから独身なのだと応じた。なお、この点に関してはキャサリン・ホールデンから示唆を得た。

宮下さおり・訳

第5章　女性と時間

労働に埋め込まれた経験とアイデンティティ

第4章で中心的に見てきたように、家族内部で行われる労働とお金に関する相互義務および交換には、世代という時間のずれがあり、その交換は世代間で行われていた。女性は若い時には母親や実の親を中心とする家族との関係において、その後は自分の娘や夫との関係において、育った家族とは異なる形で、その相互義務と交換のありように影響を受けていた。こうした交換がどのようなものであったか、また、それを解釈するうえで時間性は不可欠な、しかし、そこに暗黙の裡に内在する次元である。「労働をめぐる全社会的組織化」も、大きくは時間の組織化としてとらえることができる。どのような労働の組織化においても中心となるのが時間の次元であり、労働とは時間を越えて組織化され、時間とともに変化しうるものだからだ。

時間性はあらゆる社会関係、社会過程および社会構造の要素である。時間性はそれらを構成し、また、それらによって構成されもする統合的な特徴を持つ。本章の目的は、そうした時間性が持っている特徴に着目し、それを明らかにすることである。そこで、これまで見てきた娘と母、母と娘という関係において、世代間で受け継がれていく〔特定の〕周期というものから視点を変え、時間の組織化および話を聞いた女性たちの日々の暮らしと人生をめぐる時間性の組織化について検討していく。時間性という観点から、女性どうしの間にある違いや共通点を探ることで、どんな知見が得られるだろうか。また、より一般的な議論として、ジェンダーと時間性を焦点化する分析にはどのような意義があると言えるだろうか。

その議論を進めるうえで役立つと思われる点がいくつかある。第一に、時間性という用語の定義を明らかにしておきたい。時間性は、時間がそれぞれに異なる形で構造化されているありようを示すのに用いられる。クロノメーター時間、つまり標準的な線形時間は数ある時間のあり方のうちの一つにすぎない。時間が秩序化・規則化される方法や、社会過程への入りこみ方は無数にある。時間の構造化、つまり時間性のありようはほぼ無限にある。そうした時間性の特徴と異なる時間性の形態をここでは明示していきたい。近代社会あるいは産業社会では、時計時間が時間制御の支配的な様式となってはいるが、なおそれでも時間性の一つを代表しているにすぎない。人々の暮らしの「ある時点」だけを見ても、時計時間をはじめさまざまな時間性が相互に交差し、ぶつかりあっている。通常、私たちはこうした異なる時間性が同時に存在していることに気づかないし、これが当たり前になってしまっているので意識して統合する必要もない。にもかかわらず、私たちはみな、時間を認識しており、時間性を経験しているのである。

第二に、時間性が異なれば、その時間に関する経験も違うはずだと思いこんでしまうが、時間性の違いは経験のされ方の違いにのみ還元されるものではない。実際の人々の経験を実証することによってのみ、時間性の構造化に関する知が獲得できるのかもしれないが、経験がすべて時間性に関連しているとは限らない。時間性は実際の社会過程のなかで、あるいは社会過程によって構成されているのだとしても、時間性もまた、その社会過程を構成する要素になっているからだ。

では、一般的な議論として、時間性を焦点化することによって、その分析はどの程度までジェンダー内部やジェンダー間の差異を正確にとらえる体系的手法となりうるのだろうか。具体的な資料、対象を実際に分析しようとすると、複数の女性性（そして複数の男性性）との関連で複数の時間性が存在するという問題に直面する。しかし、特定の女性集団と男性集団に固有の時間性についての具体的な知の基盤がなければ、ジェンダーと時間性を概念化する一般的な枠組を発展させていくことはできない。そのため、この章では織工と臨時雇いの女性労働者の時間性そのものを、また、彼女たちにとって、その時間性がもつ意味を重点的に検討し、引き続きフェミニスト理論、さらにはより広く社会理論に関連づけて分析していくことになる。

時間は近年、現実問題としても、理論的な課題としても改めて大きく取り上げられるようになった（Harvey, 1999b）。時間はこれまでになく守られ、管理され、なによりも無駄にしてはならない貴重なものとなっている。そうした時間の追求は果てしなく続けられている。半世紀以上も「標準」とされてきた労働のパターンは、新たな生産体制と「柔軟な」雇用（「ジャスト・イン・タイム」生産方式、〔就業時間が定められていない雇用契約を結び、呼び出し（オンコール）に応じて働く〕「ゼロ時間」契約や、〔決まった作業場所を持たず、ITなどを利用してどこでも作業環境とする〕「ホット・デスキング」、自宅でのテレワークなど）によって崩れつつある。時間の貴重性を示すかのように、「クオリティー・タイム」、「タイム・マネジメント」といった新しい用語も登場している。雇用機会均等委員会やEU労働時間指令がやったように、イギリスでも同様に、公共政策シンクタンクや政党が労働時間の新たなあり方に関する調査検討を行っている（たとえば、Hewitt, 1993; *Demos Quarterly*, 1995）。これら本質的な「時間」の転回と見なされるものは、社会科学の各領域で発刊されている時間をテーマとした大量の刊行物（たとえば、Adam, 1990, 1995; Osborne, 1995; the journal *Time & Society*）とはまったく違ったものであることは一見してわかるだろう。

時間性はこのように、現代を分析するうえでの代表的なテーマであり、それを本章では過去を再解釈する手段として用いる。その意味で、時間性という枠組は〔調査者が〕外から押しつけたものだ。時間性という分析視角は調査対象となった女性の証言から自然に出てきたわけではないし、調査対象となった女性の側から課題として投げかけられたものでもない。にもかかわらず、彼女たちの話には時間と時間性があることは歴然たる事実であり、その日常の活動と生涯のあらゆる場面に、多様な形の時間性と時間に関する規則が存在し、交差していた。それらは語られることもなく、暗黙の了解とされていたものがほとんどだったが、話に出てくる他のさまざまな事柄を糸口として再構成することができた。しかし、調査対象の女性が時間性というものを明瞭に意識し始めると、〔自分から〕自分の記憶に思いをめぐらせる手段として時間性を積極的に使うようになった。時間性という調査の道具が、自分の過去はどうだったか、当時のことを今どんな風に思うかを回想するための強力な梃子となったのである。

一九三〇年代の働く母親が難なく調整してきた複数の時間性を振り返り、分析することも、現在の時間をめぐる議論の役に立つだろう。女性については少なくとも、言われてきたほどには標準的で抽象的なクロノメーター時間が他の時間に対して圧倒的に優位だったわけではない可能性があり、かくも広く懸念材料とされている、現在の標準的時間の不安定化もまたフィクションであるかもしれないからだ。そのフィクションの背後にあるものを見ることによって、歴史認識の欠如のみならず、時間概念の男性型定義による支配も明らかになるだろう。

社会学と時間、理論、そしてジェンダー

時間は今日、社会的課題としておおいに議論されているが、そのことをもって社会学が最近になって、突然、時間を発見したと受け取るのは間違いだ。古典的理論家から二〇世紀の思想家まで主流、傍流に関係なく、時間は議論されてきた。マルクスの商品交換と搾取に関する理論の前提となるのは「抽象的労働時間」である。ただし時間という要素が転化と価値の基礎となることは問題にはしなかった。ウェーバーにとって近代の合理性、「合法的―合理的」社会への移行は日常化と官僚制化の過程であり、その移行過程ではプロテスタントの倫理とその制度化に付随する抽象的なクロノメーター時間が大きく作用した。マルクスが商品化、ウェーバーが日常化を強調したのに対し、デュルケームは時間の統合的・社会的同期化機能を強調した。デュルケームとその流れをくむフランス文化人類学派にとって、時間は社会的生活、つまりある特定の社会にとっての文化的リズムの形成と連動する時間的な手続きから派生する集合的現象のことである（Hassard, 1990）。

ギデンズの概念枠組にとって、時間は、これら古典的理論家よりもさらに明示的で欠かせないものとなっている。ギデンズは理論の展開過程で、時間性への重点の置き方とその解釈を変化させてきたが、その構造化理論の中心には時間を据えており、沈殿や日常化、「時間—空間距離化（間隔化）」、知の再帰性、商品化された時間といった概念を維持している。ギデンズは社会的再生産における反復性という側面を時間として概念化し、「相互行為のパターンは時間の経過のなかにしか存在しないのだから、相互行為は時間の経過のなかで検討されてはじめて「パターン」となる」とする（Giddens, 1979: 202＝邦訳二二四頁）。このように、ギデンズは時間を社会的実践の反復を通じて構成されるものととらえ、変動、革命と同様に、秩序と安定性も時間に関わっていると見ていた。

理論家によって時間の解釈が異なるのは、理論の全体枠組が違うからである。実際、理論を読み進めると、時間の理論は前提とする理論的視角に「調和する」ように論じられていることがよくわかる。したがって、機能主義、象徴的相互作用論、現象学、社会構築主義など、時間に関する幾多の理論はそれぞれ時間性の異なる次元を強調するが、それが理論そのものの違いに由来することは容易に理解できるだろう。

これら理論を概観していくと、彼らは「誇大理論」、つまり「社会とはこのようなものである」とトータルな解釈を位置づける概念枠組を書くうえで、その一部として時間の理論に挑んでいったことがわかる。時間は全体枠組に付随するものとしてよく登場するが、それは包括的な理論を完成させるために取り入れられているにすぎない。ブルデューが行ったアルジェリア・カビール地方の分析（Bourdieu, 1963）、ゼルバベルが手がけた病院における時間や暦の分析（Zerubavel, 1979, 1981）などいくつかの注目すべき例外はある。しかしどちらかといえば、実質的に時間の理論は歴史的、実証的な資料を抽象的に組み立てた理論の例証として扱っていることが多い。

理論構築にあたって社会過程の意味をとらえる分析に力を入れるよりも、理論自体の一貫性に関心を集中させ、理論そのものの完成に力を入れるようなアプローチは、今日では受け入れられない。こうした「高見に立つ」理論的アプローチでは、時間性や他の社会過程を具体的な現実に根差して検討する実証研究を瑣末なもの、あるいは重要度の低い「小さな」事例研究のようにとらえている。大きな図式を論じる研究者がたとえ実証的な事例研究を使って自身の理論を補強したとしても、実証研究自体はそうした大きな理論どうしの論戦に影響を与えられないのだ。だが、実証研究の視点から見ると、時間に関する「誇大」な理論の多くは危険な方向、つまり、一つの大きな図式にすべてを落とし込むような誇大妄想的なプロジェクトになりがちだ。

時間に関する文献サーヴェイをした結論は、バーバラ・アダムと同じく、時間に関する理論はあまたあるものの、そのほとんどは時間そのものの実際のありように目を向けていない（Adam, 1990, esp. Chap. 1）ということだった。さまざまな理論を読み解き、時間に関する新しい、多様な見方、考え方に触れ、大いに刺激を受けたが、それらが現実の分析にとっては情報提供以上のものとなったかどうかはわからない。いかに時間に接近するか。その混迷かの出口を見つけるのに有益だったのが、ラトゥールの「分類こそが時間を作りだすのであって、時間が分類を生みだすのではない」（Latour, 1993: 76＝邦訳一三四頁）という短いコメントだった。また、時間そのものについての理論を展開しようとしたエリアスの論考も役立った。エリアスにとって時間とは、一つの流れをもつ出来事の参照点であり、別の流れを持つ出来事を明確化するシンボルである。時間は直接には比較できない出来事を比較可能にするために人間が発明した道具であり、手段である。「複数の出来事の間断のない流れのなかに、それらの位置や一連の配列が絶えず、存在しており、その位置や経過は並列しえない」（Elias, 1992: 10＝邦訳一〇頁参照）。そのため、時間は一つの流れをなす出来事がもつ反復的パターンを標準化する参照点として必要なのだ。時間はこのようにして「二つ、あるいはそれ以上の連続的に動く事象経過の位置や単位を互いに関係づける」（Elias, 1992: 10＝邦訳一〇頁参照）のである。

エリアスは時間に関する文献に共通して見られる混乱にこう警告する。時間という測定の道具を測定の対象と取り違えているのではないか。そして、こう強調する。時間とは客観的に存在する流れの概念的な「模写」でもなければ、すべての人々に共通するカテゴリーや経験に先立って存在するカテゴリーでもない。(Elias, 1992: 8＝邦訳八頁参照)

エリアスはさらに、これを時間と同じく人が作り上げた装置であるボートのたとえを用いて説明する。ボートが川や海を航行する際、ボートが海図を確かめながら川や海を作り、空間化しているわけではない。同様に、時間という装置が出来事を作り上げるのではない。ボートは海や川と同じ存在論的実在であると主張する人はいないだろうし、ボートを作る人がボートという先験的概念にならってそれを作ったと解釈することもないだろう。同じことが時間に対しても言えるのではないか(1)。

時間一般とは異なり、労働時間については、とくに労働や経済を研究領域とする歴史家や社会学者が主題として取り上げてきたため、具体的な事実に根ざした研究が多く蓄積されている。その多くがトムスンの有名な論考を出発点にしている。その論考で、トムスンはタスク(課業)中心の労働から時計中心の労働への移行を明らかにし、それが工業資本主義の成立と同時に起きたという仮説を打ちだした。時間は社会統制の手段であり、雇用主は工場での規律の道具として労働者に時間を押しつけた。トムスンは商品領域の拡大とプロテスタントの倫理、時間の節約との間にある結びつきを強調するマルクスやウェーバーら論者にならって、どのようにして時間が階級支配の道具、工業労働者の従属と支配の手段となっていったのかに注目した。新たに登場した時計時間が優位になっていったこと、家庭と仕事の分離が強化されたこと。それらが必然的にもたらした結果は、仕事と生活をこれまでとは異なる形で新たに区分することであった。それにともない、雇用主の所有物だと現在見なされている労働時間と、自分の時間あるいは自由時間という対比が登場したのである。トムスンはこう表現する。

雇われた労働者は雇用主の時間と「自分の」時間との対比を経験する。そして、雇用主は彼が雇い入れた労働者の時間を使わなくてはならない、無駄にしてはならないものだと見なした。そのタスクではなく、貨幣におきかえられた時間の価値が支配的になった。時間は今や貨幣となった。それは過ぎていくものではなく、費やすものなのだ。(Thompson, 1967: 61)

売り買いされるものとしての時間と対比してはじめて、「自由」あるいは「自分の」という時間の認識が登場する。時間が商品化された状況がなければ、何か「から自由」になる時間はないからだ。この時間のとらえかたは本章後半での女性の仕事/時間に関する議論において重要なものなので、覚えていてほしい。トムスン以降、多くの論者が仕事/時間に関する議論をしているが、以下の点に関しては、その議論の本質がジェンダー化されていることもあわせて指摘しておこう。トムスンらの議論には、男性工場労働者が置かれた状況とその経験が女性工場労働者にもあてはまると(非論理的に)仮定する傾向がある。しかし、特定の女性労働者集団に分析の中心軸をおいてみると〔後述するように〕、タスク中心の労働と時計中心の労働という区分は男性ほどには絶対的ではない。

一方、ジェンダーはこれまで見てきた理論にどのように組み込めるだろうか。フェミニスト理論は時間性とどう関わってきたのだろうか。フェミニスト理論は時間性の領域に本格的に取り組んでこなかった(こう書くと驚かれるかもしれないが、仕事から帰宅した後に待ち受ける家での「セカンド・シフト」「二重役割」、あるいはライフコースや身体に研究者が関心を払ってきたとはいえ〔本格的とは言いがたい〕)。かといって、誇大理論はもちろん、歴史的観点からの分析でもジェンダー化された時間性の問題をまじめに取り上げてはこなかった(ということには驚きはしないだろう)。フェミニスト研究には、交換価値を媒介するものとして一切の文脈から切り離された抽象的時間に異議を唱え、女性の時間に埋め込まれたものの特徴に注目する研究がわずかながら存在する(Adam, 1995: 99; Davies, 1990)。そこでは単に費やす時間、使い果たす時間ではなく、資源としての時間を生みだし、時間を「与える」女性の能力に着目し、女性が感情労働を通して自分と他者のための時間を作りだす点を新たに強調している

(Hochschild and Machung, 1990)。

時間の分析にジェンダー視角を導入するとは、単に「女性」「男性」の時間があり、女性には女性全体に、男性には男性全体に、それぞれ共通する時間の経験があるという意味ではない。それなのに、フェミニストの批判はE・P・トムスンや時間へのアプローチに見られる近代主義的二元論を、〔時間の〕ジェンダー分離として書き直す(2) (Forman and Sowton, 1989) という本質主義につながるあやまちを犯すことになった。循環的な性格をもつ時間と直線的な性格を持つ時間 (Kristeva, 1981) という二分法である。女性の時間を循環する時間、すなわち生物学的リズムと人生の各段階に応じたもの、それに対して男性の時間をより産業時間に近い、直線的かつ進歩主義的なものと概念化したのだ。

この〔考え方にある〕本質主義的な傾向は賃金労働者としての女性の状態と、有償雇用の時間管理との間の緊張・対立・葛藤を軽視することにつながる。女性の状況がいかに実態として、またジェンダー化された影響のもとにあろうとも、それは男性賃金労働者の経験と同じであるととらえることになるからである。組立ライン工の女性に対して、雇用主は賃金を支払っている一分一秒に、より高い生産性を求める。(3) 組立ライン工の女性が経験する時間と貨幣の交換の対極に、正式な雇用契約のない家事使用人がいる。その仕事の時間には上限がなく、雇用主は昼夜を問わずいつでも家事使用人の時間を要求できる。(4) 組立ライン工であろうと、家事使用人であろうと、そのいずれの賃金労働にもそれぞれにジェンダー化された時間的関係が存在する。有償労働の時間ひとつとっても、このように異なる職業や産業によって、まったく違う形で組織化され、期待され、それに応じた女性の経験、困難があるとするならば、(有償労働の時間と女性労働者の間の関係は一様ではないのだから) 時間と女性一般との関係はなおのこと、それぞれに異なっていて当然なのだ。

織工や臨時雇いの女性労働者と時間性とはどのような関係にあるのか。その検討を通じて、時間がジェンダー化をともないながら構造化される過程に存在する、この二つのグループの違いが浮き彫りになるだろう。分析ではクロノメーター時間、つまり時計時間を扱っている部分もある。時計時間は線形時間の総和であり、数えたり、測ったり、足し引きできる。しかしながら、織工と臨時雇いの女性労働者はそれぞれ〔後述するように〕異なる形で時計や日課をはるかに越えた時間と関係を持っている。時間性の様相における両者の違いを示しながら、以下、分析を進めていこう。

「時間の経済」

私が見るところ、時計時間はいわゆる「時間の経済〔あるいは時間の節約〕」という便利な用語で表されるものと関係がある。これまで検討してきたように、時間は貨幣よりもさらに広範囲で多種多様な交換の媒体として概念化できる。時間は商品として売買されうる。時間はその配分と使用をめぐって潜在的にあつれきを起こす希少資源であるともいえる。また時間の交換は平等にも不平等にもなる。他者の時間やその過ごし方、時間をかけた成果をわがもののように横領し、搾取できる地位にある人もいる。時間は、以下のような関係に見られるような、権力の統合的次元を作っているといえるだろう。ある人は他の人々より、時間を管理する権限を持ち、〔自分だけでなく他の人たちの時間も含めて〕何をすべきかを決定できる。時間の交換には貨幣が使われることが多い。フォーマルな有償雇用では、労働時間と貨幣が直接的に交換される。貨幣があれば労働の生産物の購入を通じて、間接的に時間を買うこともできる。だが、直接的か、間接的かにかかわらず、貨幣で交換できるものは時間に関連する交換に比べれば、限定されている。時間の交換、あるいは時間使用の配分には、金銭のやりとりをともなわない労働諸活動も多く含まれているからだ。

このようにして労働の分析枠組を発展させていけば、貨幣交換に限定した枠組とは対照的に、幅広く労働というものをとらえられるだけでなく、女性の労働および仕事におけるジェンダーの差異を正面に据えて考えるための適切な概念がもたらされる。労働という活動を包括的にとらえる際、時間をその基盤とすることで、有償雇用とともに、家事をはじめとする家庭内労働、ボランティア活動、さまざまな形でのケアする行為やその他の賃金をともなわないもの（non-waged work）をも「労働（work）」として概念化し、把握する方法も編み出せるだろう。共通の測定基準として時間を用いる利点はさらにある。時間は、報酬の有無に関わりなく投入された労働を定量化できるからである。報酬の有無、その仕事にまつわるさまざまな諸関係やそれが発生している経済的空間の違いなどとは無関係に、「だれがだれのために何をするのか」を数値で表す、つまり定量化しうる。さらには労働の横領（ことによると「搾取」）の算出すら可能になるような新しい方法が生み出されるかもしれない。

ただし、そこには定量化自体の短所も同時に含まれることに注意したい。定量化は、すべての労働諸活動を事実上、同質化する操作があってはじめて達成される。時間性が比較の尺度として定量的に操作できるのは、次の場合に限られる。異なる社会経済関係において行われる活動を特徴づける多様な時間性のうちから、標準化した形態の時間を抽象的に考えられる場合である。〔しかし〕そうすると、時間という観点から、あらゆる種類の労働とそれらの間にある違いを理解しようとする当初の試みは失われ、すべてをひとつの枠組におさめる一元的モデルの構築という還元主義にまたはまりこんでしまう。労働にはさまざまな形態があり、時間性の多様性をも含めてその違いを認識しようという観点から時間に注目したこと自体が無に帰すことになるのだ。

時間は中立的でも、客観的な存在でもない。それは時計時間でとらえられている勤務時間にも当てはまることである。(5)「時間の経済」といっても、時間は自然に与えられる財産であるとか、何かを生みだす原因だと評価しないよう注意しなくてはならない。そのうえ、商品の交換にとどまらない、さらに広い視角から時間を眺めれば、もはや時間というものを同質的な性質を備えた媒体として見なすことはできなくなる。たとえばマルクスですら彼の理論において時間を「抽象的労働時間」という概念に限定し、そうして焦点を絞り込んだうえで、抽象的労働時間——これは広い意味でクロノメーター時間と等価であると考えられていた——を、市場の交換を通じて確立、証明しうるものとしていた。

時間利用調査[6]や、生活時間調査[7]の場合、〔時間に関して〕標準的単位という単純化した観念を用いて操作的に測定することにならざるを得ない。そのため、組立ラインで働く一時間はたとえば犬の散歩の一時間と同じ一時間だという換算は特段、問題にはならない。しかし、経済圏や社会関係が違えば、時間消費は比較できない。それらは明らかに同質ではない。時計時間以外に換算する共通の外的基準がないから、単純に時計時間で置き換え、換算していいというものではないだろう。クロノメーター時間を一つの枠組として設定し、異なる時間性に従って起きる出来事を落とし込む手段として考えることはできるが、クロノメーター時間を数える、計る、換算するための普遍的な基準とすることとは別の問題だ。犬を散歩させることと、組立ラインで働くことはそれぞれまったく異なる時間性を有する活動であり、その活動にかかった時間を計ってもほとんど何もわからない。犬の散歩と組立ラインでの労働とを等価換算する媒介物がない以上、この二つの活動を線形時間で測定できても、両者を同等なものと見なすことはできない。それではエリアスが指摘したボートと川の問題にあえて飛び込むようなものだ。またもや測定の手段と測定の対象とを混同してしまうことになる。

時計による計測の問題は複数の活動が同時に行われている場合、いっそう深刻な事態をもたらす。ここにアイロンがけをしている女性がいるとしよう。彼女はアイロンがけをしながら、テレビを見ている。洗濯機では一時間半ほど前から大量の洗濯物が回っており、まもなく洗濯物を乾燥機へと移すことになっている。洗濯機の音に耳を澄ませていると同時に、その目はオーブンにも注がれている。オーブンでは少し前に下ごしらえした食事が調理されているからだ。しかも、ここは彼女の自宅ではなく、高齢のおばの家でのことであって、この作業の間、彼女たちはずっとおしゃべりをしている。この女性が一度に多くの異なる活動を請け負っていることは明らかだ。調理、洗濯、アイロンがけといった生産労働・再生産労働に加え、高齢のおばのケアもしている。テレビの視聴は余暇として見なされるが、この場合はおばに対するケアと感情労働とをとりもつ行為だと考えるほうが適切だろう。しかし、これらの活動はいずれも現実には区別されずに行われている。とりわけ重要なのはここでは実に多様なことが行われているのだが、それらがすべて時間的に統合されていることだ。現在の生活時間研究はこの問題に取り組もうとしている。

時間をみる中立的で客観的かつ外的な枠組がないからといって、それぞれの仕事に固有の時間性を均一化し、その質や経験、意味の違いについてはあいまいにするということは慎むべきだ。すべての労働を時間〔の長さ〕で等価に扱って取引をする共同市場ないし一般市場は存在しないのだから、家庭経済における時間の交換と、商品生産における時間の交換との間で生じる不平等を測定することはおそらく不可能だ。あらゆる種類の労働形態を一括して扱える時間の計算システムを作ろうとしても、それは結局、すべての時間を時計時間というたった一つの次元に還元することになり、時間という〔分析〕視角の持つそもそもの有用性を失ってしまう。時間を貨幣のように一つの次元で定量化すれば、時間利用調査の価値は否定されかねないからだ(8)。

時間性の次元──織工と臨時雇いの三つの違い

本章の中心となるこの節では、再度、織工と臨時雇いの女性労働者との違いを取り上げるが、ここでは時間に焦点を当てて論じたい。この二つのグループの時間性は三つの次元で異なっていた。順を追って説明しよう。まず、フォーマル経済とインフォーマル経済の双方にそれぞれ賃金労働、家庭内労働、余暇が含まれており、それらはすべて仕事／時間の時間的構造が異なっている。次に、ライフコースにおける出来事の時間性が織工と臨時雇いの女性では異なっており、それぞれの経験を異なる形で構造化している。最後に、公私の分離に関して二つのグループは明らかに異なっており、両者の違いは主として時間性に由来する。

ここまでの論点をふりかえってみよう。本章のテーマは時間性の経験とその理解にとどまらない。時間性の構造の違いも本章のテーマとして視野に入れている。その際は主に女性の経験を通して時間性の構造の違いを確認していくが、その眼目は時間的構造の経験のされ方にあると考えないでほしい。また、時間性の形態は多様であって、クロノメーターな線形標準時間はその一つでしかない。確かに、現代の生活では、時計時間が君臨しているが、時計時間が支配的になったのは特定の時間性の影響力がもたらした結果であって、時計時間そのものに原因があるわけではない。時計時間が支配的だからといって、それ以外の時間性および社会過程、社会関係に内在する時間的な次元が時計時間によって一掃されてしまったわけでもない。両者は相互排他的ではないのだ。クロノメーター時間はさまざまな形態の時間性と共存しており、二者択一のアプローチをとる必要はない。クロノメーター時間が重要となる分野と、それぞれの時間性のありよう、そして、さまざまな時間性の交差のあり方がここでの最大の課題である。

時間、貨幣、労働の交換

臨時雇いの女性が、工場のパートタイム労働を含め、多種多様な仕事をかけもちしていたことを念頭に置いてほしい。その総労働時間はフルタイムの雇用労働者の労働時間と同じになるか、一日一〇時間をはるかに超えることも珍しくなかった。臨時雇いの女性の賃金労働は夜間清掃やパブで働くといったフォーマルな雇用関係と、他の女性から頼まれて洗濯をする、子どもを預かるといったサービス提供などのインフォーマルな雇用関係の双方にまたがっていた。また、夫の援助もほとんどないままに、きわめて労働集約的に、自分の家の家庭内労働を一手に引き受けていた。

これまで何度か登場したアニー・プレストンはその典型だ。彼女は清掃作業員として夜通し働き、家族五人の世話をし、そのうえ、公営の共同洗濯場で女性二人から頼まれた洗濯をしてお金を稼いでいた。時間という点から重要なのは、この有償で請け負った洗濯という労働が自身の家庭内労働と分離されて行われていなかったという点にある。洗濯場では他の女性に頼まれた洗濯物だけでなく、自分の家の洗濯物も一緒に洗っていたのである。

他の臨時雇いの女性労働者にも同じことが言える。頼まれて、よその家の子どもを預かる。家族ではない人の夕食を用意する。彼女たちはこの手の仕事にまつわる活動の時間と自分が受け持つ家庭内労働の時間とを分けていない。さらに、余暇あるいは「自由」な時間と家庭内労働を明確に分ける何か公式的な時間設定があったわけでもない。このような彼女たちの時間の配分を有償労働、家庭内労働と余暇と区分してもあまり意味はない。

だからといって、臨時雇いの女性が時間のプレッシャーを感じていなかったというわけではない。それどころか、アニー・プレストンが言うように、すべてをこなすのにいつも時間に追われていた。だれもが掃除、料理、洗濯、子どもの世話についての日課、一週間の決まった流れを詳しく語った。時間のあるときに全部やりこなすには、前もって〔課業を遂行するための作業手順や課業を行う順番などの〕効率的なやり方をしっかり考え、日・週単位で作業を割り振り、課業を合理的に順序立てて行うことが大切だと強調した。

社会活動もジェンダーで厳格に分けられていた。大半の夫は帰宅して夕食を終えると、すぐにパブへ向かった。食事を済ますと、後は男どうし、飲んで夜を過ごすのである。夫の余暇時間に比べ、女性の余暇時間はきわめて制約されており、家で他の女性たちと時間を過ごす以外に決まった余暇時間の過ごし方はなかった。定期的に映画に行ったと言う女性は多かったが、パブに通ったという女性はまずいなかった[9]。このような妻の時間とは対照的に、男性の時間は厳格に区分されていた。賃金で買われる時間が仕事の時間であり、それに対して、余暇は自分自身の時間であった。その余暇とは女性に食事を用意してもらい、夜の街に繰りだすことだった。

アニー・プレストンはこう語った。

> 男の居場所は職場、女の居場所は家庭。男の人が仕事から家に帰ってくるまでに、全部、支度を済ませているのが当然とされてましたね。男の人が家でやることといったら、手を洗って、座って、目の前に食事が出され

るのを待つだけ。そういうものだったわよね。

同じことを夜勤の多かった夫を持つローズ・ウィットリーも言う。

――お連れ合いは、少しは手伝ってくれたんでしょうか。

ローズ・ウィットリー　そういうことはなかったですねえ。家のことは全部、私の仕事。それが夫の考えでしたから。家のことはまったく関係ない。自分の仕事は家に賃金を持って帰ってくることだ。それでおしまい。

――夫婦でゆっくり顔を合わすことはなかったんでしょうか。

ローズ・ウィットリー　ありませんよ。お帰りなさい、行ってらっしゃい。そんな調子です。それに夫は週のうち六日が夜勤だったから。日曜日の夜から土曜日の朝までずっと夜勤。土曜日の朝に家に戻ったら、夜には飲みに出かけて晩ごはんを済ませてくる。そして日曜日の夜にはまた仕事。その一〇年間というもの、子育ては私一人でやったんですよ。

夫は夜勤で働き、ローズ・ウィットリー自身もたくさんの仕事をかけもちしていたが、それでも、家計は苦しかった。四〇年が過ぎた今も、その当時、一週間の食費をどうやりくりしたかを彼女は正確に覚えていた。

ローズ・ウィットリー　いまでも子どもたちとこの話をしてはみんなで笑うんですけどね。週末に日曜日のためのロースト用のラム肉を買ってそのラム肉を水曜日か木曜日までもたせるわけです。どうしたかって？　日曜日にはロースト。月曜日にはその残りを食べて、火曜日はその残りを使ってポテトハッシュに。水曜日にはジャガイモばっかりのところに、またジャガイモを足す。木曜日にはそこにさらに、固くなったパンくずをのっける。そうやってもちこたえるしかありませんでした。賃金が本当に安かったですからねえ。

――すると、金曜日と土曜日は?

ローズ・ウィットリー　そうね、賃金をもらうから、金曜日にはフィッシュアンドチップスの店で売っているものなんかにしてましたよ。

男性は賃金を持って帰ってくることで世帯に貢献したが、妻の労働と時間をわがもののように横取りしたのに対し、妻は収入、労働、時間のすべてを差しだした。だが、臨時雇いの女性の時間を横取りしたのは夫だけではない。雇用主や彼女たちのサービスを求める他の女性労働者も横取りしていた。賃金労働と家庭内労働をめぐる不平等はジェンダー化され、互いに不平等を強化していった。時間はそれら不平等を統合的に構成するものだったのである。与えるにしろ、売るにしろ、交換するにしろ、どの時間の方程式においても彼女たちは失う側にあった。臨時雇いの仕事／時間はこのような経験を通じて、独特のジェンダー化された時間性を構成していった。

これに対し、織工の状況はまったく異なっている。彼女たちはフルタイムで、「標準的」でフォーマルな雇用に従事していた。出産で休んだ短い期間を除き、学校卒業後から定年まで継続的に生涯にわたって働いた。〔家事省力化に役立つ〕耐久消費財や調理済みの食品を購入し、他の女性に託児や洗濯を頼めるだけの賃金をもらっていた。臨時雇いの女性たちに比べ、織工の女性たちの家族は世帯規模も小さく、夫は料理、掃除、子どもの世話に関して何かしら分担する傾向があった。

織工が「仕事」について語るとき、臨時雇いの女性の場合ほどには家庭内労働を重要視しておらず、その件に触れてもらうのも難しい場合が多かった。リリー・ハント（第3章）は家の仕事をどう切り回していたかを簡単にしか話さなかった。キャス・ヒントン[10]の場合はさらにそっけない。

――それで、勤めておられる時には、家事全般をどうやってこなしていたんですか。

キャス・ヒントン　そうね、夜にやっていましたね。子どもが寝た後にね。

――曜日ごとに家事を割り振っていたんですか。

キャス・ヒントン　いいえ、とくに決まった日課はなかったわね。やりたいと思ったことをやっていました。毎晩、やらなければならないこともあったけれどね。

家事に日課など決まりごとはないと明言したキャス・ヒントンは、珍しい例ではある。リリー・ハントをはじめ、話を聞いた織工の女性たちはみな、手際よく家事をこなすには作業の手順や日課を定めることが必要だと強調し、自分が手がけるべき家庭内のさまざまな課業をそれぞれ時間単位、一日、週単位で割り振っていた。しかし重要なのは、臨時雇いの女性とは異なり、織工の女性は夫の時間を組み込んで家庭内労働を組織していたことである。とはいえ、織工の女性の多くは明らかに、そのような日々の決まりごとには詳しく語るほどの価値はないと考えていた。この件については言葉少なにしか語ろうとしなかったことを考えれば、自分の一世代前の母親の日課についてはあらゆることを詳しく語ったことは注目すべきことだろう。たとえば、一九〇八年生まれのボルトンの織工「JP」は一〇代の頃、工場での有償労働を終えて帰宅した後、自分に割り振られていた家の仕事の様子を詳細に語っている（第4章参照）。六〇年以上の時を経てなお、そうした家での作業やその作業の時間が彼女の記憶に刻まれていたのである。

「JP」たち女性織工が大人になり、子どもを持つ頃には状況は一変していた。自分の世代が経験した家庭内労働よりも、母親世代が経験した家庭への目配りや家族の身の回りの世話はもっと重労働であった。そんなことから、母親と暮らしていた娘時代の記憶が刻みつけられたのだろう。（当時はまだ存在していなかったが）家事省力化に役立つ耐久消費財を利用することもできず、他の女性の労働力を購入する経済力もない母親は、娘を頼るほかなかったのである。
ここまでで織工の女性と臨時雇いの女性労働者が時間に対して同質の関係を有していなかったことは明らかになったと思う。それだけでなく、有償雇用や世帯への責任という点で、どの程度、時間を管理できるかといった裁量も異なっている。

労働日における時間構成も違っていた。織工のグループでは一日をここまでは労働の時間、ここからは家庭内労働の時間、あるいは非労働時間というように、それぞれ別個の時間として明確に線引きをし、ひとかたまりの時間として区分けしてとらえていたが、臨時雇いのグループにはそこまで明確な線引きはなかった。織工の女性は雇用契約下にある「職場」ですべての有償労働を行っており、それゆえ、一日のうちで「仕事」と見なすものと、彼女たちが仕事として見なしていない一日の残りとを時間的に（また空間的にも）、明確に切り換えるポイントがあった。それができたのは給料で家事サービスや耐久消費財を購入し、時間を買える立場にあったことや、時間の使い方が夫とそう大きく違わなかったということがある。したがって、織工は時間を貨幣に交換する場合においても、貨幣を時間に交換する場合においても、臨時雇いの女性よりも強い立場にあった。織工の女性たちは貨幣で時間を購入し、有償雇用で得る比較的高い稼得能力によって、時間と引き替えに貨幣を獲得することができたのだった。

しかし、臨時雇いの女性の場合、まったく違う種類の労働活動を行っているにもかかわらず、その活動を構造的にも、時間的にも分けてはいない。有償で提供する家事サービスと自分の家庭内労働を同時にこなし、その二つの労働をフォーマルな職場ではなく、洗濯場や自宅で行ったのだ。このように、賃金労働に関わる活動とそこにある関係性は、それとは別個にある労働・非労働に関わる活動とその関係性に深く影響を与えていたのである。商品化された時間が商品化されていない時間に埋め込まれているため、事実上、この二つの労働時間〔の織りなす関係〕の兼ね合いを見計らいながらやっていたのである。それは商品化された時間と商品化されていない時間が区別されていた織工の女性とは異なっていた（臨時雇いの女性にとっての時間の主要な特徴と分析上の含意については後述する。モダニティと産業主義は一般的に、労働時間を一元的にとらえているが、その労働時間概念に対して臨時雇いの女性の状況は疑問を提起するものである)。臨時雇いの女性にとって、労働時間は公式的に決まったものでも、時間的に明確に分けられるものでもなかったので、その時間配分を仕事か家庭内労働か、余暇かと線引きすることは意味をなさない。だが、夫の活動とはまったく異なっており、その時間の使い方に埋めこまれている関係もまったく異なっていた。夫は家庭内労働には時間を割かず、有償労働の時間を余暇時間と完全に切り離していたのである。

これらのことから、時間の管理という問題を考えると、一見、織工の女性より臨時雇いの女性のほうが有利なように思える。確かに、臨時雇いの女性労働者に比べ、織工の女性のほうが家での時間管理という点での裁量を持っていた。家の仕事に関わる時間が必要だと夫に要求することもできたし、自分の労働を代替するためにお金で時間を「買い取る」こともできた。しかし、裏返せば、織工の女性たちが有償雇用の場では家庭領域での時間管理と同じような時間管理はできなかったということでもある。織物工場にいる間、自分で時間をどう使うかを決め、その流れを管理する地位にはなかった。出来高払いが中心の賃金体系では、織工に全速力で働くよう相当な圧力がかかるので、好きなように時間を使える状況はまずなかった。周知のことではあるが、織工は労働時間を売り、その見返りに賃金を得るという古典的な条件下での賃金労働をしていたのである。織物工場での過度な〈時間の〉プレッシャーが、家庭領域での〈時間の〉プレッシャーを緩和させる。織工の生活を構成する二つの領域にはそのような相殺関係が存在していた。

一方、有償労働に関して、臨時雇いの女性労働者はいつ何をどのようにやるかを自分で決定できるので、比較的自由に時間管理ができるように見える。自分の都合にあわせて仕事を「びっしりと詰め込んで」、そのなかから、どの時間帯にフォーマルな雇用で働くかを選ぶこともできた。仕事を請け負う場合も、どの日、どの時間にその仕事をするかについて、ある程度、裁量を持っていた。そうしたことから、織工の女性に比べ、臨時雇いの女性は自分で仕事の日をどう組み立てるかを決めており、時間管理に裁量を持っていたように見える。しかし、それは表面的な解釈だろう。臨時雇いの女性も同じくお金を稼ぐために時間を売る必要があった。労働時間をどう使うかに関する柔軟性が（織工よりもあるように見えてもそれは）、時間管理のすべての権限が与えられていたのではなく、単なる調整、やりくりのレベルにすぎない。(11) その時間のやりくりにある程度の融通を利かせる柔軟性はあったが、だからといって織工の女性たちよりも時間そのものを実質的に管理できていた、ないし「時間をわがものとしていた」と結論づけると解釈を大きく誤ってしまう。(12) 織工とはまた違った形ではあるが、彼女たちも時間のプレッシャーのもとで、時計と競争しながら働いていたからだ。

この二つの労働状況の違いを見れば、先に述べた論点の重要性がわかるだろう。労働が異なる経済的諸関係において行われる場合、その時間使用を共通の尺度で定量的に測定することはできないという論点である。異なる種類の仕事には時間の質的な違いがあるので、その仕事が別個の経済的空間で行われている場合に、同じ尺度で時間の使用や交換を測定する、つまり同等のものとして扱ったり、足し引いたりといった量的な扱いは適切ではないのだ。

時間の交換において、女性織工と臨時雇いの女性には二つの次元で違いがある。一つはフォーマル経済とインフォーマル経済のいずれに与しているかとは関係なく、雇用主がいる有償労働という次元において、もう一つは夫や他の女性が関係する家庭内労働の次元においてである。クロノメーター、つまり時計時間で見れば、経済面での不安定性と貧困が背景にあるにせよ、臨時雇いの女性のほうが交換に出す総時間は多かった。「自由な」時間という発想はほとんどなく、たとえ「自由な」時間があったとしてもわずかだった。家計のやりくりのために、臨時雇いの女性は自分の時間を他人の裁量にゆだねざるを得なかった。その意味では、織工の女性よりも〔時間を節約する、効率的に使うといった意味での〕「時間の経済」に支配されていた。交換に出した時間を足し合わせた結果と〔一日二四時間で計算される〕時間使用の総計とがあわないとすれば、それは臨時雇いの女性の労働がさまざまな交換関係のもとで行われていたためであり、上回ったぶんは〔同時に複数の〕労働の交換が行われた時間である。

時間を自由に使うという意味での時間管理に関して、この二つの職業グループは異なっているが、その違いを決定づけた要因を一つに特定することはできない。雇用主のせいでも、夫のせいでもない。そうではなく、第3章で論じたように、女性の生活はジグゾーパズルのように、さまざまなピースが一緒にはめ込まれ、それらピースが互いに補強しあっている。そのようなジグゾーパズルに配置されたピースの一つが時間を自由に使うという意味での時間管理なのだ。時間管理という要素は他の要素によって生じ強化されると同時に、この時間管理という要素がその他の要素を再生産、維持する。織工と臨時雇いの女性との間には、時間を自分の好きなように使うという意味での時間管理に違いが見られるが、自分の時間に裁量をもつ女性のほうが、本人がそう意図したわけではなかったものの、自分で自分の生き方を決める機会と権力を与えられることになった。

時間の経験とライフコース

織工と臨時雇いの女性労働者の話から、時間性という点での両者の違いはきわめて広範囲で根深いものであることがわかる。ここまで見てきた日課や仕事だけでなく、ライフコースと記憶の構造にまで及んでいる。

織工の女性は臨時雇いの女性に比べて、年齢やライフステージでの出来事をさほど重視しておらず、結婚は自分の人生を大きく変えた出来事として語られることはなかった。彼女たちは、結婚や妊娠・出産は人生に時間的な区切りをつけるものとしてとらえていなかった。人生は句読点で区切りをつけるものではなく、継続的な時間の流れとしてとらえられていたのである。結婚する前と後、子どもが生まれる前と後というように、結婚や出産で時間を区切り、個人的な出来事や世界的な出来事を記憶していなかった。むしろ自分とは直接関係のない（地域や、国内的、国際的な）歴史事象を軸にした時間のグリッド——位置確認のための座標軸——を作り、そこに人生の出来事を時系列で位置づけ確定していた。母親の死、転居や転職といった個人的な出来事を思い返すとき、戦争の「後」、戦争の「前」、国民医療サービス（ＮＨＳ）ができた「頃」、工場閉鎖の「すぐ後」といった形で、個人的な出来事と歴史的なカレンダーを結びつけながら位置づけていた。

それとは対照的に、臨時雇いの女性は通過儀礼を時間の軸として時系列に自分の人生での出来事を位置づけ、記憶していた。話の中には家族や近しい隣人、友人の誕生や死、結婚が頻繁に登場した。夫と「つきあい始めた」時、自分や他の人が病気になった時、親が弱ってきた時などの個人的な過去の出来事を時間の参照点とし、それとの時間的距離で人生の出来事を語った。ライフコース上の出来事を軸とする時間のグリッドが時間の参照点の基本的な枠組、あるいは個人のカレンダーのようになっており、それを使って、その他の出来事や変化を記憶にとどめていた。

臨時雇いの女性が個人的な通過儀礼に特別な意味を込めるのは、それが自分の経験の時系列的な流れをある程度映しだす鏡だからだ。結婚は織工にとって重要な分岐点ではなかったが、臨時雇いの女性は違った。結婚前、あるいは子どもが生まれる前、臨時雇いの女性はみな雇用労働者として標準的なフルタイムの仕事をしていた。だが、結婚、出産を境にそうした仕事を辞めた。結婚前は実家で親のために家庭内労働を引き受けていたが、結婚を境にそれはなくなった。職場では結婚退職制が導入されており、結婚後はほとんどの仕事から排除されていった。このように結婚は、個人の人生における移行と仕事における移行という二つの移行をともなうものであって、前者は必然的に後者の変化をもたらした。結婚披露宴が結婚の象徴であるように、職場にも儀式やパーティーなどの通過儀礼があった。多くの工場では結婚退職制で職場を去る女性に、その新しい地位をまさに象徴するパン切り包丁を贈る習慣があり、それは工場の公式的な行事だった。

織工の女性の「職業」人生は婚姻や出産、育児といった変化にさほど大きな影響を受けなかった。その人生は有償雇用とともにあり、個人的な変化やライフステージの移行という変化があっても、その背後にはいつも有償雇用があった。そのため、ライフコース上の出来事から受ける影響は臨時雇いの女性労働者とは違ったものになったのである。

このように織工の女性と臨時雇いの女性の人生はきわめて異なる時間性の影響下にあり、その人生の出来事もまったく異なる時間を通して秩序化されていた。この二つのグループでは「人生」の時間の区切り方も異なっていた。その区切られた時間、つまり、ある時間の一区画の中で、織工と臨時雇いの女性はそれぞれ特徴ある時間性を経験し、別の時間の一区画への移行は多かれ少なかれ、それぞれの記憶に刻み込まれた。臨時雇いの女性の場合、そのライフコースの時間は細かく刻まれており、互いに異なる時間の断片が継続的につらなっていた。次の断片への移行は重大な意味を持ち、それらは通過儀礼によって印づけられた。臨時雇いの女性にとって、生まれ育った家の娘から新たに形成した家族の妻・母への移行は家族生活の世代循環のなかでも重要なものだったが、それは織工の女性には当てはまらない。前章では、同時代のある特定の時点でどのように家族が家庭経済を回していたのかを横断的に分析し、世代が循環する過程で発生する交換と義務にある独自のリズムと時間性の力学のパターンを通時的にとらえてみた。だが、そもそも「アクター」が家庭経済を時間と無関係に位置づけることは考えにくい。というのも、ライフステージのどの段階にあっても、その「アクター」たちは現在進行形で世代が循環していく過程の、ある時点を生きているからだ。〔世代が循環していく時間の過程に自分を積極的に位置づければ、〕断面として切り取った時間の観点から物事を見るのではなく、周期という観点から物事をとらえるようになりがちだ。その傾向が織工の女性よりも臨時雇いの女性に特徴的だったのは、そのライフコースの時間的構造のためだ。彼女たちの人生〔における各断面〕の移行はそれぞれに明確に区切られるものであったため、母親世代と自分の世代、自分の世代と子どもの世代へという、久しく続いてきた家族周期というものにより深く根ざす傾向があったからだ。彼女たちが〔物事を振り返る際に〕参照点としている時間の枠組がきわめて個人的で、家族周期を基盤としていることからわかるように、この家族周期のなかに、娘、若い妻、母親、祖母としての自分を位置づけていたのである。

この点を理解するためには、二つのグループに見られる生きられた経験と時間性の解釈を、有償労働と家庭内労働だけでなく、友人関係、近隣、コミュニティのネットワークなどを含むより広範な環境を位置づけて見ていく必要があるだろう。今から述べていこう。

公私の分離と時間性

織工の場合、彼女たちの地域コミュニティと職場は重なっている。だがそれは、同僚が近所に住んでいる、または近隣の人や親戚が工場で働いていることが多かったということであって、友人関係や社会的ネットワークはご近所どうしというよりも、同じ職場で働いていることに根差したものだった。それに対し、臨時雇いの女性は、ご近所どうしという近接性に基づくコミュニティを中心に強く結びついていた。

臨時雇いの女性労働者の生活は自宅近辺を中心に回っていた。このことは織工の女性よりも、彼女たちのほうが家事のどの課業をどのタイミングで行うかといったことも含め、コミュニティの規範やルールの影響を強く受けていたことを意味する。多くの地域コミュニティで、何曜日に洗濯し、干し、アイロンがけをすべきか、何曜日が玄関の上がり口を磨いてできばえを競い合う日か、といったルールが確立されていた。月曜日は通例、洗濯の日とされていた。日曜日にパンを焼いてもよいが、洗濯をしてはならない。ボルトンでは、家の掃除は若い女性の仕事であり、金曜日の夜に行うとされていたが、ロッチデールでは木曜日と決まっていた。掃除をする金曜日の夜をボルトンでは「バケツ」の夜と呼び、ロッチデールでは木曜日を「地獄の業火」の夜と呼んで、一〇代の娘たちは家で家事をすることになっていた(13)。

臨時雇いの女性の時間のやりくりは、実際にはこのようなコミュニティで決められた正しい順序と日程の取り決めに縛られており、この外部からの強制は、彼女たちが行う時間管理とは実際には見せかけのものだという主張を裏付ける。だが、織工の場合はこうした規制には束縛されなかったようだ。どの曜日にどの家事をすべきかといった規則性は見られず、日曜日に洗濯をする人も多かった(14)。その不規則な家事のやり方が近所から非難されはしないか、それが原因で社会的に軽蔑されないか、といったことを、気に留めていなかった。

このような近隣やコミュニティとの関係に見られる両者の違いから、二つのグループの自尊心の源がどこにあり、どのような形で自尊心が獲得されていったのかがよくわかる。すでに論じてきたように、織工の自尊心は熟練工としての役割と結びついており、臨時雇いの女性の自尊心はコミュニティの人たちと比べてどんなに家事や家計のやりくりが上手だったかと関係している。厳しい家計であっても、いつも家族の食事や衣類を欠かさず用意してきたことが最大の功績として語られ、それは同時に友人や近隣を評価する基準としても用いられたのである。

このコミュニティに関する議論は公私の分離という観点でもとらえなおせるのではないだろうか。公私の分離はフェミニスト理論においては長く中心的な課題となってきたが、最近ではモダニティの社会学的再検討においても大いに議論されるようになっている。織工と臨時雇いの女性は時間に関して公的、私的双方の規制の影響下にあった。だが、それ以上に重要なこととして、時間性が公私を分離する構成要素であったことを指摘しておきたい。

織工の女性にとって、家庭と仕事という区分と、私的と公的という区分は重なるものであった。仕事とは外的に与えられた時計時間が支配する公的領域であり、「家庭」は自分の都合のよい時間にしたいように家事を行う私的領域である。家庭は職場では持てない自由度をもって、自分の時間を調整できる領域である。何をどのように行うかは最終的には個人が決めることであり、個人の事情に合わせて変えられる。そのように一定の範囲で家庭での活動に関して自律性を持っていた。外部の公的な決まりごととは関係なく、掃除、衣類の洗濯、育児、余暇を組み立てることができた。このように時間に対する異なる関係によって公私は分けられていた。

織工の女性は、家庭や家事に関する事柄については相対的に自律性を発揮していたが、にもかかわらず、前節で述べたように、「公的」な歴史的出来事に照らし合わせて、「私的な」人生や個人的な出来事を位置づけていた。これは公私の区分における時間的な分離が持つ深さや強さと、それが〔個々の時間性の経験に〕深く刻み付けられることを示している。彼女たちは、一方の〔「公的」な歴史的出来事の〕時間の配列を秩序化の基準として用いながら、そこにもう一方の〔「私的な」〕時間の配列を結びつけるという、二系統の連続性を操作しながら語っていった。

一方の臨時雇いの女性には、このように明確な公私の時間的分離はなされていない。家庭と仕事、私的領域と公的領域間の区分は不明瞭で、さまざまなものがごちゃまぜになっているというのが彼女たちの状況である。賃金労働は二分法的にはっきり分割されるというよりも、より入り組んだ形をとっていた。インフォーマルな仕事では時計時間の支配は強くはないが、複数の時間的秩序の間を常に行き来し、その異なる時間秩序を巧みにさばきながら、動いた。子どもに学校に行く支度をさせながら、夫の食事の用意をしつつ、時計で定められた学校の始業時間に間に合うように、また男性の仕事の時間にも合わせてやっていたのだ。

彼女たちの生活は地域のネットワークと地域のコミュニティを中心に回っており、それが織工の女性たちとはまったく異なる公私の構造と境界線を作っていた。さらに時間性がその異なる公私の構造を作り上げた。臨時雇いの女性にとっての公的領域は、フォーマルな職場や遠い世界の出来事ではなく、むしろ地域コミュニティとそこで暮らす女性たちで成り立っている。そう考えると、彼女たちにとっては私的領域よりも公的領域が支配的だったのではないかという議論もできる。彼女たちは地域コミュニティにある、物事を正しく行うべきだという規範に縛られ、ゴシップは社会的統制の手段を意味し、世間様に恥ずかしくない立派な女性と見なされるか否かは地域コミュニティが判断した。織工の女性が私的な事柄と考えていた多くの活動は、臨時雇いの女性にとっての「公の場」で担われていたものだった。(15)〔翻って、〕臨時雇いの女性にとっての「私的なもの」という領域は〔公的領域とは〕あまり区別されておらず、未発達だった。

そんな両者の違いは、インタヴューでの言葉遣いから生き生きと伝わってくる。リリー・ハント、キャス・ヒントンをはじめとする織工はみな、家庭内労働について述べるときはいつも「私はこれをした」といった具合に、絶えず一人称で語った。「私たちはこれをした」と言う場合の私たちには、夫が含まれていた。臨時雇いの女性は「私たちはXやYをした」「それはXのようにしたものだった」と強調する傾向があり、その場合の私たちとは母親や姉妹、あるいは近隣の住民や友人のことであり、地域の女性の集合体だった。

コミュニティをコミュニティとして結束させるものに、時間的秩序の強制がある。みなが同じ日に同じことをし、一日のサイクルや週のサイクル〔という時間の流れ〕を共にするのである。一緒に物事を行う。それを媒介として、コミュニティが構成されており、ともに物事を行うことには時間的な規制が含まれる。公私の分離は空間的なものとして概念化されがちであるが、ここまでの議論で、その分離は時間的なものでもあることが示せたのではないだろうか。どんな地域やどんな社会関係のネットワークが時間性の形態を組織化しうるのか、それは広くあてはまることなのか。そのように問うならば、空間の時間的側面はいっそう明らかになるだろう。

二つの女性グループの間では、このように公的領域を構成するものが異なっていた。織工にとっての公的領域とはフォーマルな雇用であり、官僚制的な制度や国家といったより広い社会を意味するが、臨時雇いの女性にとっては地域コミュニティのことだった。公私の区分も異なっていた。織工は明確に区別していたが、臨時雇いの女性にとって、この二つは相互に浸透しあっていた。

このような時間性の構造と経験の違いは、公私の分離のひとつの側面として見ることができる。公的なものと私的なものとが強く分離されている場合、時間性のありようも分離される。逆に、臨時雇いの女性労働者では、そのような強い分離がなく、公的でもなく私的でもない時間性が生活のあらゆる場面に浸透していくのである。

最後にまとめておこう。織工と臨時雇いの女性労働者は、時間性に関して三つの次元で異なっていた。第一に、有償労働と無償労働を区分する時間の規制、第二にライフコースにおける時間の構造化、そして第三に時間をめぐる公的、私的な規制である。これら三つの次元にはそれぞれ時間性があり、それぞれに異なるリズムと異なる出来事の秩序化がなされていた。それらが結合することで、二つのグループの違いはより深くなり、強まったのである。そうした状況のなかで、各自が大切に思うものにしたがって、また、アイデンティティの潜在的な源である家庭と仕事への重点の置き方の違いから、二つのグループがそれぞれ家庭と仕事の分離のあり方を構築していたことは驚くにあたらない。そうした異なる時間の構造化の中心をなすのは、各自がそのアイデンティティを形成する時間を過ごした場なのである。

終業時刻——まとめ

最終節では、再度、一般的、概念的な課題に立ち戻る。

臨時雇いの女性労働者は織工の女性に比べ、「女性的」な人生の出来事やライフコースに結びつけられている。しかし、その事実は時間の社会的構造化全体によるものであって、臨時雇いの女性が「より自然に近い」と言われるような存在だったからではない。織工、臨時雇いの女性のどちらの状況にも、なんら「自然」なものはない。どちらがより「女性的」なグループかと比べようとする見方も間違っている。

女性らしさと結びつけるのと同様に、臨時雇いの女性が織工に比べて、後進的、前近代的、工業化以前の時代をひきずる事例だととらえるのも間違っている。そうした解釈は、近代工業の時代に時計による時間性が支配し、労働時間は商品化された時間となるという社会学の文献に共通した見方から出てくるものだろう。ギデンズ(Giddens, 1979, 1987: 140–65)を引きつつ、アダム(Adam, 1990: 112–20)などは、商品化されていようがいまいが、工業化されていようがいまいが、個人の労働時間として見れば、一つだとしている。

しかし、臨時雇いの女性は二つの仕事を同時にこなす労働者の事例である。彼女たちの場合、(アダムやギデンズの用語で言うところの)「商品化された時間」は商品化されない時間と区別することができない。「商品化された時間」が商品化されない時間に埋め込まれているからだ。また、臨時雇いの女性たちと織工の女性たちを前近代/近代、あるいは工業化以前の時代の伝統を引きずる〔労働〕者/典型的な工業労働者として対比することもできない。臨時雇いの女性労働者はその他の労働者と同様、地域経済の一員であり、その要だったからだ。つまり、〔彼女たちが臨時雇いの女性として〕フォーマルな雇用とインフォーマルな雇用、賃金労働と無償労働に組み込まれることで、できあがった独特のパターンがあったからこそ、夫は外で働くことができたのである。また織工の多くが標準的なフルタイムというパターンで終身雇用をまっとうできたのは、臨時雇いの女性のサービスを購入したからだ。労働活動とその労働への関与のあり方は多様であり、それらが相互に依存している。そう考えれば、工業化後と工業化以前、近代と前近代というように、織工と臨時雇いの女性をそれぞれ異なる発展段階にある典型的な労働者像として特徴づけてもまず意味はない。臨時雇いの女性労働者の商品化された時間は商品化されない時間に埋め込まれていたということは、商品化されているか否かという相互排他的な概念区分では不十分だということを示している(16)。

また、臨時雇いの女性労働者は他の人に課された時計時間や地域コミュニティで決められた一週間のサイクルなど質の異なる複数の時間性を巧みにさばき、いとも簡単に、ある時間性から別の時間性へと切り替えていた。ここから、前近代的などではなく、臨時雇いの女性をむしろ、ポストモダンの時代が到来する以前に登場したポストモダンな存在であると議論することもできるだろう。彼女たちが調整し、やりくりしていた複数の時間性は、一九九〇年代に「新たな」時間や時間性として例示されたものと非常によく似ているからだ。

しかし、問題は、ここまで述べた議論のどれに、臨時雇いの女性労働者が当てはまるかということではない。彼女たちがおかれた状況は、産業時間や標準時間といったジェンダーを組み込んでいない概念がこれまでの文献では主流だったことを示している。一日一〇時間労働か一日八時間労働か、週休二日か週休一日か、労働か否か、仕事の時間と「自分の」時間の明確な区分などの概念は、つい最近までであれば、ほとんどの男性労働者には当てはまったことだろう。しかし、男性に比べ、女性の仕事の時間パターンは多様で、女性労働者の多くはいつも同時に複数の仕事にたずさわってきた。家事サービス、内職、パートタイム、夜勤などだ。そうした仕事は長い歴史を持ち、多くの女性に影響を与えてきたにもかかわらず、いずれも標準的な仕事／時間とは適合しない。それを「標準外」と定義をすることは、その標準が男性規範に基づいていることを意味する。

標準的な労働時間という、ジェンダーを組み込まない言説は実のところ、きわめてジェンダー化されている。そうとらえるならば、ポストモダンの時代という議論に対する疑問が生じてくる。男性にとって最も一般的だった仕事と時間のパターンが、女性にとっては長い間一般的だったものに変化して初めて、ポストモダンの労働時間が大きな関心対象となっただけではないのか。現在の非正規雇用化や不安定化の形態が前近代にまで遡ると言っているのではない。あるいは臨時雇いの女性労働者は複数の時間性を組み込んだポストモダンな労働の先駆けだったと言いたいのでもない。そのいずれも歴史的変動と歴史的特性を否定する時代錯誤な主張である。重要なのは、時間性はいつも複数、存在していたということである。そのような時間性は現代にしか存在しないと言うなら、それは時間と仕事に対するジェンダー視角の欠如をさらけだすようなものだ[17]。

分析に時間性を導入すると、「労働をめぐる全社会的組織化」に重要な次元が加わる。労働の全体性に関しては文化人類学的な視点から提示されてきたが、時間性の観点はそうした労働がもつ全体性に関する議論をさらに補完することになるからである。労働の交換、課業の相補性、義務の互酬性はどれも明確な連続性をもって確認され、一連の秩序と順序で、もしくはさまざまな秩序と順序のかたちをとって確認される。労働の交換、課業の相補性、義務の互酬性が、必然的に時間的な枠組を構成し、構造化するのである。つまり交換や出来事、社会・経済的関係の連続のうちにある規則性こそが時間を秩序化し、特定の時間性を生みだしているのであって、その逆ではない。労働の組織化がある形態をとったことによって時計時間を支配的にしたのであって、その逆ではないのである。

冒頭に提起した課題に対して答えるならば、時間性の次元の検討は有益かつ重要な知見をもたらすということである。生活の時間的様式と自由に使えるという意味での時間管理のあり方の違いは二つの女性グループの違いを生みだす重要な領域であることは間違いない。この分析を他の女性や男性へと広げればさらに有益なものとなるだろう。働くということの概念の拡張を通じて、時間性のさまざまな次元だけでなく、時間の相互連関的な経験を把握し、検討できれば、女性間の差異について特色ある視角が得られる。その視角からでなければ明らかにできない時間の横領や従属の形態にも目配りができるようになる。このような広い視角を導入することでジェンダー間、ジェンダー内部にある不平等な時間交換のありようと、そこから生じる不平等を分析できるようになるのだ。

本章の分析は労働に焦点をあて、社会的な時間性がもつ際立った特徴を重点的に扱ったが、労働が時間性を体系づける唯一の原理ではない。（ライフコース、記憶、公私の分離の構造化に関する議論が示すように）社会生活のあらゆるところにそれぞれの時間性があることは強調しておきたい(18)。

時間性が持つ歴史的特殊性についての分析を通じて、歴史を出来事が起きる時間を包む外皮として考えてはならないことを示した。そうではなく、出来事をどう秩序だてるか、その時間性が歴史を形作るのである。すべての時間性に歴史的特殊性という限定があるとするならば、時間性をアプリオリに概念化することはできない。時間という先験的観念があるとの仮説を実証する事例として時間性があるのではなく、時間性は歴史や経験を通じて見いだされ、歴史的、実証的に分析されるものなのだ。冒頭に述べた抽象理論と実証研究との関係で言えば、結論は以下のとおりである。時間の抽象理論は具体的な歴史的時間性を事前に考慮してはおらず、具体的な歴史的時間を形成しているというわけではない。時間性の理論化が前提とできるのは具体的な事例の分析だけである。複数の時間性の存在をアプリオリなものとして論理立てて主張することはできるかもしれない。だが、そうしたとしても時間性を秩序化する原理を理解するまでにはいたらないだろう。

注

（1）エリアスによれば、時間には高次のレベルの象徴的な総合（統合）という特徴があり、「その総合という手段を使ってこそ、物理的な自然現象、社会的な出来事、個人の人生におけるさまざまな位置が関連づけられる」（Elias, 1992: 16＝邦訳一五―一六頁）。この観点から、過去と現在を世界規模で共時化させる位置確認手段としてのカレンダーの発展を見事に分析している。「文明化メカニズム」としての時間の役割については賛同しがたい部分もあるが、このような概念化によって、時間の象徴化を、それが見いだされる社会の違いや個人化の程度を示す指標として考える方法がもたらされる。

（2）フォーマンは、女性の自然な周期を賞賛はしないが、男性との生物学的差異を肯定するという、いわく言い難いバランスを主張する（Holmes, 1994: 6）。

（3）組立ライン工にとって、（労働強化、スピードアップとテイラー主義を中心とする）時間の対立は雇用主と労働者との間で起きる対立であった。賃率を設定する側の男性や監督者が女性労働者の労働強化から利益を得たとすれば、ジェンダー間の対立次元があったかもしれない。しかしこの女性労働者と雇用主との対立は、（他の労働力グループ間の）対立と重なり合うかたちで起きたジェンダー間対立なのである。

（4）筆者のインタヴューにおいて（Glucksmann, 1990）、家事使用人として働いたことのある女性組立ライン工が新しい勤め先である工場のほうが比較的、時間の自由があることを長所として強調していたことに注目してもらいたい。

（5）この点については、E. P. Thompson（1967）に対する Whipp（1987）の批判も参照。

（6）この問題点を回避している最近の時間調査研究の例としては Sullivan（1997）を参照。

（7）ガーシュニーが打ちだした「供給の連鎖」（Gershuny, 1988）という考え方は、成功した包括的な試みの一つといえる。技術革新、貨幣経済における生産、インフォーマルな生産と消費、さらに、それらの間で起きた時間使用の歴史的変化を連結しながら分析するモデルである。

（8）ここでの主要な論点は、時間性の次元は多様で、接近するにはさまざまな方法や分析手法が必要だということである。生活時間調査に対する異議を唱えているわけでも、生活時間調査の価値や利用を批判することを意図しているわけでもない。

（9）Davies（1992b）は余暇活動の意味を時間と場所に関連づけて詳細に描き、そのきわめてジェンダー化された特徴を明らかにしている。

（10）織工だったキャス・ヒントンもまた、一九六〇年代に織物工場が閉鎖されたあと、コンピューター組立工場に働きに出ている。

（11）家計収入とやりくりに関する状況もこれと類似している。金銭を扱うことは、金銭の管理権限や所有権を与えることと同義ではない（Pahl, 1989 を見よ）。

（12）現代イギリスにおける家事サービス従事者の増加に関する研究も、これと似た解釈をしている。家事サービス従事者という用語が不正確に定義されているために、Gregson and Lowe（1994）は、専門的職業として認められ、より高い賃金が見込まれる個人の家庭での保育従事者に比べて、清掃作業員は仕事の時間や作業時間を自分で組み立てることができるという点で、「仕事」

に対する裁量をより有しているという解釈をしている。

(13) 著者のインタヴューに登場するこれら曜日ごとの日課については、ロッチデールでのAbendstern (1986) の調査、ボルトンでのオーラル・ヒストリーのプロジェクト『ボルトンで育って (1981-83)』でも裏付けられている。

(14)「マス・オブザベーション」(1939, Chap. 2) はボルトンでの洗濯に関する「動機と方法」を調査しており、洗濯をいつどこでするかという織工の日課が変動することを明らかにしている〔本書第2章参照〕。日課の変動は織工とボルトンの女性に見られた。しかし、報告書では彼女たちが有償の職業についているにもかかわらず、女性をすべてひとしなみに「主婦」としているため、特定の女性に見られる「効率性」や「知性」という観点で、この変動についてコメントをするにとどまっている。この報告書の執筆者は（月曜日は洗濯の日という地域コミュニティの取り決めなどの）特定のやり方や伝統を旧態依然とした、「知的ではない」ものととらえ、その地域の慣習に縛られている女性に比べ、織工ははるかに柔軟性を持ち、「近代的」で「合理的」であると見なしていた。

(15) この点でも洗濯はよい例だ。織工にとって、洗濯は私的な事柄であり、感情に訴えかけるような話題ではなかった。下洗いをする洗濯屋を使う、コインランドリーを利用する、自分の家の洗濯機で洗う、他の女性に頼むなど、洗濯をどのようにするかは個人として決定していた。そのアイデンティティは洗濯のきれいな仕上がりとはまったく結びつけられていなかった。しかし、臨時雇いの女性労働者は長時間にわたって洗濯の話をした。みなで集まって洗濯をすることも多く、公営の共同洗濯場では他の人がどんな風に洗濯をしているのか、見ることができた。きれいに仕上げた洗濯物は誰の目にも触れるものであり、自らのプライドと周囲の賞賛につながった。自宅に洗濯機を持ちたがらなかったのも理解できる。

(16) これは「商品化された時間」という考え方にともなう唯一の問題ではない。「商品化された時間」という一つの概念にあまりに多くの論点を盛り込んでいるために、時間の持つさまざまな側面が一つの事柄に還元されてしまっている。資本主義の発展とともに、商品化されたのは時間ではなく、むしろ労働力だ。無論、それが時間の組織化に大きな影響を与えた（マルクスは時間の商品化については語っておらず、むしろ商品化された労働に従属する時間と、その管理と組織化を問題化した）。時間の「規制」もまた、労働の商品化と個人化がもたらしたものへの応答であって、「労働力」の「商品化」とは異なる過程である。時間の「規制」の起源は市場よりも国家のほうに見られる。すなわち、国家は労働時間や夜勤に対する法規制をし、時に労働力の商品化の影響を緩和することを求めている。諸著作における「商品化された時間」という用語は、「商品化された労働」の代用として用いているようである。この論点についてはジョン・ホームウッドから示唆を得た。

(17) 雇用主が時間を緩和し、「柔軟化」することは、働く側にとっては商品化された労働の拡張のみならず、新たな仕事のありかたと新たな時間体制への適応を強制されることでもある。その体制においては「ジャスト・イン・タイム」のようなやり方が標準労働日と残業というものを駆逐し、新しい時間の規制と監視をもたらすことになる。このようにして、複数の時間性があるとされる現代においても、時間性が単一形態をとっていたとされる過去の時代といささかも変わることなく、ある特定の時間性に支配されている。

(18) 歴史家の間では、とくに農村部のコミュニティでの日常活動のタイミングや周期の確立に、宗教が大きな役割を果たしたことはよく知られている。現代の時間性を組織化するうえで重要な原則となっているのは余暇としてのメディアである。自宅にラジオ、テレビがあることはもはや当たり前になり、同じ時間に同じ番組を見るために、全国民が時計時間とグリニッジ標準時につながれている。

萩原久美子・訳

第6章　女性と空間

手が届きそうで届かない場所へ

空間への探査

「フィービー通り」

「どこでお生まれになったのですか」という私の問いに、ヒルダ・ウォーカーは「ちょうどあそこ、そうね、ここから二五ヤード〔約二三メートル〕ほど離れたところよ」と答えた。窓からその場所を指差し、「両側に家が並ぶこの場所がフィービー通りだったの」と付け加えた。

「ここ」は居心地がよい、綺麗にペンキが塗られたバンガロー・ハウスだ。*サルフォード市オーザル地区の低層住宅地にある高齢者用公営住宅のなかの一軒だった。ところが、被調査者であるヒルダと調査者である私は、窓の外にまったく違う物を「見ていた」のである。ヒルダが見ていたのは、バック・トゥ・バックと呼ばれる低層の労働者住宅が立ち並ぶ通り〔第2章訳注参照〕、狭い路地、食料雑貨店、小さな図書館など、彼女が若い頃のフィービ

* 正面にベランダを配置した低層の小住宅。

ー通りであることは明らかだった。しかし、私が道の向こうにある目抜き通りの「そこ」に見たのは、板が打ち付けられた商店が並ぶ、長く見捨てられてきた感のある寂しい通りにすぎなかった。割れた窓には薄いベニヤ板が張ってあり、扉とそこにまだ残るガラス板を鉄製の格子が囲っていた。その向こうには高層住宅地があり、地平線はまったく見えない。私たちのいる場所からは、すぐ目の前の二〇階建てほどの建物の六階までしか視界に入らない。これが、ヒルダの家の居間から見える眺めだった。

窓の外を指さしたヒルダの姿が気になった。フィービー通りに対する彼女の愛着がありありと伝わってきたからである。この地区はすっかり変わってしまっていたのに、ヒルダはそこに昔のままの姿を見ていた。対して、私の印象は違っていた。当時の私の調査日記には、「この地区は荒廃し、都市特有の混乱が見られる」と記されていた。

ヒルダは一九一七年に生まれた。「生家はここから二五ヤードしか離れていない所にあるので、ほとんど動いていないですね」。もう存在しないフィービー通りの周辺で彼女は生きてきた。スラム街撤去と地区の再開発が完了した一九七〇年になって、ようやくヒルダは屋内トイレと給湯設備のある風呂付きの家に住むようになったのである。

もちろんヒルダにしても、現在の地区の状況を知っている。だからこそ友人のアグネス・ブラウンと声をそろえて、窓から見える場所に車を移動したほうがよいと私に忠告したのだ。二人の話によると、最近若者たちがタイヤに火をつけ、三台の車が炎上する事件があったそうだ。真っ昼間で、しかもバスが走る目抜き通りだというのに、二人は外の様子を確認するためにインタヴューを中断することがあった。

ヒルダが窓の外に見た印象は、本章で探求する二つのテーマのヒントとなる。第一のテーマとして、住宅が近代化する過程における「不均等発展」について簡潔にまとめたい。ここでは「パッチワーク」「一足飛び《リープフロッグ》」という概念を援用して、不均等性に関する分析に磨きをかけたい。とくに住環境、住宅用のインフラ整備（ガス、電気、下水、給湯）、住宅の基本設計（風呂、屋内トイレ、台所）、また女性が家電製品をどの程度使ったのかという、空間上の差異に目を向ける。いずれの要素も家庭内労働に不可欠で、その性質、より明確に言えばその有無が、家庭内労働を担う人に広範囲の影響を与えている。社会構造の次元でも、不均等性は、市場、商品、賃金というフォーマル経済と家庭経済とがどのように接続されるかに大きく関わっている。またグレーター・マンチェスター地区と、私が以前インタヴューしたイングランド南東部とでは、住環境の違いがきわめて大きい。南東部でインタヴュー調査をした人のほとんどが、一九三〇年代になるとグレーター・ロンドンの新興住宅地に引っ越していた。その一方北西部では、多くの人がその後三〇—四〇年以上にもわたって非常に劣悪な住環境に耐えていた。こうした違いは、家庭経済と市場経済の関係が劇的に変化する過程における、空間という次元の重要性を示すものである。地域によって大きな違いがあることに加え、グレーター・マンチェスターにおける決して多くはない私の調査事例にも見られるように、住居の近代化に関わるどの側面もかなり多様であって、地域が空間的に分断された、いわば「パッチワーク」状になっていることがわかる。

住宅用のインフラ整備は通常、家電製品を導入し家事を省力化するための前提条件として理解されている。電気やガスがなければ、冷蔵庫を購入する意味はないだろう。給湯栓からお湯を出すためには、電源が必要である。だがそれぞれの段階の整備は、一直線に進んだのだろうか。それとも紆余曲折があったのだろうか。住宅供給—インフラ—設備—家電製品がたどる道筋は、いつも同一のパターンなのだろうか。織工たちが言うように一、二段階を「すっとばす」ことができるのだとしたら、あるいは臨時雇いの女性たちが言うように、ある設備だけをきわめて積極的に取り入れ、他の設備を取り入れることには二の足を踏む人がいるとすれば、「理想の家庭《ホーム》」の出現とその歴史を再考する必要があるだろう。ここでは、こうした疑問に答えるために空間という観点を取り入れたい。そして、他の事例にも適用しうるように、その分析力を高めたい。

第二のテーマは、人々がその土地に根付くということ、場所や地域性（locality）に対する愛着、「ホーム」〔家庭・故郷〕に対する認識、「このあたりの生活はこんなもんだ」という説明に関わる事柄である。ここでは、調査者と被調査者との間で、地域性や地域に根ざした言説の意味をめぐり、その認識はまったく異なると主張したい。

調査者はアクターの言説から距離を置いて、その特定の地域性、その固有の特徴を広い文脈のなかに位置づけ、それがどのように形成されたのか、それが他の地域性と違うのか、もし違うのであれば、それがどのように違うのかを検討する。住民の地域性に対する理解は、その地域性に不可欠な要素であり、その地域性を積極的に形作っている。とくに記憶においてそうだと言えよう。これは、「文化的」アプローチに「構造的」アプローチを対置することではない。それでも、ある地域性のなかではなぜ偏狭性が他と比べて突出しているのかを考えることはできる。地域性に焦点をあてるのは、一九九〇年代初頭に地理学者が厳しく自己批判した「地域決定論」が必要だと言いたいがためではない。ある地域が他と区別できると示すのは、地域の特性がその地域の内部から「生じる」と言いたいからでもない。確かに外部の影響を受けず閉ざされた場所はほとんどなく、その場所でしか通じない説明などはもちろん存在しない。けれども、こうしたたぐいの分析視角はごく普通の理論のレベルではありえたとしても、私が集めた多くの証言とはかけ離れている。自分たちが住んでいた場所の説明には、その場所でしか通じないと思われるものも多かったのである。

空間、場所、時間：分析の方法

問題に取りかかる前に、まずは分析のための方法について詳しく論じたほうがよいだろう。

学問領域としての地理学は、この二〇年で目覚しい変化を遂げ、その最も基本的な概念までを問い直すような勢いを見せている。一九八〇年代における世界勢力図の地政学的な再編。情報通信技術の進歩によって世界中で可能となった電子メディアによる瞬時のやり取り。ソビエト圏の崩壊。新しい「帰属単位」の出現とそれにともなう新たなナショナリズム、リージョナリズム、*エスニシティの出現。その結果ヨーロッパでは戦争が起きている。とくに極東や環太平洋など、経済的・軍事的新興国の台頭。こうした展開が空間的関係に非常に大きなインパクトをもたらしたことは明らかだ。「グローバリゼーション」、「ローカルとグローバル」、時空の「拡大」といった表現が人口に膾炙しているように、世界は根本から作り変えられている。だがこうしたよく使われる言い回しは、起こりつつある変化の一部をとらえているにすぎない。このような現実の変化と足並みを揃え、地理学者たちは他の専門分野、とくに哲学やカルチュラル・スタディーズのなかから出てきた新しい考え方に目を向けるようになった(1)。私が本書でよく引用・参照したのは、レイモンド・ウィリアムズ、クリフォード・ギアツ、ピエール・ブルデュー、ミシェル・フーコー、スチュアート・ホールという多種多様な思想家たちである。地理学者は、これらの思想家と同様に(あるいはそれ以上に)、「旅やホームのメタファー」に関心を寄せ、具現化と景観、受け継がれてきた産業や「創られた伝統」についての議論に貢献している。彼らにとってより重要な国際資本のパターン、経済再編における空間の配分、街と都市環境、通勤交通などの主題と同様に、関心を向けているのだ。

最も有益で刺激的な手法を切り開き、展開したのは地理学に限らない。一九九〇年代に社会科学が再編されるなかで登場した新興の研究諸分野で、このような新しい視角が取り上げられるようになった。各専門領域を隔てる壁が低くなり、地理学が伝統的な関心事から解放されたため、空間の重要性を他分野の人々も認識しやすくなったのだろう(2)。かつては社会関係や社会過程を説明するのに生物学や言語学の概念に依拠していた社会学も、最近ではもちろんこれらに代わる空間概念を取り入れている。どこでも見られる「マッピング」をすぐ思い浮かべるだろうが、「位置づけ」「刻印」「ゾーン」「沈殿化」「境界」などといった専門用語もよく使われるようになった。

地理学は深い自己省察の努力をしてきたといえるが、そこにとらわれすぎるマイナス面もあるだろう。基本概念を脱構築し、理論化がまだ不十分な用語を使わないようにしすぎると、不要なものと一緒に大事なものまで捨ててしまいかねない。空間的関係に特有なことや、場所が研究対象になりうることさえ否定することになる。

＊ 地方分権主義、地方・地域に対する郷土愛や慣習・特質を意味している。これに対してローカリズムは、地方・地域に対する強い郷土愛や偏狭性をも含意している。

「女性と地理学研究グループ」の初期の刊行物から、ドリーン・マッシィ、リンダ・マクドウェル、ジリアン・ローズらの近著に至るまで、フェミニスト地理学者は一貫して先頭に立ち、従来の地理学を批判してきた。彼女たちはみな、ジェンダー化された地理学の枠組と〔従来の地理学というものが持つ〕本質的な関心事を徹底して論証し、地理学の指針を再定式化しようとした(3)。たとえばジリアン・ローズは、時間地理学と人文地理学というまったく異なる二つのアプローチを支えるものが、ともに男性的思考である点に注目した。時間地理学は、「社会科学的な男性優位主義」と批判されている。なぜなら空間が誰にとってもオープンであると信じていること、空間をどこまでも知りうると考えていること、自然科学者のように全体性や完全な表象を追求し、それに問題を感じていないからだ。時間地理学のこうした特徴が、家庭・私的空間を事実上否定し、曖昧でとらえがたい「他者」や女性を考慮する可能性を排除するとローズは論じている（Rose, 1993: 38–40）。一方で人文地理学は、ローズの表現によれば、「審美的男性性」という病を患っているという。これは男性優位主義の亜種であり、女性性を認めはするが、それは個別のありのままの女性ではなく、一枚岩のかたまりとしての「女性」を認知しているにすぎないというものだ。人文地理学はそもそも、再帰的解釈を要する意味や重要性をはらむと思われる場所に関心を向ける。このアプローチはローズによると「場所の概念を女性化」し（1993: 45）、ホーム（家庭）が（女性の）いるべき場所の典型だと主張する（1993: 53）。人文地理学にとっての家庭と場所は、本質主義的で葛藤がなく、理想化されている。しかし、実際にそのように認識している女性はごく少数だ。女性と場所を一体化させると、女性どうしの差異を否定し、現実の女性と家庭や場所の多様な関係を認めず、女性を実質的に消し去ってしまう。

> 人文地理学のディスコースでは、場所は女性化された他者となり、「女性」として理想化され、〔失われた〕母という視点から語られている（Rose, 1993: 60）。

「場所」という概念に隠された土台をローズが明るみにしたことによって、この言葉を無邪気には使えなくなったはずだ。「地域性」という概念に次々に向けられた非難は、さらに容赦なかった。「地域性」が退けられたのは、次のような欠点があるからだ。第一に、政治や哲学上の立場が異なる書き手が「地域性」という言葉に本質主義、郷愁、ロマン主義、永遠、（現在進行形で形成されつつあるものとは逆の）そこにあるという存在、（グローバルな要因とは対極にある）ローカリズムなどの意味を込めて使っているためだ。第二に、場所には境界があり、その内部には首尾一貫性があり、説明を要しないと考えているからだ。(4)

しかしこのような批判のなかから、古い問題を引きずることなく新たな現実に立ちもどり、空間と場所を概念化し、適切に理論化する新しい積極的な方法が編み出された。ランカシャーの調査で浮かびあがった空間構成の問題に私が取り組む際、空間に特化して再構築された地理学が最も役に立った。(5) とりわけドリーン・マッシィの研究がそうだ。マッシィは空間という視点でものを考える際、ジェンダーと時間の双方が核となると主張している。空間構成は社会の機能や変化に影響を与えているというのが、（アンリ・ルフェーブルにならう）彼女の出発点である。空間は社会的なものが空間的に展開するとき、「原因と結果」をもたらす（Massey, 1994: 255）。つまり空間は、欠如、不在、停滞などの言葉で否定的に定義されるのではなく、「社会関係が交わる瞬間」（Massey, 1994: 265）としてとらえられ、最もグローバルなものから最もローカルなものまで、あらゆる尺度を超えた関係ネットワークの複雑な重なり合いからできている。このように見るならば、時間が無限であると考えられないのと同様に、空間を変化しないものと考えることはできない。

より具体的にいうと、このような空間についての考え方は、「場所」を無限に変化する、あちらこちらにはりめぐらされた関係ネットワークの結び目としてとらえるのである。

社会関係が相互に交わる……特別な瞬間……、その網の目は時間を経て形作られ、下準備をし、互いに影響し合い、衰退もし、再生もする。こうした関係のうちのあるものは……特定の場所のなかに位置づけられ、それ以外のものはその場所を超えて、特定の地域性を、他の場所をも巻き込んだより広い社会関係や社会過程と結びつけていくのである。(Massey, 1994: 120)。

場所には、その内部のみで完結する因果関係などありえない。これは、反本質主義の立場から、開放的で相互浸透的なネットワークとして場所をとらえる解釈で、境界を越えたつながりを理解しようとするものである。社会関係は場所を拠り所とするにしても、それは必ずしも場所に縛られているわけではない (Massey, 1995: 184)。地域 (the local) は地域的 (the local) という言葉では説明しきれないのだ。たとえば地域の「アイデンティティ」は他の地域との対抗というよりもむしろ、他の地域とのまさに相互作用を通じて作られる。そのような地域のアイデンティティは力を持つかもしれないが、多様であり、相互に競合しており、変化する。「地域の特性」は地域内部のみで生み出されたものではないが、だからといって地域の特性が研究対象とならないわけではない。

マッシィが提起した空間の枠組をある程度まで詳しくまとめたのは、この枠組でボルトンとサルフォードを地域性としてとらえることが、そこに暮らす人々のローカル・アイデンティティを受けとめるうえで、とりわけ適切で生き生きとした手法を提起しているからだ。このアプローチについては、これまでの章でも場所を扱う際に触れてきた。だが、ここで私の「分析視角の要点」をより明確にしたい。本章で展開する分析の理解に必要だからだ。

第一に、第3章で地域の労働市場と文化を論じたときの中心課題は、特定の地域性を生みだすものに焦点を当て、他と区別するものや、ある地域性をその地域としてあらしめるものを具体的に分析することであった。連鎖する出来事の結果から、あらかじめ地域性があるのだと考えるのではなく、「外側にある内部」と「内側にある外部」の相互作用をうまく説明できる枠組が必要となる。その相互作用こそが地域というものの内と外とを分ける境界線を引くことになる。

第二に、時間性を語るなら、私たちは場所の経験やその経験に基づくアイデンティティだけでなく、空間的関係の構造も論じなければならない。たとえ経験がこの構造の必須の要素であるとしても、それを経験の仕方に還元したり、経験の仕方だけで理解することはできない。

第三に、人や物をすっぽり納めてしまう空間的覆い、あるいは所与の文脈などはない。むしろ、場所を構成するのは、空間における物の配列、空間的な結びつきだ。この点に関連してラトゥールの時間に関する指摘（第5章）は、まさに「配列こそが場所を作るのであって、場所が配列を生み出すのではない」と言い換えられよう。

最後に、場所に時間が関わっていることはもはや明らかである。ヒルダ・ウォーカーはフィービー通りを過去と現在の両方の視点で認識していた。歴史的な時間を無視して、地域性の特徴やローカリズムの意味を考えることはできない。繰り返しになるがイングランド北西部と南東部に見られる社会的住環境の違いは時間的な分断とも言える。南東部は北西部よりずっと先に広範囲に改善されていたということでもある。このように空間的にも歴史的にも、発展は不均等なのである。さらに三つ目の例として、インフラと家電製品、および家庭経済とフォーマル経済の結びつきが空間によって異なるのは、時間の流れの違いと不可分であるためだ。これまで本章で場所を語るとき、実質的には時間も絡んでおり、それは避けがたいことだった。時間と場所という二つの座標は常に一体となって社会関係の枠組を形作るからだ。

時間に関する章で述べたことの多くが、場所についても明らかに当てはまることが多い。たとえば女性の織工と臨時雇いとの間で異なる時間性の議論は、場所に置き換えて議論することもできるだろう。時間性と空間性のどちらを中心に、どこへ向けて、何を議論するか決めるのは、概して困難である。いずれも論争中であることが多いからだ。「データの切り分け」方に、理想的な解答は存在しない。ここは第5章と合わせて読んでもらうとよい。

場所という問題

こうしてみれば、場所はすでに女性の労働生活の分析において中心的な問題としてあったのだ。空間分析をすべて一つの章にまとめて他の章では一切扱わないやり方は、時間と空間を分ける方針の人がいたとしても、できようはずもなく、無意味なことだ。そこで、ここではサルフォードとボルトンの両地域の雇用構造を比較し、女性の織工と臨時雇いの違いを空間の観点から見てみよう。この作業をせずに、家庭と仕事がどのような関係におかれていたかという布置連関は描けないだろう。同様に、戦前の商業化した余暇の議論も、それがランカシャーの若者文化の重要な要素だったかどうかについても、二つの町の違いに注目して初めて結論が出せる。意外なことではないが、青少年の雇用統計を分析すると、一九世紀末以降に若者文化にあまり変化がなかったと社会史家が主張する町ほど、若者の失業率が高いことがわかる。逆に、映画館やダンスホール、その他の余暇活動の商業化が進んでいたマンチェスターでは、若者の失業率が低かった。このように年齢構成にも空間の要素が見てとれるし、さらに、思春期というライフサイクル上のステージが他とはっきり区別される町もあれば、若者と大人の区分が明確ではなく、既婚か未婚かで世代が定義される町もあるという形でもその影響は現れた。

しかし、より根本的な意味で、また明らかに、空間性はきわめて重要である。物理的構造と人間は時空間の中でつながっており、この両者の結びつき方が特定の場所を特徴づけ、他の場所から差異化する。炭坑と紡績工場の両方がある町と、産業が一つしかない町とでは異なる。たとえば炭坑と工場が近場にある労働市場は、有償労働と家庭内労働の双方のジェンダー関係に影響を与えるが、男女とも主な就業先が織物産業の場合、その影響が見られないのは先述したとおりだ。

トラフォード・パーク工業団地に巨大コンビナートが建設されたのは単なる偶然ではない。立地の空間的利点が考慮されたはずだ。原材料や製品を市場に運ぶにあたり、サルフォード埠頭へのアクセス、またマンチェスターとリヴァプール間の運河を利用するには、リヴァプール港までのアクセスも重要だろう。現場への通勤がしやすく適切な労働力が調達できることも重要だった。二〇世紀初頭に、結果として成立した工場群と、ここにまっすぐに続く住宅用街路がある一帯の数マイル四方の地区には、数万人もの労働者とその家族が集まった。フォードやケロッグをはじめとする米国企業は、最先端技術を駆使した生産方式によって、T型フォードやコーンフレークなど最新鋭の製品を生み出した（Stevens, 1947; Trafford Library Service, 1982; McIntosh, 1991）。その労働力はほとんどが男性で、移民も多かった。国内の高失業率地域、とくにアイルランドから職にありつけるという魅力に惹きつけられ、彼らはやってきたのだった。初等学校、パブ、教会もこの地区に建てられ、行商人が魚、肉、食料雑貨類を販売した。そこに暮らした人々は、必要なものすべてが揃った地域であるというイメージを、オーラル・ヒストリーの研究者に語った。

トラフォード・パークの地域性は、地方、国、世界といった空間的特徴によってはっきり形作られた。デトロイトやミシガンなど北米の工業中心地との結びつきは、この地域が存立するうえできわめて重要であった。アイルランド系カトリックの住民もなかにはいて、イギリス系とアイルランド系、プロテスタントとカトリックの共存が難しい時代もあった（Fielding, 1992）。職場と家庭が近いので、男性の多くは仕事仲間としても隣人としても互いをよく知っていた。既婚女性が就業機会に恵まれないのも、トラフォード・パーク工業団地の特徴だった。妻は夫とは違って、遠くまで仕事に出かけるか、インフォーマルな仕事を地元で見つけなければならなかった。そのためトラフォード・パークの女性たちは、隣人どうし仲良くしていたらしい。このあらゆる空間上の特徴によって、トラフォード・パークは他所とは違う場所となり、そこで働き、暮らす人々の多様な経験を形作ったのだった。

これと、近郊のサルフォードの状況を比較してみよう。サルフォードが埠頭のそばに位置していたことは、トラフォード・パーク工業団地よりも重要な意味を持っていた。大方の仕事と同じく臨時雇いという条件ではあるが、埠頭は男性に主要な働き口を提供したからだ。アグネス・ブラウンが思い起こしているように、歩いて職場に通ってくる近隣の男性たちが、スペイン産のミカン箱からアメリカ製の大型工業設備にいたるまで世界中の輸入品を荷揚げしており、グローバルな要素とローカルな要素が絡み合っていた。トラフォード・パーク工業団地の男性も、サルフォードの男性と同様に職場のそばに住んではいたが、異なる点もあった。産業集積地としてトラフォード・パークよりも古い歴史を持つサルフォードの労働者住宅には、トラフォード・パークの住宅のような最新式の基本設備が備え付けられていなかったのだ。

サルフォードの男性の収入は不安定で、これが既婚女性の就業を後押ししたが、女性が定期的に働ける産業が地域にほとんどなかった。そのため既婚女性はインフォーマルで臨時雇いの仕事をたくさん掛け持ちし、長時間働くのが一般的だった。男女ともに臨時雇いの仕事をすること、多くの人と共有する環境が同じであることによって、その地域の特性がいくぶんか形作られていた。空間の結びつきは、ある程度まで特定の効果を生み出すが、それは偶発的だ。男性と女性の臨時雇いの仕事は本来補完しあう関係にはないが、この二つが合わさると、彼らの社会的なあり方と関わる他の側面（貧弱な住宅設備、公営の共同洗濯場など）を結びつける〔ものごとの〕ある特定の布置連関を生み出していく。それこそが、人々のその場所の経験や理解を特徴ある形で組み立てるのだ。

いずれの事例においても（私は一見するとそれほど差のない場所を慎重に二か所選んだのだが）、特定のひとまとまりの空間的関係の結びつきから地域の特性は作られていた。トラフォード・パーク工業団地とサルフォードに、住民の大多数に共通する似通った働き方や暮らし方という独自な地域性があるとすれば、それが地域文化や地域コミュニティを作ることにもなる。その場所に特有な空間上の結びつき方が社会関係を構成し、また、社会関係に規定されるように、場所が大きな意味を持つ。空間上の結びつきはそれ自体、空間と時間の交差点にすぎないとしても、〔それが他の点に〕何かしらの影響を及ぼすのだ。

ヒルダ・ウォーカーは自宅の窓から時間と空間の両方を見ていた。しかしその見方はジェンダー化されてもいた。通りや立ち並ぶ家、自分たち家族が住んでいた「わが家」、子どもの頃に遊んだ場所、学校から帰ってくる場所、祖母や母親が買い物に出かけ、自分がいまでも暮らしている場所を、彼女は見ていたのである。それは、こうした住空間が女性の領域だったということを意味するだけではない。「わが家」の思い出は、サルフォード埠頭でも中心街でもなく、長年メトロポリタン・ヴィッカーズ社の事務員として過ごしたトラフォード・パークでもなく、暮らしている家や通りといった家庭的な状況に根差していた。彼女はつまりジェンダー化された過去を、今再びジェンダー化された形で思い返しているのである。ヒルダが生を受け、自分がいるべき場所だと思ったこのフィービー通りは、彼女のアイデンティティの核をなしていた。しかしその友だちで、バスの車掌だったアグネス・ブラウンには、家庭の「私的」な生活について、それほど深い思い出があるわけではない。ライフストーリーを語るなかでも、現在と過去の関係はもっと断絶しているように見えた。アグネスもずっとサルフォードで暮らしてきたし、子どもの頃の生活環境を鮮明に覚えていたものの、ヒルダにとってのフィービー通りのような参照点としての意味を持たなかった。アグネスはサルフォードについて、埠頭や病院や家や近所の衛生状態を、成長するまでの環境の変化やその後の労働生活と関連づけ、より一般化して語った。その話に耳を傾けると、過去の場所はとうの昔になくなっていた。窓の外を見て思い出せるものではなかったし、アグネスはそうしようともしなかった。

次の二つの節では、人間と場所が相互につながる多様な例を見て、地域性とローカリズム、場所に対する思い入れと自己同一化という異なる次元の事柄について考察し、まとめたい。だからといって、サルフォードやボルトンなどの地域の特徴を明らかにしたいのではない。むしろ地域性とローカリズムのある次元がいかに関連しあっているか、たとえばサルフォード住民の挑戦的なまでのプライドが、いかに地域性についての言説だけではなく、地域性の一部をなし、場所と時間のなかにも位置づけられているのかを検討したい。

家庭生活の空間的分離

女性のコミュニティ

サルフォードでとくに印象深かったのは、インタヴューした女性がみな地元の慣習について詳しく話してくれたことだ。これは、イングランド南東部の機械化された新興産業の組立ラインで働いていた女性たちについて、かつて行った調査ときわめて対照的なことだった。この調査では、地元の慣習について触れる人はおらず、グレーター・ロンドンで行ったインタヴュー調査では「このあたりの生活はこんなもんだ」とか、地元に根付いた伝統に関連づけて話す女性はいなかった。子ども時代のことや母親の家事の日課について話す時には、家庭での出来事(「母は娘に～のようなことを期待していた」)を引き合いに出しながら、家族文化について詳しく説明し、現在と比べながら(「あの頃私たちは～したものだった」)過去について語りはしたが、それは特定の場所に根差した語りではなかった。サルフォード、オールダム、ロッチデールやボルトンの女性たちが語る家の日課とはずいぶん違っていた。掃除をする「バケツの夜」、洗濯の仕方や決まりごと、玄関の上がり口をきれいに磨き上げること、夫の飲酒や賭け事をどこまで認めるかなどをめぐる語りは、地元のあらゆる慣習が厳格な社会的ルールであり、インフォーマルではあるが強い圧力であったことを示している。

しかしこうした規範が力を及ぼすかどうかは状況に左右されるし、同じ地区の住民すべてに均等に影響を与えるわけではないと認識するのは重要だ。たとえば本書第5章では、臨時雇いの女性労働者は織工よりもコミュニティや近隣ネットワークに根を下ろしていると示唆し、公私の分離を時間性の観点から取り上げた。この二つのグループでは、家庭と仕事、公私の分離のあり方が異なっており、このことはそれぞれのグループにとっての地域の重要度にも直接影響を及ぼした。臨時雇いの女性労働者にとって家族、家庭、近隣の人々、仕事、コミュニティはかなり重なり合っていた。しかし女性の織工にとってこれらの関係はもう少し区別されていた。洗濯は洗濯にすぎず、実務的な家事の問題であった。臨時雇いのように、洗濯したシーツの白さを誇ったり、その白さの加減で近隣の女性たちの腕前を評価したりはしなかった。

「女性のコミュニティ」という表現は、私的な家庭生活に関心を向けていた初期のフェミニスト歴史学でよく用いられていた。都市の貧困や男性優位など共に力を合わせるべき環境で生きる女性、とくに労働者階級の女性が現実的に、経済面でも情緒面でも相互に支え合うネットワークが「可視化」されたのだった。女性のインフォーマルではあるが集団的な組織化に関する研究は、女性と男性は私と公に「分離された領域」に住んでいるという視角から、女性がなんらかの権力を行使し権威を有する場所に注目した。こうした研究は、女性が権力の行使や意志決定に関するフォーマルで公的な領域から排除されているといった、従来のいくぶん「被害者」志向の強い見方を是正した。力強い家母長たち（Chinn, 1988）は男性支配の対抗勢力と見なされ、地元の規範を守らせ、それに従わない人に制裁を与える手段としてゴシップの役割が注目された。だがその後、同じ系列の研究（たとえば、Ross, 1989; Tebbutt, 1992）の多くは、女性の相互扶助ネットワークを、それを生み出し、生きながらえさせる特定の環境という文脈に位置づけて、初期のロマン主義的なアプローチを回避するようになった。

どんな仕方であっても、地域のネットワークを「女性のコミュニティ」と解釈すると、相も変わらず場所を本質化する危険性がある。端的に言えば、今日の議論から見ると、地域性を女性的なものとして本質化しかねないということだ。また、こうした研究では、女性のコミュニティは均一で、似たような状況で、似たような問題を、似たような条件のもとで抱えている女性たちから成り立っているとする。しかしこれは、第3章で概説したような、女性のなかにも家電製品や家事サービスの買い手もいれば売り手もいるという事例には当てはまらない。同じ地域に隣り合って暮らしながらも、その女性たちの家事サービスをめぐる関係を、平等な関係にある者どうしの単純な互酬性や再分配という角度で見ることはできないと私はすでに論じた。むしろ、同じ地域の労働者階級の女性の間に不平等な階層構造が存在するのである。もちろん、ネットワークが存在しないと言っているのではない。それどころか、仕事をするために子どもの世話や洗濯のサービスを購入する人は、サービスの売り手に依存しているし、売り手のほうも生活の糧を得るために買い手に依存している。異なる経済状況にある女性を基盤とするネットワークは、女性を特定の、しかし不平等なやり方で結びつけるが、これは他のネットワークでも同様である。そのようなコミュニティを基盤とするネットワークを、(平等を含意する)「女性のコミュニティ」と呼びうるかどうか、私は確信が持てない。

「不均等発展」：住環境の近代化の歩み

地域間の「不均等発展」[6]は、産業や就業機会、経済の拡大や衰退についての公式の指標を形作るだけではない。これは、住宅および家庭生活の基本条件にも影響を及ぼす。たとえば新しい産業が生まれて地域経済が発展することが、新たな住宅建設や家庭消費財の大量消費を促す。こうした過程は相互に結びついている。互いに補完し合い、大量生産と大量消費の一体化とともに、新たな特徴を持つ「労働をめぐる全社会的組織化」へと統合されていった。私は女性が新しい家電製品を生産し消費するという役割の循環を分析した際に(Glucksmann, 1990: 226–8)、地域の特質についてはあまり検討しなかったように思う。「上向き」の動きばかり見ていて、衰退しつつある地域の住宅建設や家庭設備の意味を理解していなかった。事実これらは、住宅、家庭のエネルギー供給、水道システム、トイレといった社会的基盤にまで深く入り込んでいたのである。こうした結びつきについて十二分に理解するためには、ランカシャーで調査をする必要があった。

調査対象者の多くが、非常に貧しかった生活条件について触れた。最も貧しかったのはアーニーだろう。一八九九年に生まれたアーニーは、一二歳から工場で働き始め、その後紡績工となり、監督を務めて六三年間を過ごした。アーニー夫妻の家には最新の給湯設備などはなかった。屋内でトイレと風呂を利用できるようになったのは、一九八一年にオールダムの高齢者用住宅に引っ越してからである。その時アーニーは八一歳になっていた。

私がインタヴュー調査をした人の大半は、こうした状況をそれほど悪いものとは思っていなかった。事実サルフォードの住民に限らず、一九六〇年代後半まで荒廃した民間賃貸住宅に住んでいた人が多い。改築する家主は滅多にいなかったし、住人も自分で設置しなければならないうえに、使用料金を支払う必要のあるレンジ、風呂や近代化された台所よりは、昔ながらのガス器具や暖炉を好んでいた。エイミー・ファウラーは一九六六年まで銅製の釜で湯を沸かし、ブリキの湯船を使っていた。夫のハリーは、一九二三年に生まれて以来この古いツゥーアップ・ツゥーダウンと呼ばれる労働者住宅〔第2章訳注参照〕で暮らし、一九六八年にスラム街撤去計画で新しい家が供給されるまで、そこに住み続けた。ハリーはそのとき初めてきちんとした暖房設備や浴室、トイレのある家に住んだのだった。彼の両親はこの家で七人の子どもを育て上げた。母親は家計を支えるために洗濯を請け負っており、ボイラーでお湯を沸かし、台所でシーツや服を乾かした。戦争が始まる直前に電気は通ったが、それはもっぱら照明用だった。ハリーは母親の具合が悪いとき、寝室を暖めるヒーターをつけるために電球のソケットを使った。メトロポリタン・ヴィッカーズ社の元上級秘書メアリー・グーデンは、戦時中に母親の調理用にガスコンロを二つ設置し、戦後はガス給湯器を取り付けた。家主はガスストーブを居間にしか設置してくれなかったのだ。ヴェラ・ロジャースの五人の子どものうち上の二人は、給湯器も風呂もなくガス灯だけはある家で生まれた。お湯はストーブで沸かさねばならず、費用を払って近代的な暖炉を設置しなければならなかった。アグネス・ブラウンの夫は古い煉瓦製暖炉の代わりにガス給湯器を取り付けた。電気の敷設費用も払ったが、その完成は戦後まで待たねばならなかった。風呂もトイレも、やがて新しい家に引っ越すまでなかったのである。一九七〇年代初頭までには、住人の大部分にフラットと呼ばれる公営の高層団地の一戸が与えられた。すでに年金生活者だった人々は高齢者用住宅にそのまま移り住んだ。

ここで挙げられる事例は限りないので、私がとくに心打たれた事例で締めくくることにしたい。それはフロー・

ナトールが四〇歳になったときの「最高の誕生日プレゼント」である。屋外のトイレの寒さと暗さを、彼女は次のように語っている。

いつもキャンドルを持ち込んで、紙を照らしたものです。トイレには小さな出窓があって、そこにそれを立てたんです。蝋が溶けてしたたり落ちていました。……トイレットペーパーがないから、新聞紙を紐でつって、それを破って使っていました。トイレットペーパーなんかなかったのですからね。

しかし、

四〇歳の誕生日に、仕事を終えて家に帰りました。私には幼い息子が一人いて、私が外出するときはお隣さんが面倒をみてくれました。その日は、トイレの下から赤い光がもれていたので、てっきり息子がトイレに明かりを灯しているんだと思いました。それで私はドアに歩み寄って、扉を開けたら、「お誕生日おめでとう」と書かれた大きな厚紙があったんです。私の男きょうだいがトイレに電灯をつけてくれてたんです。それは、私の人生で最高の誕生日プレゼントでしたね……。

それはなんと一九五六年のことであった。

以上の事例は、住宅における空間の不平等や「不均等発展」の証拠を十二分に示している。〔イングランド〕北西部の一部に一九六〇年代までかなり残っていたこうした環境は、国内のもっと豊かな地区ではごく稀にしか見られなかった。もちろん他の場所でも見られたはずだが、ほとんどの場合が例外的な事例であった。かつて実施した二地域の調査で、私は退職した女性労働者たちに人生で大きな変化が起きたのはいつだったかと質問した。グレーター・ロンドンではほぼすべての人が戦争を挙げ、戦前と戦後をはっきりと区別した。その生活環境は一九三〇年代後半から一九五〇年代初頭にかけて劇的に改善された。しかしランカシャーの大部分の人々にとって、戦争はそれほど大きな意味を持ってはいなかった。近代的な家に手が届くようになった一九六〇年代・一九七〇年代というもっと後の時期を、古い時代と新しい時代の境界線と見る人が多かったのである。

「パッチワーク」：グレーター・マンチェスターの再開発

一九三〇年代のグレーター・マンチェスター全域の住環境を、失業の波及の仕方と同じように一般化するのは誤りであろう。構造改革の成果が出るまでに要した時間は、隣接する地域でもまちまちだった。マンチェスター市の中心部アンコーツに建設された労働者住宅を、エンゲルスは産業革命期の不潔なあばら屋に代わるものと記しているが、二〇世紀初頭にはもうこの地域はスラム化しはじめ、再開発が必要となっていた。(7) アンコーツよりもずっと後に建てられたサルフォードの住宅が一九六〇年代まで残っていたのは納得がいく。このように二〇世紀半ばでもサルフォードでは粗末な住宅が一般的だったが、周辺都市と比較すると、パッチワーク状をなして多様な住宅が建っていた。それぞれの都市に固有の歴史や拡張期・衰退期のどの時期に位置していたかによっても相異なっていた。住宅の質がパッチワーク状にバラバラなのは、経済的な構造改革の効果が表れるまでに要する時間に地域差があったからだろう。マンチェスターでは二〇世紀初頭から綿織物業が衰退するにつれ、小売業やサービス産業といった多様な新しい産業が生まれた（Clay and Brady, 1929; Daniels and Jewkes, 1932; Pullen and Williams, 1962; Smith, 1969）。史上初、世界最大の工業団地トラフォード・パークは経済発展の最前線であり、イギリス全土のみならずアメリカからの対内投資を喚起した（McIntosh, 1991）。そこで戦間期には、広域的なスラム街撤去や郊外の宅地造成を含む、マンチェスターの一部の再開発が進んだと思われる。このようなマンチェスター中心部の相互に関連して発展する経験は、綿織物業に依存した経済から抜けだせなかったマンチェスターの近郊地域よりも、ほぼ間違いなくロンドンのそれに似ていたと思われる。

一九三五年にトラフォード・パーク工業団地で働く三万五〇〇〇人全員が、この団地の「村」に住んでいたわけではない。[8] 路面電車、電車、バスの広大なネットワークを利用できたし、自転車で通う人も多かった。トラフォード・パーク工業団地に対する資本投資の規模、そこで働く労働者や住民の膨大な数からすれば、商店や食堂にも同程度に投資されていたと考えるのが妥当だろう。しかし、商品生産と、労働者や住民の日々の再生産とでは、その進展の度合いに差が見られた。一方は非常に近代的であるのに対して、もう一方は古色蒼然としていたのである。トラフォード・パークの住宅は特注で、当時最新の基本設備を完備しており、入居希望者にはかなり魅力的だった。教会や学校があり、診療所など公共サービスも充実していて、本章ですでに述べたような内部で完結した「村」のイメージづくりに一役買っていた。一九八〇年代初頭に住宅地が取り壊される少し前に、マンチェスター調査グループが住民から直接聞いて集めた話には目を見張るものがあった。最先端の工業団地に隣接しているとは思えない暮らしぶりに思われたからである。屋外での遊び、地元のサッカーチーム、市民菜園、景気のいい質屋、洗濯屋、女性の相互扶助、手回しオルガンを弾く女性、ガス灯の点灯夫、週五ペンスで朝窓を叩いて起こしてくれる人。いずれも近代技術で有名なトラフォード・パーク工業団地の一昔前をしのばせる。T型フォードが組立ラインで製造されている間、フォードの社員の妻たちは商品を店ではなく、ポニーや荷車に積んだ行商人から購入していたのである。

何もかもが裏口からやって来ました。石炭、魚、肉屋、八百屋のすべてがですよ。荷車や小さなポニーに積んで、食べ物や飲み物を運んできてくれました。たいていの食料が手に入りました……裏口でね。そういうものでした。魚屋は「さかなー」って大きな声で言いながら、そこらを一巡りしてました。……土曜日の夜は、煙突つきの荷車を引いた人が来て、えんどう豆を一袋一ペニーで売ってましたよ。あのえんどう豆は柔らかくておいしかったですね。……ええ、もちろんたくさんの物が運ばれてきてました。……奥さん方はみな外に出て、肉や野菜を選んでいましたよ。そんな時代でしたね。（Russell and Walker, 1979: 33 による引用）

また、当時は社員食堂がなかったため、このあたりでは昼食時に自宅の居間をカフェにして、労働者に暖かい食事を販売する女性も現れた。

彼女たちは居間をカフェにして、テーブルに白い布をかけて体裁を整えていました。仕事から戻ると、いつもそうしていたものです。私の姉も、個人のお宅でやっていたカフェに足を運んで夕食を食べていました……値段はとても手頃だったけど、きちんと給仕してもらえましたよ。ちょっとした小遣い稼ぎだったのでしょうね。……（Russell and Walker, 1979, Manchester Studies, Lily Brophy Tape, 755）

この話は臨時雇いの女性労働者が労働を販売していたのと似ている。しかし第二次世界大戦が勃発すると、多くの工場が社員食堂を設置するようになり、食事を提供して収入を得る道は閉ざされた。この女性は続けて、こう語っている。

リルおばさんが初めてここに開店したときには、社員食堂はなかったから、みなが集まって満席になりました。でも職場に食堂ができると、客足は案の定、鈍りましたね。（Russell and Walker, 1979, Manchester Studies, Lily Brophy Tape, 755）

トラフォード・パーク工業地域における消費と生産の不均等発展は、周辺都市圏に見られた新旧の空間的パッチワークをさらに複雑なものにした。また、不均等のあり方の特徴はきわめてジェンダー化され、有償労働と家庭内労働にも、男性と女性にも、それぞれ異なる影響を及ぼした。男性は主として最新技術を扱い、女性は人の世話や家庭内労働を受け持ったからである。

マンチェスター郊外に新しくできたウィゼンショウ住宅団地では、より計画的に、夫婦関係やジェンダー関係も含めた家庭生活を作り変える試みがなされた。マンチェスター市当局は、老朽化して過密となった住宅問題を軽減しようと、一九三〇年代に大がかりな再開発計画に着手した(Hughes and Hunt, 1992)。一九三九年までに住宅が三万戸建設され、その多くは郊外のコテージ団地風であった。一九三〇年に住宅造成が始まったが、ウィゼンショウはそのなかでも最大の住宅地だった。一〇年間でマンチェスターに建った公営住宅の三分の一がここにあり、一九三九年までにその数は三万五〇〇〇戸に達した。トラフォード・パークの住宅よりも後に建てられたので、デザインには社会工学の精神がより色濃く現れていた。この地域の家賃は高く、失業者は家を借りることができなかった。したがって、この新築住宅に入居するのは市の中心部で撤去されたスラム街に居住していた一家ではなく、正規雇用の男性熟練労働者の一家がほとんどであった。元スラム住民は家賃を払えず、かつて住んでいた地域の近くへ引っ越したのである(Hughes and Hunt, 1992: 79)。

ウィゼンショウの住宅は「英雄にふさわしい」*だけではなく、そこに住む人も設備の整った新築の家にふさわしくなければならなかった。住民に求められた世間体を大事にする気質は、一九七〇年代にフェミニスト歴史学で知られるようになった「家庭重視主義」に不可欠であった(たとえばHall, 1977)。このイデオロギーは、稼ぎ手と主婦という夫婦の分業や、核家族単位のプライバシーを重んじる居住を奨励した。清潔と快適さが重んじられ、またそれを自負するような場所が家庭とされた。主婦の地位が高まるにつれ、住宅内の動線や設備が新たな重要性を帯びるようになった。家を近代的で能率的で衛生的にして、科学的に家庭を管理する主婦の仕事を軽減しなければならなかった。ウィゼンショウの設計者は女性や子どもの健康に配慮して、どの家の台所の流しも南向きにすべきだと主張した。従来は家の裏手か入り口にあったのだが、「主婦は一日のうち九時間を台所の流しで、一時間を居間で過ごす」（Barry Parker, Hughes and Hunt 1992: 83 による引用）ので、南向きにする工夫で日の光をもっと浴びることができたからである。

この環境ではもっともだが、初期のウィゼンショウの住民には、小さな子どもと稼ぎのない主婦のいる家族が多かった。周辺に既婚女性の就業機会がほとんどなく、長い時間をかけて通勤する夫が大半だった。女性の住民は家の内装や設備については十分に満足していたが、出費がかさむこと、公共施設やレクリエーション施設がなく、店が近くにないという団地の欠点には批判的であった。彼女たちは孤立しているように感じていた。最終的な団地の設計において各家庭の設備が公共施設より優先されたのは政治判断であって、要求をし、勝ち取ったものではなかった。実際、労働党員でフェミニストだったハナ・ミッチェル*が、公営の共同洗濯場を各地区に設置せよと圧力をかけると、次のような意地悪な批判を招いた。

> ミッチェルさんは将来的に、すべての公営住宅群から、洗濯用ボイラーやオーブンまで取り外そうとしている。そうすると、料理や洗濯に関して自治体の申し合わせが重要になるわけだ。（*The Woman Citizen*, January 1930, Hughes and Hunt 1992: 95 による引用）

---

* 一九一八年にロイド・ジョージ首相は選挙演説で「イギリスを英雄が住むにふさわしい国にする」ことを公約するが、この発言が翌年の住宅・都市計画法に組み込まれたことを示唆している。

* Hannah Mitchell, 1872-1956. イギリスの普通選挙運動家で社会主義者。貧しい農家に生まれ、十分な教育を受ける機会はなかった。早いうちに実家を離れて独立し、ボルトンで仕立て工となる。こうした経験を基盤にして、後にパンクハースト母子の女性社会政治連合に関わり、市議会議員にもなった。

もう一つの新しい住宅団地は、ゴートン区のベルビューにあった。ウィゼンショウとは異なり、住民の大半がスラム街撤去計画によって移り住んできた人々だったが、同じような不満を持っていた。住民の九三％が以前より家賃と同様に交通費も上がったと答えた。住民の半数が電車通勤しなければならなかったのだ (Manchester University Settlement, 1944: 10)。一方、第二次世界大戦中の調査では、女性が給湯をどれほど望んでいたかを過小評価していたようだ。回答者の九九・五％が「温水式が好ましい」としているのに、報告書は「給湯を概ね評価している」と記している (Manchester University Settlement, 1944: 12)。

ウィゼンショウでは公共施設よりも家庭の設備のほうが上質で、さまざまな点でバランスが悪かったトラフォード・パークでは生産と消費が乖離していて、これらがマンチェスターにおけるパッチワーク状の「不均等発展」をさらに複雑なものにしていた。この二つの事例に見るように、バランスの悪い状態は住民の家庭と仕事との関係に影響した。各団地の持つ空間的特色によって、家庭と仕事の関係は大いにジェンダー化されたのである。

「一足飛び」：近代的設備へのちぐはぐな道のり

ここで家事の近代化の形跡を別の角度から見て、「一足飛び《リープフロッグ》」と名づけた事柄について論じたい。「パッチワーク」が「昔ながらの」地区と「近代的な」地区とが空間的に並存する状況を指す言葉である一方で、「一足飛び」は人が生活するなかで、この二つが時間的に並存する状況を指す言葉である。住環境やインフラ供給が不均等なパッチワーク状であることからも明らかなように、近代化へ至る道が一つとは限らないし、まずはインフラ、設備、そして最後に家電製品の設置といった直線的な順番で住宅が進化するわけではない。私がインタヴューした人のなかでさえ、かなりの相違が見られた。本章ではここまでのところ、非常に劣悪な住環境に比較的最近になるまで耐えた人々の経験に主に注目してきた。多くの人が自分たちで設備を取り付け、動力や水の供給システムを近代化しようとした。たとえば覆いのないレンジの代わりにオーブンや新しい様式の暖炉を購入し、電気を引き、自動湯沸かし器や風呂を取り付けたりとしていたのである。こうした近代的設備は、昔ながらの住環境の対極にあったはずだ。

誰もが劣悪な住宅に甘んじなければならなかったわけではない。この点では、臨時雇いの女性労働者と織工の間にも体系的な違いが見られる。それと関連して、サルフォードの住民とその他の地域の住民との間にも同様の違いがあった。一九三〇年代に織工の多くが自宅の購入や新築賃貸への引っ越しをしただけでなく、この頃市場に出たばかりの家電製品や住宅設備も次々に入手している。かなりの数の織工が戦前に洗濯機を、その後すぐに掃除機と冷蔵庫を購入しているが、これは私が南東部でインタヴューした人々よりもはるかに早い。エディス・アシュワースは、そのなかでもおそらく最も「先を行って」いただろう。一九三八年までに風呂、冷蔵庫、洗濯機を買い揃えていたからである。他の女性たちは一九五〇年代に主要な電化製品を一、二点購入するにとどまっていた。マージョリー・フィッシャー、アリス・フォスター、ネリー・リンチなどは、エディス・アシュワースのように織工であったにもかかわらず、織工でないヴェラ・ロジャースと同様に遅れをとったグループだった。こうした現象に目を向ける前に、フルタイムで働く女性の家庭内労働にもさまざまなタイプがあることに注目したい。エディス・アシュワースたちは、サービスの購入、あるいはこの場合は家電の購入によって家庭内労働を商品化した事例である。電化製品の助けを借りて、自宅で洗濯することは、この時代は一般的ではなかった。一九三〇年代に南東部の女性労働者は洗濯屋を利用することが多く、一九五〇—一九六〇年代にはコインランドリーを使うようになった。ようやく、この女性労働者たちはエディス・アシュワースに追いついたのである。サルフォードの女性には公営の共同洗濯場を好む人が多いことが知られていた。この洗濯場が閉鎖に追い込まれ、利用できなくなるまで使い続けた。実際に、屋外トイレに電灯がついて喜んだフロー・ナトールも、自宅の台所に洗濯機を取り付けることには強硬に反対し、息子が買ってくれた洗濯機を人に譲ってしまうほどだった。

こうした事例からわかるのは、女性が商品を購入したおかげで家庭内労働をこなせたかどうかということではない。それはむしろ、家事の近代化過程や「理想の家庭」の歴史への誤解と関わっている。トイレが屋外にある家に洗濯機を取り付けるのは、先に導入すべき設備を後回しにしたわけであり、「一足飛び」の好例といえる。これは珍しい例ではあったが（たった一例であった）、女性が使う台所や風呂場の暖房・洗濯・衛生設備などありとあらゆるものがちぐはぐに導入されたのは、「一足飛び」のまぎれもない証拠である。新旧の設備がひとつの家のなかで意外なほどに共存し、しかも予想外の順序で導入されていたようなのだ。この過程が完了してかなり時間が経過してから、社会史研究者は数十年分ものあと知恵をもって、家事の近代化過程を振り返る際に、「何のあとに何が起きた」「何と一緒に何が起きた」という、より一層単線的な説明をしがちである。結果がはっきりとせず、他の方向へ進んだかも知れない出発点や途中の段階からではなく、近代化過程の終点から振り返り、いかにそれが起きたのかを考察すればさまざまな問題が生じることになるだろう。ランカシャーで得たデータは、「一足飛び」のみならず、単純ではなく、単一でも、きちんと整然としているわけでもない、多様な近代化の道のりを示している。古い住居や古い設備が「理想の家庭」に単純に取って代わられ、あるいは徐々に取って代わられるのではなく、それはもっとぎくしゃくとしたもので、中断を挟みながら複雑に展開していったのであり、スムーズに移行したわけではなかったのだ。

「理想の家庭《ホーム》」なるものと耐久消費財

誰も彼もが「理想の家庭」に関心を持っているわけではなかった。かなり早く洗濯機を購入したエディス・アシュワースたちも、アニー・プレストン、アグネス・ブラウンら、洗濯場を愛用していた女性たちも、わが家そのものを自慢しようとして家の設備や家電製品について語ったわけではない。「実際に必要だったからです」と、エディス・アシュワースは洗濯機を買った理由を述べた。その淡々とした口調から、彼女にとって洗濯機は、毎週洗濯する負担を軽くするために設計された機械にすぎなかったことがわかる。これは従来言われてきたような「理想の家庭」創出計画の一環でもなければ、新しい形の家庭性の証でもなかった。また、洗濯は他人には関係のないことだと思っていたので、近所の人に洗濯機を見せびらかしもしなかった。アグネス・ブラウンやヴェラ・ロジャースが台所を改修したことや、アイヴィー・ターナーとメアリー・グーデンが近代的な暖炉を設置したのと同じように、便利で楽だからそれを購入しただけという印象を受ける。いずれの事例も、「理想の家庭」を目標に掲げていたとは考えにくい。「理想の家庭」という考えは、臨時雇いの女性たちに比べて家庭環境よりも労働生活により強いアイデンティティを持つ裕福な織工にはあまり魅力がなかったし、改善の余地が乏しい劣悪な住居に暮らす女性たちの現実からはほど遠かった。

驚くべきことではないが、（建設業者、家庭用器具の製造企業や女性雑誌によって）「働かない」「主婦」といった事柄を含むイデオロギーの一環[9]として、「理想の家庭」が推奨されることはあっただろう。しかし、このような特定の個人化された私的な領域としての家庭性などというものは、どちらの女性グループにも無縁のことだった。織工は耐久消費財を購入する経済的余裕があった。雇用されていることが購買力の条件であり、省力化機器が「必要だった」理由でもある。しかし、近代的な機器を購入するために外で仕事をしていたのでは決してない。購入する余裕があるならあらゆる近代的な機器が欲しいとは、織工よりも貧しい女性たちも言わなかった。実際に、公営の共同洗濯場を絶賛していたフロー・ナトールは、洗濯機の導入に強い反発を示していた。女性たちは社交を楽しんでいたので、自宅の台所の流しですすぎや乾燥、アイロンがけをするよりも、洗濯場でみんなと一緒に洗濯をし、同時に風呂にも入るほうを好んだ。彼女たちはこのように、家事を楽にする機器類の扱いを区別していた。近代化のある側面や特定の電気器具を心から歓迎したのは事実だが、すべてを所有したいとか、ましてや家のなかにすべてを取り付けたいとも思ってはいなかったのである。

ベルビューの住民にも同じことが言える。給湯の利用には肯定的だったが、たとえば屋内トイレに対する評価ははっきりしなかった。

ほとんどの人がトイレの場所に不満を持っていた。住人の三三・三％が下の階よりも上の階にあるほうがよいと考えており、四一・六％の住人が完全に屋外にあるほうがよいと考えていた。……多くの人が、水の流れる音がうるさいので、トイレが台所や居間のそばにあるのは困ると考えていた。これに対して、玄関の近くにあると人目に付くので嫌だという人はごく少数だった。(Manchester University Settlement, 1944: 11)

ハナ・ミッチェルの提案が採用されていれば、家庭内労働の近代化の歴史は、違う道のりをたどったことだろう。公共設備はより整備されていただろうし、現代版共同洗濯場が存在したかもしれない。こうした設備の利点と欠点については、夫婦間の分業や「理想の主婦」を「理想の家庭」に結びつける公私の社会的分離とは切り離して考えたほうがうまくいったことだろう。

「不均等発展」は、南東部と北西部の分離よりもはるかに大きな格差をともなった。実にさまざまな相互連関と多様で複雑なパッチワークによって入り組んでおり、「近代化」へ至る多くの道のりや形があるので、「近代化」という概念そのものが問題をはらんでいる。住宅の改善が消費の変化や家電製品の購入に与える影響は、南東部よりも北西部で小さかった。この二つの地域では、一つの段階では市場経済と家庭経済の関係が、他の段階では既婚女性の有償雇用と家事省力化機器の購入の関係が、異なる移行の道筋をたどった。また同じ地域内、とりわけ北西部のなかでもその違いは顕著だった。さまざまな要素はそれぞれ時間的尺度が違っており、異なる時間の流れのなかに共に編み込まれていた。このことから、空間の多様性を時間からは導き出せないこと、空間や場所は時間性とは異なることを、あらためて理解できる。

ローカリズム

「このあたりの生活はこんなもんだ」

証言を聞いている際に、「このあたりの生活はこんなもんだ」という表現をよく耳にし、強い印象を受けた。オールダム、リトルハルトン、サルフォード、ボルトンなどのどこでも、インタヴューした人はみなこのような言葉で自分たちを取り巻く状況を説明してくれた。ローカリズムが彼女たちの存在の核となって、人生のとらえ方を左右しているようにさえ思えた。地域文化や伝統を高く評価し、テーブルクロスやシーツの洗い方やら、若者の余暇活動、夫は家計費だけを家に入れるか、「賃金をすべて渡してくれるか」、既婚女性が働いているか否かなど、どんな話でも最後に「ここらへんではこんな風なんですよ」とまとめるのが普通だった。ボルトンはちょうど「こんな風で」、サルフォードはちょうど「あんな風で」という言い方である。とりわけサルフォードにおいてはこれが住民に神格化され、もはや説明のいらない固有の原理に持ちあげられ、独自のものであるかに思われた。

一五マイル〔約二四キロメートル〕も離れていない町の、一見よく似ているが実はかなり異なる地元の慣習や就業機会については、あまり知られていなかったようだ。オールダムでインタヴューした元織工の女性たちは、一九三〇年代の不況期には失業しており、地元の工場の仕事を見つけるために、「歩き疲れた」と説明したり、靴を何足も履きつぶしたと語った。しかし仕事を探したのは、なじみ深い場所に限られていた。マンチェスターのように、失業率が比較的低く、若い女性向けの仕事がある地域まで、二〇分ほどかけて仕事を探しに行こうとは考えなかった。半径数マイル以内しか視野に入っていなかったのである。遠くにまで探しに行かなかったのは、交通費が壁になったのかもしれないし、熟練労働者である誇りが、要求水準の低い仕事を探すのを拒ませたのかもしれない。説明するまでもないかのように、その理由を言わなかったのには意味がありそうである。気づかなかったとか、オールダムには他の可能性がないから考慮しなかったとかほのめかすだけで、他の可能性を挙げることはなかった。

地域の伝統には、私が織工と臨時雇いの女性労働者について述べた女性性と男性性をめぐる多種多様な見方も含まれていた。サルフォードの男性は一般に家庭の「親分」となるべく期待されていた。他方ボルトンではサルフォードと違って、女性の有償労働は自己のアイデンティティを形成するうえで不可欠であった。サルフォードでは既婚女性と未婚女性ははっきりと区別されていたが、結婚が人生の通過儀礼の一つにすぎなかったボルトンでは、そうではなかった。

ローカル・アイデンティティに対する深い信頼、この強いローカリズムは、さまざまな町で場所が重要であること、そしてその重要な場所が特別な意味を持つことを物語っている。そこで、ここに立ちはだかるいくつかの問題について議論し、とくに女性にとって（複数存在する）「ローカリズム」の重要性について解釈し、評価する方法を示したい。その際、多様なローカリズムが、ある場所の内部と外部の双方に存在していることを心に留めておきたい。

ヒルダ・ウォーカーとアグネス・ブラウンはいずれもサルフォードの出身であるが、それぞれにとって地域性の意味合いは異なっていたようだ。ヒルダ・ウォーカーは子どもの頃過ごしたサルフォードの通りに愛着を持っていたが、アグネス・ブラウンはサルフォードを町ととらえ、名所や施設のほうに愛着を持っていた。些細な違いではあるが、二人の女性の人生経験において、家庭、仕事、コミュニティの交差の仕方が異なっていたことを示している。私がインタヴューをしたサルフォードの住民のほとんどは、人生を振り返るときに、具体的な建物、通り、パブや工場などに言及した。対照的にボルトンとオールダムでは、「このあたりの生活はこんなもんだ」が重要なようで、人や活動（土曜日には夫婦が一緒にパブに行ったとか、織工は月曜から金曜まで子どもを預けたなど）や、慣習（バケツの夜はいつなのか）に人々は言及した。つまり地域性は物理的に作られたものではなく、むしろ人々がそこで何をしたかという、共通の活動や物事の進め方で定義されたのである。

これをローカリズムの種類が異なるためであると説明しては言い過ぎだろうか。もちろんサルフォードとボルトンの違いを示す議論はできるだろう。サルフォードに比べてボルトンでは一つの産業がより支配的だったので、人口のかなりの割合を占める人々がそこで働いていた。とくに既婚女性は男性とほぼ同じ比率を占めていた。したがって、「このあたりの生活はこんなもんだ」とは、ボルトンの女性にすれば「綿工業労働者として働くこと」を意味し、地域の伝統は多くの住人が共有する労働経験からも形作られていたことがわかる。サルフォード住民は広範な産業にまたがる労働生活を営んでいたが、生活環境はかなり同質だった。すでに見てきたように、女性は賃金労働をしている、いないにかかわらず、まず何よりも妻であり母であると自認し、労働生活よりも家庭生活に深く根を張っていた。そのような環境におけるローカリズムとはおそらく、近隣の人々の文化を指していたり、いくつかの通り、行政区あるいはサルフォード全体に拡がっている伝統なのだろう。だが一方で、ボルトンの伝統は労働文化との関係で形作られていた。主に口述の証言を検討した際に、二つのローカリズムは好対照との印象を抱いたが、特定の自伝をかなり入念に読んでみると、この印象はさらに強まった。たとえばボルトンの子ども時代に関するアリス・フォーリーの記述は（Foley, 1973）、サルフォードに若い頃住んでいたエルシー・オーマン（Oman, 刊行年不明）のそれと明らかに異なっている。日々の家族生活に関するフォーリーの自伝は、仕事の世界、仕事が世帯やその成員に与える影響の描写で満ちあふれている。彼女は店や工場で働いた経験を詳細に描いていた。仕事は生活の前提として不可欠な要素となっていた。これに対してオーマンの日記では、賃金労働については彼女自身がしたことでさえ、付随的なテーマにとどまっているように見える。記述の大半は、通りでの暮らしや、住民どうしの関係、玄関の外階段、質屋、手回しオルガンの男性に割かれているのである。

二人の記述の違いが、私がここで示したように明確であるか否か、妥当であるかどうかにかかわらず、「地元」が一部をなすローカリズムも、実態は多様であると気づくことは重要である。また、ある種のローカリズムに地域的条件がどのように結びついているのかを意識するのも重要である。これがこじつけだというならば、一九三四年にJ・B・プリーストリー*が「イングランド紀行」をした際にランカシャーの大衆文化（あたかもランカシャー全体がそうであるかのように示している）に遭遇するが、その時のぞんざいな言い方のほうがはるかに信じがたい。

マンチェスターとボルトンに挟まれた地方は、醜悪さもこれ極まれり、というべき地域で、かえって壮快な気分になるくらいだ。住めるものならここに住んでみろ、と挑戦しているような面構えである。ランカシャーの庶民気質の秘密はここにある。彼らはその挑戦を受けて、いわば戦役についているのだ。だから前線の兵士たちのように、たくさんのジョークをつくりだし、コミック・ソングを歌うのである。（Priestley, 1934: 248 =邦訳八七頁）

「サルフォードっ子。それが私の誇り」

サルフォード市民の町に対する強い忠誠心を額面どおりに受けとってしまうと、彼らは十把一絡げにされたことを侮辱と感じるだろう。私がインタヴューした多くの人は、「サルフォード生まれのサルフォード育ち」「サルフォードっ子。それが私の誇り」と自己紹介するか、「私はマンチェスターっ子ではなく、生粋のサルフォードっ子です」と、自分を他地域の人から区別した。エイミー・ファウラーと、その夫のビルは、アニー・プレストンやフロ・ナトール、アグネス・ブラウン、ヒルダ・ウォーカーと同じような表現を使った。両親がアイルランド、シェフィールド、ダービシャーなどの地域からサルフォードへ移住してきた例もある。大型船用運河の建設に携わった祖父が、サルフォードに定住した例もある。このように、サルフォードの地域性に市民としての誇りとアイデンティティを抱いているのは、数百年にわたって親族が結束していたためではない。サルフォード人としてのアイデンティティは、そのような言い方が適切なら、移民一世でも、二世・三世でも同じように強く持っていた。それは、その人の経歴よりも、むしろ、サルフォードの町の固有性や歴史に関係しているように思われる。サルフォードはマンチェスターの郊外とか一地区になりさがることに逆らい、川一つ挟んだだけであるにもかかわらず自立した一つの町であったし、現在もそうである。ボルトンとオールダムの住民も自分たちの町という意識は強く、町にアイデンティティを持っている。サルフォードにおいては、とりわけそれが顕著である。次に議論の出発点として、その究極ともいえる事例を取り上げたい。

人間はなぜ場所に対して忠誠心を持つのだろうか。調査者はそれをどう理解し、どの程度重視すべきなのか。社会科学者は一〇年ないしは二〇年前よりもはるかに強くローカル・アイデンティティに関心を寄せているように思う。私はこうした話を、一種の地元「優位主義」「差異の強調」、あるいは近郊住民の「包摂と排除」として解釈してきたことに気づいた。ローカル・アイデンティティとエスニック・アイデンティティを同等視すらしていたのだ。サルフォード（やボルトンやマンチェスターの）住民をエスニシティと見なすのはあまりにも行き過ぎているだろうが、非常に強いローカル・アイデンティティは、部分的にエスニック・アイデンティティと共通する意味や影響力がある。現在、社会科学の主流はアイデンティティ、その多様な形に強く注目しており、ローカリズムに疑問を呈し、ローカル・アイデンティティを考察するための考え方、その方向性を打ち出しつつある。アイデンティティの一つであるローカリズムは何が特別に重要なのか。ローカル・アイデンティティとエスニック・アイデンティティのつながりに疑問を投げかけることが最も重要であるように思われる。場所や人々に対するその他のアイデンティティとローカル・アイデンティティを比較するのが最善のアプローチかもしれない。ローカリズムの独自の重要性を考察するにあたり、エスニシティと場所や、「白人性」と「家庭」について学際的になされた議論を参照したい。この作業が、アイデンティティの一つの形としてのローカリズムの特徴とは何かを、理解するのに役立つと思

＊ J. B. Priestley, 1894–1984. イギリスの小説家・劇作家。『英国のユーモア』（一九二九年）、『イングランド紀行』（一九三四年）、『夜の来訪者』（一九四五年）などの著作がある。ここで引用されている『イングランド紀行』は、第二次世界大戦によって紙不足になるまで数十万冊を売り上げるベストセラーとなった。

われるからだ。
ローカル・アイデンティティとエスニック・アイデンティティの類似性を考える背景には、旧ユーゴスラビアの経験がある。とくにボスニアやクロアチアは、近隣の町と異なるから自治権が必要だという理由で、次々とより小さな行政単位に分割された。ユーゴスラビアでは長年、エスニシティと地域性の複雑な絡み合いが表面上は問題になっていなかった。しかし、政治状況が変わってナショナリズムが復活し、「民族浄化」*が起こると、この二つはばらばらに切り離されることになった。この数十年、主権を求める地区の再編が行われ、（国民国家から大陸・地域といった）領域単位が重要になったために、国家やナショナル・アイデンティティや「想像の共同体」をめぐる考察や論文の執筆が非常に活発化している。国民国家とは異なる「帰属」単位のほうが重要なのかという問題、エスニシティはいかに領土という基盤とつながるのかという問題は、この検討課題において最も関心を集め、政治理論家（たとえば、Gellner, 1983; Hobsbawm, 1990; Anderson, 1991; Smith, 1991; Ignatieff, 1994）や新しいタイプの地理学者らがこの問題に取り組んでいる。

「人種」やエスニシティに関する研究とは別の道を通って、ようやく多数派集団や「ホスト国」の住民にもエスニシティがあると認識されるようになった（たとえばRoediger, 1991; Hall, 1992, 1993; Frankenberg, 1993）。移民やその子孫、マイノリティ集団だけではなく、植民者やもともと大都市に住んでいた人にもエスニシティがあると考えられるのだ。なにしろイギリス人の入植者は、アイルランド人、アフリカ人、インド人と比べて、自分の白人性とイギリス人性に自信と優越感を持つようになっていたのだから。イギリス植民地主義の歴史は、白人性（その大半はイギリス人性）に溢れていたといえる。このような視点の転換によって国内の優勢な集団、つまり、以前であればエスニシティという見地から考察されることのなかった女性労働者を含むイギリス系白人に関心が向けられるようになった（Hall *et al*., 1999, Chap. 4）。

文化理論家や地理学者による「ホーム」の研究が、近年とくに進んでいる（Cohen, 1993; Sarup, 1994; Back, Cohen,

Räthzelによる現在進行中の共同調査)。この研究は他の学問分野の発展と明らかに手を携えながら、「ホーム」が実際上も比喩的な意味でも、アイデンティティを徴《しるし》づけるものとして動員される多様な方法に注目する。また「ホーム」という用語を使う際の、ナショナル、ローカル、エスニック、ジェンダーなどアイデンティティにもたらす違いにも目を向けている。

「サルフォードっ子。それが私の誇り」を肯定することと、国家への帰属やエスニック・アイデンティティに疑問を呈することは別次元である。とはいえ、ローカリズムを評価するには、この二つをつなげるのが有益だ。ローカリズムを気にするのが、多角的に考える重要性を知る研究者だけだとしてもだ。サルフォード出身であることは、多くの調査対象者にとってとても重要だったが、それがどのように重要なのか、行動までも左右するのかについてはよくわからない。彼女たちが地域に対して抱く愛着を、ただの郷愁として片づけることはできない。ローカル・アイデンティティは、人々が他の集団と自分たちを区別する目印として機能しているからである。サルフォード住民は(一般的にあまり寛大ではないイギリス人と違って)、移民一世というアイデンティティを認めているようだ。しかし「サルフォード出身者」「ランカシャー出身者」であることに、ボスニア人やセルビア人、カタルーニャ人、バスク人であることとの社会的・政治的意味がこめられていたとは考えにくい。サルフォード住民であることは、本質的・排他的なアイデンティティではなく、ランカシャーやイングランドの出身であることと取り替え可能だ。また、サルフォード住民は、場所のアイデンティティよりも多くの言葉にあらわせないアイデンティティを持っていた。とはいえ、サルフォードのために人を殺したり死んだりする人はいないだろう(と思いたい)。サルフォードのアイデンティティが及ぶ範囲は明らかに限られていた。だが、ある場所に対する誇りとは内面からにじみだし、

＊　旧ユーゴスラビアにおける紛争のように、民族混住地域において、異民族の追放、大量虐殺、強制移住、組織的性暴力などの手段によって、住民の民族構成の純化を図ることを指す。

ふつうは試されるものではないので、その境目はわかりづらい。部外者の目には、サルフォード住民のアイデンティティは何かに敵対的であるようには見えず、むしろ隣接する地域と対立することなく、マンチェスターとの違いを意識することで、サルフォードに対する忠誠心を強めているようにも見えた。強調されてはいるものの、グレーター・マンチェスターにおける地域差はそれほど目立たない。地域差に基づく特徴が重要な意味を持つのは、たいていはそこにこだわりをもつ人々に限られ、地域の外のより広い世界にほとんど影響を与えなかった。地域間の違いを示す目印がはじめから存在するわけではないことは明らかである。逆説的になるが、サルフォード住民が（一代・二代の世代を越えて）アイデンティティを強調するのは、多くの市民が思いがけない出来事や社会不安の影響を受けるという逆境のなかに生まれ落ち、近隣にある有名で豊かで、大きな町とは異なるからでもあった。その意味では、サルフォード住民のアイデンティティは逆境を埋め合わせるのかもしれないが、それが社会不安や思いがけない出来事から身を守っていると見なすのはロマン主義の極みであろう。

ひょっとすると私は、サルフォード住民のアイデンティティを理解するうえで判断を誤っているかもしれない。なにしろ私がインタヴューしたのは年配の方々であり、一九三〇年代の大恐慌期だけでなく、多くの人がここを去った後、近年まで残り続けた人たちでもある。一九三〇年代に転出した人には当然インタヴューできなかったし、その後この地を去った人々のなかには、インタヴューした女性の息子や娘も多数含まれていた。つまり、私がいくら典型的な女性に会いたいと望んでも、事例としては特定の人に偏っていたのである。この人たちはサルフォードにずっと住んでいるので、この地域に強い愛着があるのは当然のことだ。

表象とともに生きる：映画、小説の中のサルフォード

住民にとってサルフォードがいかに大切であるかを理解するには、一五〇年以上にわたってサルフォードに外から与えられてきた表象と自画像についての考察を深めなければならない。これが事態を複雑にしているのである。

エンゲルスは『イギリスにおける労働者階級の状態』で、一八四〇年代初頭のサルフォードを、「非衛生的で不潔な、そして荒れ果てた地域」として描き、汚物や排泄物、ゴミの山、汚水のなかに人が暮らしているマンチェスターと同じほど住宅水準が低いと記している（Engels, 1892: 95 = 邦訳一三〇頁）。ロバーツは二〇世紀初頭の二五年間のサルフォードに関する報告のなかで、労働者階級の生活の階層化と、この地域で世間体を保つポイントについて詳細に述べている（Roberts, 1971, 1976）。サルフォードを北部の労働者階級の町の象徴とするうえで、ウォルター・グリーンウッドの自伝と小説（とりわけ『大切な失業手当』）も重要な役割を果たした。同書の初版は一九三三年に刊行され、ここには失業がもたらす自暴自棄と社会と個人の双方の荒廃が描かれており、このことが、グリーンウッドの評判に直接的・間接的に影響を与えた。この小説のおかげでサルフォードは全国的に一躍有名になったが、グリーンウッドが負の側面だけに光を当て、ハンキー・パーク*の恥をさらしたこと、そこに住む人々の窮状を踏み台にして、彼自身は裕福で有名になったことに憤り、いまでも複雑な気持ちを抱く住民は多い。グリーンウッドの私生活やだれが本当の原作者かといった批判は、一九三〇年代から地元で神話のように語り継がれ、いまだにこの作品の正当性に疑問を突きつけている（Davies, 1991）。

この一世代後には、シーラ・ディレイニーの戯曲『蜜の味』が、サルフォードを舞台に戦後の社会問題（ひとり親とその子ども、一〇代の性行動、同性愛）を取り上げた。この作品は一九六二年にトニー・リチャードソン*監督がモノクロで映画化しており、リタ・トゥシンハム*が妊娠した少女役で、ドラ・ブライアン*がけばけばしく無責任

＊ ウォルター・グリーンウッド（Walter Greenwood, 1903–1974）の生まれ故郷サルフォードの町名である。

＊ Tony Richardson, 1928–1991. イギリスの映画監督・映画プロデューサー。『蜜の味』（一九六一）のほか、『長距離ランナーの孤独』（一九六二）、『トム・ジョーンズの華麗な冒険』（一九六三）など傑作の数々を世に送り出した。

＊ Rita Tushingham, 1940-. イギリスの女優。リヴァプールで舞台女優として活躍。一九六一年、トニー・リチャードソンの『蜜の味』で映画デビュー。

な母親役で出演している。サルフォードはここで、時代遅れとなった古い文化がそれでも生きながらえる、若者が将来の展望を持てない、寂れた工業都市として描かれている。

サルフォードはその他のメディアでも取り上げられている。いまではサルフォードの専門資料館に収められているL・S・ローリー*の作品には、工業地帯の街並みに「マッチ棒のような人物」が描かれている。インタヴューした人たちは、アラン・プライスの同名の歌謡曲とともに、これらの作品のことをよく知っていた。

イギリスで一番の長寿番組である『コロネーション・ストリート』は、サルフォードの表象のなかで最も有名で成功した連続メロドラマであろう。架空の町「ウェザーフィールド」では、すべての物事が町の通り、パブ、店、車庫や工場を中心に回っていて、必要なものがすべてそろった、居心地のよい共同体である。これは「北部の労働者階級の生活」の戯画でもある。多くの登場人物は、きわめて限定された社会的・経済的空間であるいくつかの通りで生活を送っている。ほとんどが自営業で、地元住民相手のサービス業に（美容師、場外券売り、学校の教師、新聞販売、カフェの従業員として）従事している。最近では数人の黒人も姿を見せ（たいてい、すぐに姿を消してしまうのだが）、ウェザーフィールドより広い世界が存在することを示唆しようとしている。町の中心部のパブや商店や刑務所が出てくるものの、「外部」はぼんやりと取るに足らないものにとどまり、彼らはまるでブラックホールのようなその奥へと消えていくのだった。ウェザーフィールドにおいてこそ、登場人物は現実味を帯びてみえる。メロドラマにはよく見られることだが、『コロネーション・ストリート』に登場する女性たちは、地域のなかで中心となって与えられた役割を果たし、みなをまとめ（Dyer *et al.*, 1981; Geraghty, 1991）、文化やインフォーマルな規範を次の世代に伝える。連続メロドラマにステレオタイプは欠かせない。私がサルフォードでかいま見た地元に対する心情という文脈からすると、『コロネーション・ストリート』に欠かせないローカリズムは非常に興味深い。私がインタヴューした人は全員このドラマのことはもちろん、サルフォード住民の触れあいや暮らしから（どれほどかけ離れて）描かれているかについても詳しかったに違いない。サルフォード住民が表現するローカリズムが、このドラマで描かれているものとは明らかに違うものだと私は思っている。このドラマでは、市民の忠誠心、みなが共有する歴史と文化にまつわる感覚を核としてローカリズムが描かれてはいるが、実際にはここで基本となる前提を欠いているからだ。それは人の経済的・社会的な願望や要求が、いくつかの通りからなる空間のなかで満たされうるし、満たされるべきだという前提である。実際のローカリズムとドラマで描かれているローカリズムのあり方はまったくずれている。現実的な描写は連続メロドラマの目的ではないし、そもそも期待されてはいないのだ。

第2章冒頭で指摘したように、アニー・プレストンとその友人たちがサルフォードの歴史を意識的に伝承しているという印象に違和感を覚えるのは、彼女たちが「典型的なスラム街」の特徴と重なる経験を詳細に語り、この町が「典型的なスラム街」であるという評判をそのままなぞっているからだ。彼女たちの物語を、単なる個人の話として額面どおりに受け取ることはできない。彼女たちは思い出やオーラル・ヒストリーが、その場所を生き生きと輝かせる力を持つことを、十分に意識していたからだ。この三人の女性は、私が出会った人のなかで最も活動的な郷土史家であるが、決してサルフォードで例外的な存在というわけではなかった。彼女たち以外にも郷土史研究会に入っている人は多かった。次々と紹介の輪が広がる雪ダルマ式機縁法によって、在野の郷土史家の人脈に分け入ることができた。インタヴューした人の大半が、これまで映画や出版物でどのようにサルフォードが描かれてきたかをよく知っていた。なかには私が読むべき本、見るべき展覧会や写真の収集、役立つ資料を所蔵する地元の図書館を薦めてくれる人もいた。確かに、専門図書館である労働者階級運動図書館*と同様、地元の公共図書館でも郷土史が突出した位置を占めていた。

* Dora Bryan, 1923-. ランカシャー生まれのイギリスの女優。子どものころにマンチェスターでパントマイムを始め、『堕ちた偶像』（一九四八）などに出演。

* L. S. Lowry, 1887-1976. マンチェスター生まれの画家。イングランド北部の工業都市の人々の生活を描いた作品を数多く残している。

サルフォードの住民はただ身の上話をしているのではなく、明らかにサルフォードについて語っていた。人々がサルフォードの暮らしを語る背後には、過去と現在にまつわるさまざまな表象、うわさ、公式の歴史や集合的記憶の層が幾重にも重なっている。したがって、語られたことを解釈するには、もっとそこに入り込む必要がある。個人の話を、それが語られた状況と切り離し抽象化することなどできない。家族の暮らしに関するきわめて個人的な話のほとんどが、これまで考えたこともない問いに無邪気に答えたものとはとても思えなかった（どんな素朴なオーラル・ヒストリー研究者も、誰かの記憶に直接アクセスできるとは考えないだろうが）。もし私の印象が正しいとすれば、私的な物語は熟慮されたうえで何度も語られ、これが語り手の頭のなかで、サルフォードの集合的記憶を形作る公式の歴史や表象と意識的に結びつけられているようだった。そうであれば、解釈にあたっては、この点を考慮しなければならないだろう。公私の話が混ざり合っているように見えたとしたら、私はサルフォードのローカリズムに関するこれまでの議論を訂正し、トーンを落とすべきだろうか。その答えは否である。一方にある地元を誇る気持ちと、他方にある町の公式の表象や自分自身による表象のありようとが一致するのは偶然ではない。住民は進んでその土地に自分を重ね合わせるものだが、そうすることでローカル・アイデンティティの維持に寄与してもいる。地元に対する愛着の表現は、これとは無関係に存在する町の一般的イメージの単なる反映ではない。

地域性とローカリズムの多様性

最後にイングランドの南東部と北西部との差異――これは北西部内の差異よりもはるかに大きいが――に立ち返ることにしたい。ロンドンとランカシャーの間には明らかに地理や労働市場構造の違いと、生活や地域性の経験、ローカリズムをめぐる言説の違いがあった。ここでは分析するうえで意味のある要因だけを示唆しておこう。スラム街撤去や新興住宅地の造成、ロンドン郊外の田園地帯における工業団地や工場の建設は、地理的に大きな転換や移動を引き起こし、求職の習慣を変化させ、広範囲にわたる社会的ネットワークが確立することになった。加えてロンドンでは人口のかなりの割合をスコットランド、ウェールズなど貧しい地域から仕事を求めてやって来た移住者の子孫が占めていた。女性も男性と同様に、遠くから通勤しており、ロンドンを横断することもあった。広域都市圏における労働市場構造は複雑で、多様性に富み、幾層にも分かれていた。比較的同質的で、少数の産業が支配し、個別的で狭く閉ざされた労働市場を特徴とするランカシャーとは、大きく異なっていた。[10] 一九三〇年代に衰退し始めるまで、ランカシャーの織物産業は長期にわたり地位を確立していた。長いこと織物産業が持ちこたえてきたこともあって、「このあたりの生活はこんなもんだ」となるのだった。

この違いによって、地域性とローカリズムは、ランカシャーの社会的・経済的生活の特徴となり、住民は自分たちの特殊性になんら疑問も抱かず地域の伝統を受け継いでいる。こうして、「このあたりの生活はこんなもんだ」が重視されるようになったのである。これに対してロンドンっ子は地方色がなくあまり均質的でもないため（ドッグランズ*やイーストエンド*のような重要な例外は除いて）、「このあたりの生活はこんなもんだ」という考え方にはあまり馴染みがない。このように、ロンドンでもランカシャーでも、場所は構造化され重要な意味を持っているが、そのありようは異なっている。

ロンドンよりもランカシャーの住民のほうが地域と密着して暮らしており、既存の生活パターンに縛られている。とくにサルフォードの女性の場合、多様な生き方をすることなど不可能で、臨時雇いという選択肢に限られていた。

* グレーター・マンチェスターのサルフォードに、一九五〇年代に個人によって設立された労働者階級運動図書館には、労働者階級に関する本・パンフレット・刊行物などが数多く所蔵されている（参照：労働者階級運動図書館ホームページ http://www.wcml.org.uk/）。

* ドックランズはロンドン東部の再開発地域である。テムズ川に面し、かつて造船所や倉庫などの港湾施設があった。一九八〇年代から一九九〇年代にかけて行われたウォーターフロントの再開発により、オフィスビル、ショッピングモール、住宅が集まる場所になった。またイーストエンドは、ロンドンの東部、テムズ川北岸に臨む低地一帯の俗称である。ウエストエンドに対して下町として知られ、一九世紀後半には貧困層や移民層が集中し、スラム街が形成されたが、現在では再開発により住宅・商店街化が進んでいる。

これと同様に、一つの産業しか存在しない町の住民は、ジェンダー間分業と結びついた世帯と有償労働をめぐる選択肢がロンドン市民と比べて少なく、多くの人々が支配的な枠組のなかで制約を受けながら生きるほかなかった。人々が自分たちの独自の状況を一般化して語るのは、長く続いてきた生き方から逃れられないからだ。その生き方は、自分たちが大人になるまで続いていたし、しばしば親の時代からずっと続いていた。そこから「このあたりの生活はこんなもんだ」を学んだのだ。

あまりにも異なるランカシャーとロンドンを比較するのは不適切であろう。空間的な差異とは、変化や発展という点では時間的な差異でもあるので、歴史の文脈でこそ場所に焦点をあてる意味がある。戦間期のロンドンとイングランド南東部は、新興産業が定着する中心地だった。ここで新しいタイプの経済組織が発達し、新しい職業が生まれ、それにともなって新式の住居、交通、消費が誕生した。一九三〇年代にまずロンドンやイングランド南東部で出現した労働・生活パターンは、第二次世界大戦後に全国へと広まった。イングランド北西部でも、何十年もかかったわけではなかったが、いつしかこのようなパターンが姿を現した。伝統的な織物工業が一九三〇年代頃衰退しはじめたものの、これに代わる新しい産業が存在しなかったランカシャーでは、このような大きな変化がなかった。従来の労働・生活様式が存続したのだ。一九三〇年代におけるロンドンとランカシャーという場所の違いは、両者を分かつ歴史的発展とも絡み合っていた。

地域の衰退産業が他の産業に取って代わられていたなら、ヒルダ・ウォーカーが窓の外に見た風景はあれほど大きな意味を持たなかったはずである。この地域が一新されなかったからこそ、たくさんの人々が場所の過去に強い思いを寄せてきたに違いない。

空間的に関連する側面をいくつか考察してみただけでも、「場所こそが問題である」ことが明らかになった。地域性の形成とローカリズムのあり方に、空間の次元が最も大きく影響を与えていたのである。地域内部と地域間の双方において、また、工場と住宅の近代化、そして生産と消費との間の不均等発展においても、空間上の差異は大きな意味を持っていた。それ以上に、場所こそが問題であれば、空間という分析枠組も同様に重要になってくる。この分析枠組は、地域性やローカリズムおよび家事の近代化の道程のいずれを把握するにおいても必要である。

注

（1）Soja（1989）とHarvey（1989）は、地理学を再考する人々のなかで、最も影響力を持っている。観光文化地理学の例については、Robertson *et al.*（1994）を見よ。

（2）Gregory and Urry（1985）が編集した著作は、社会学と地理学に橋を架ける研究であり、一読を薦めたい。

（3）フェミニスト地理学の進展と取り組みに関する有益な見取り図を、Rose（1993）, McDowell（1993）, Women and Geography Group（1984）, Massey and Allen（1984）, Massey（1995）, Bondi（1990）, Bowlby *et al.*（1989）が提供している。専門誌『ジェンダー・場所・文化』（*Gender, Place and Culture*）は、一九九四年から刊行されている。

（4）地域性はさまざまに定義され、批判も議論も同様に多数存在する。たとえば、Massey（1994, esp. Chap. 5 の「地域性研究の政治的位置」）, Cooke（1989）, Warde（1989）, Urry（1987）, Duncan（1989）, Sayer（1991）を見よ。地域性に関する議論、その説明的な役割については、Duncan and Savage（1989, 1991）を見よ。世帯内の取り決めや地域性研究についてはMorris（1991）を、ジェンダーと地域性に関してはBowlby（1986）を見よ。

（5）社会学と地理学の間には、議論の仕方において明白で興味深い類似性が認められる。第1章で見たように社会学では、二元論の一方の側が、他方より優位に立つ傾向がある。実証すべき事象を資本主義の「諸法則」からすべて読み込むと批判されている政治経済学的アプローチに、地理学者は反発している。他方「地域性研究」（その多くはＥＳＲＣ〔経済社会研究協議会（The Economic and Social Research Council）、社会科学分野での研究資金援助を行う団体〕が資金提供している）においては一進一退の状態にあり、地域が決定することや地域の持つ影響力が強調されている。二つの極端な潮流どうしで互いの立場を戯画化するという特殊な時代が地理学史上にはあったが、ドリーン・マッシィは、両者を架橋するという明確な立場を表明していた。こうした文脈を明らかにしてくれたダイアン・ペロンズに感謝したい。

（6）換言するとMassey（1984）の「空間的分業」という概念は、一連の同一の空間構造を結びつけることから生まれた不均等発展の形態に言及している。

（7）エンゲルスはマンチェスターの衝撃的な住環境について、多くの統計をあげて説明している（Engels 1892: 86–92）。住居の質が悪いのは、建設業者が安物の資材を使ったり、手抜きをして費用を浮かせながら急ごしらえをするせいであり、そのために住宅の価値がすぐに下がり、長持ちしないのがほとんどだとしている。

（8）次に挙げるトラフォード・パーク工業団地に関する議論はさまざまな資料を利用している。たとえばRussel and Walker（1979）が収集したオーラル・ヒストリー、「年月に橋を架ける」プロジェクトの証言、私自身がコニー・ミッチェルに対して行ったインタヴュー、Fielding（1992, 1993）である。

（9）「理想の家庭」イデオロギーの登場とその効果に関しては、とくにCowan（1989）, Wajcman（1991）も見よ。家電製品や家の建築に関する優れた歴史については、Hardyment（1988）, Forty（1986, esp. Chap. 9）, Davidson（1982）, Roberts（1991）を参照せよ。

（10）これはロンドンと比較した場合のことであって、ランカシャーの諸都市間の違いが重要ではないと主張しているのではない。自己完結的で、他都市とは関連性がない都市もこのなかにあり、本章で議論したように、各々の都市ごとに異なる経済史、産業構造、労働市場があった。これらの政治・都市史は、それぞれの町の性格、自己表象、住民にとっての意味づけの仕方やその深さを形作るうえでも重要だ。

石井香江・訳

第7章　最終章にふさわしく
理論と実証

最終章では、分析の枠組と方法を明確に整理し、他の事例でもこのやり方が有用であることを示したい。本書では特定の資料――すなわち、二〇世紀中期のイギリス、ランカシャーにおける女性労働者――に即して分析の枠組と方法を作り上げ、他の資料の場合と同様に、そこに至るまでに多くの試行錯誤を経てきた。関係性を分析することとは、社会関係の配置やパターンを明らかにし、異なる社会過程の連結や交差を明らかにする手がかりとなるため、本書で取り上げた事例以外にも役立つ。むしろ［こうして作り上げた枠組と方法は］、扱う時代、対象地域の広がり、扱う事例の数にかかわらず、社会生活のいかなる分析にも資するものでなければならない。さらに、本書のアプローチは、理論や知の構築に関わるものの見方や解釈し分析する過程の道筋を示すものであり、ポストモダニズムやポスト構造主義以後も、いまだ停滞する社会学理論の刷新に物申すものである。ポストモダニズムやポスト構造主義が鋭く問うた論点――大きな物語のそれ自身を振り返り妥当性を検証できるかという再帰性、あるいは一つの要因から普遍性を引き出す単一要因説、ある議論が「真実」だといかにして言えるか――は、社会学やフェミニズムを含むすべての人文社会科学にとって真の論点になるものだ。私たちは、現実を無視せず、しかも体系的な分析や説明の探求もあきらめず、これらの論点を引き受け、議論を先に進める必要がある。

どのように、集めた資料という〝ケーキ〟を切るのか。再度ここで、この問いが浮上してくるのは、ここまで続けてきた議論の多くがこの問いによって互いにつながってくるからだ。「労働をめぐる全社会的組織化」という包括的な枠組は、さまざまな関係、制度、構造が実は連動するという見方、複数の社会的分離の交差という観点から〔ものごとの〕関係に焦点をあて、関係から説明することを提起する。同様に、それは知の産出として示された概念や理論と具体的な資料の間を何度も行き来すると、抽象的なものと具体的なもの、社会と個人、マクロとミクロの関係を見ることにつながる。〔この枠組は〕理論構築というものに対し、従来の二元論的思考とは異なるとらえ方をする。すなわち、二つの要素は、別個のもの、あるいは自立したものであるという二元論的思考ではなく、二つの要素は相互に密接不可分なものとしてとらえるアプローチである。

「労働をめぐる全社会的組織化」を再考する

本研究において統一的な分析枠組として使用した「労働をめぐる全社会的組織化」は、新たな資料と題材に取り組むことでさらなる展開をみた。そこでは織工と臨時雇いとして働く女性たちの労働がそれぞれどのように〔社会的に〕組織化されているのか、その分析に組み入れるべきものは何か、すなわち、インフォーマルな経済の活動や交換、世代間や世代内の変化、時間性・空間性について説明できるように枠組を拡げる必要があったのである。これらの次元を枠組に取り込み、洗練させて、その分析力を高めていった。そこで、本章では、「労働をめぐる全社会的組織化」という概念を展開して得られた結論をいくつか描いてみたい。

それでは何が「働く《ワーク》」ことなのか?

有償労働と無償労働のほかに、織工と臨時雇いの女性の双方の生活に不可欠なものとして、インフォーマルな経済活動が浮かび上がった。織工は、自分の姉妹や母親を含む近隣の女性たちが作り出す商品やサービスを購入する傾向があった。これに対して、臨時雇いは子どもの世話や洗濯、食事の支度といったサービスを主に供給していた。この二つの女性グループにとって、インフォーマルな仕事とインフォーマルな経済交換が家庭経済と市場とを結びつけていた。実際、多くの織工がフルタイムの継続雇用に従事し、かつ家庭と子どもへの責任を果たしていたが、それを支えたのは、まさにそうした活動であった。臨時雇いにとってサービスの提供は多様な有償労働の一つであり、その報酬は重要な収入の一部だった。家庭内労働と有償雇用の分節化は、もともとの私の調査の出発点だったが、この二つの女性グループにみられたものは単にこれら〔家庭内労働と有償雇用という〕二形態の労働だけではなかった。家庭経済とフォーマルな経済の結びつきは、インフォーマルな経済活動まで分析枠組を広げてこそ理解できた。これこそが、二つの女性グループを互いに結びつけ、その結びつきを支え、それぞれが家でする仕事とお金を得るためにする仕事とをつないでいた。お金を得るために売った商品やサービス以外にも、臨時雇いはお互いにサービスの交換もした。一人の女性が近所の子どもや姉妹の子どもの世話をしている間に、公営の共同洗濯場でほかの女性が自分の洗濯をしながらその女性の洗濯もした。この関連でさらに注目すべき点は、同一の作業や「仕事」という活動がまったく異なる社会・経済的関係のもとで行われていたことだ。つまり、ほとんどの場合金銭は絡んでいなかった。しかし、有償かどうか、相互的か一方的かにかかわらず、すべての活動は「インフォーマルな経済活動」として位置づけることができた。

　工業社会では、ごく最近までそうした営みが「経済的なもの」とは認識されず、労働力や生産に関する公式統計にほとんど現われなかった。社会科学者は市場関係や市場を経由した交換だけを経済と認識し、一般的に使用される「仕事」「労働」「経済」を非常に限定的に解釈してきた。「インフォーマルな経済活動」という言葉は実際の「インフォーマルな」社会・経済的諸関係の多様性を把握するにはきわめて大雑把だが、女性の仕事の多くは非市場的で多様性に富むので、この「領域」が注目されるようになってきたことはとりわけフェミニストにとって重要で歓迎すべき視点の変化である。

国際的な麻薬取引、インターネット上の無秩序な金融取引、現金または「帳簿外」取引、いわゆる「ブラックエコノミー」、地域通貨、日曜大工や食料自給の拡大、仲間内の家事サービスの復活——もしこれらがすべて経済活動として認識されたなら、既存の「仕事」や「経済」の定義はやがて変更を迫られるだろう。国際連合などの組織では、発展途上経済のための「サテライト」勘定*が、中核的な「市場」の外で行われる労働による生産への貢献を測定する際の標準的な手法となりつつある（United Nations, 1995; Goldschmidt-Clermont and Paganossin-Aligasakis, 1995）。欧州委員会の一九九八年報告は、「ブラックエコノミー」がEC（欧州共同体）のGDP全体の七―一九％を占め、一〇〇〇万―二八〇〇万人の雇用に当たるとの見解を示した。この主張は、EU（欧州連合）参加国の財政拠出を決める際、従来どおりの調整された標準経済を算出したGDPでなく、将来的には「ブラックエコノミー」を含む各国の総GDPを反映させるべきだという政策上の議論を引き起こした（*Financial Times*, 8 April 1998）。

こうなってくれれば、仕事や労働活動をとらえる方法が変わるだけでなく、より詳細かつ真剣に女性の「臨時的」仕事へ注目が集まり、現在の曖昧な状態が可視化され、過去から現在にいたるまでの継続的な経済的貢献とその社会的重要性に光が当たるだろう。

「労働をめぐる全社会的組織化」も、「経済」というものを考えるうえでの、新しいより包括的な方法の一つである。ここまでの議論は、家庭と仕事というジェンダー化された経済の分析をよりどころとして、無償の家庭内労働と有償労働、支払われたり支払われなかったりする「臨時雇いの」労働のつながりを中心に論じてきたが、私が示したかったのは、この分析的アプローチがまったく異なる状況にある他の多くの事例に適用できるということだ。特定の制度や組織、社会関係の内部でのみ行われる活動として「仕事」をとらえなくなるため、「労働をめぐる全社会的組織化」はどんな種類の仕事をも考察でき、同一社会内の異なる社会経済のもとにあるさまざまな仕事のつながりを探る場合にも使える。たとえば多くの西ヨーロッパの工業社会では、「ボランティア活動」は戦後の自由民主主義圏における福祉国家の時代においてもなお重要な位置を占めている（そして実際に、多くの国々で、多様なボランティア活動が広がった）。

ボランティア活動は、ある国々では一部の国々よりもその役割は大きなものとなった。たとえばイギリスやオランダでは顕著だが、北欧諸国ではそれほどではなかった。「ソーシャルワーク」において保健医療の補助や高齢者と子どものケアはその中心的な領域であり、北欧諸国ではそれは有償労働であるが、イギリスやオランダでは無償のボランティアが中心となっているからだ。「労働をめぐる全社会的組織化」によって、有償の労働も無償のボランティアも仕事ととらえられるだけでなく、この種の仕事（有償またはボランティア）と他の「セクター」の仕事や特定の社会（市場、家族、コミュニティなど）における労働の社会的組織化とのつながりが分析できるのだ。

さらに「労働をめぐる全社会的組織化」によって、仕事やとくに雇用を新たな視点からとらえる可能性をもたらす。仕事や雇用がその一部として含まれる、より広い制度的・社会的文脈と対比してとらえる視点だ。雇用、失業、若年雇用、ジェンダー化された雇用参加はすべて公共政策や労働市場の制度、社会福祉、税制と連結し、かつこれらによって規制されている。いずれも国や時代ごとに異なり、その結果、雇用と公共・社会政策とをつなぐ布置連関も異なっている。制度の全体性をとらえようとする「労働をめぐる全社会的組織化」アプローチは、近年の社会政策分野の研究に見られる関心と〔じつに〕重なっている。ポスト福祉国家時代に起きた国家、福祉国家、経済政策のレジーム、その結びつき方の変化を分析する研究（Orloff, 1993; Levitas, 1998 など）がその例として挙げられる。

この枠組は別の領域でも展開可能性がある。仕事の性質が相当大きく変化しているのにまだそうとは認識されていない領域だ。たとえば二〇世紀に大きく発展した小売業、流通業界、およびその成長にともなう多様化・ジェン

＊　ＧＤＰなどを産出する国民経済計算体系に従いつつ、社会的関心の高い特定の分野・問題に特化して、必要に応じてその修正や拡張を行う経済統計体系。家事労働や無償労働の評価などに用いられる。

ダー化を考えてみてほしい。商品は生産され消費されるだけでなく、販売されなくてはならない。しかし、生産と消費をとりむすぶ段階で発生する仕事や労働（言うまでもなくこの何十年で巨大化と変容を遂げつつある）は、生産と労働過程に深い関心を寄せる政治経済学も、買い物と買い手に関心を持ってきたカルチュラル・スタディーズも、見落としてきた。小売り「市場」の範囲がどんどん広がるなかで、女性労働力が主力となって生産し販売する商品やサービスの多くは、女性が作り女性が買うだけでなく、かつては家庭で生産されるがゆえに決して「流通」することのなかったものだった。「労働をめぐる全社会的組織化」は、販売を仕事と認識するだけでなく、変わりつつある仕事あるいは労働の境界線の分析や、その歴史的展開から生産―流通―消費という回路全体の性質の変化をも分析できるだろう。

時間性と時間

「労働をめぐる全社会的組織化」の有用性をインフォーマルな経済活動の例で説明してきたが、さらに時間性の次元を加えて広くとらえてみよう。時間性はさまざまなかたちで「労働をめぐる全社会的組織化」に入り込んでいる。第一に、時間は標準的尺度として使用できる有効な手段だ。金銭取引がまったく発生しないか、あるいは多少発生するだけといった多様な社会経済関係におけるさまざまな労働形態を比較できる。このアプローチからわかったのは、織工と臨時雇いを比べてみると、雇用主のもとでの有償労働と夫と共にある家庭内労働の間での労働と時間の交換に違いがあり、両グループ間での時間の交換にも違いがあることだ。二つのグループを比較した結果、あきらかに臨時雇いの女性労働者が使える時間の大部分は（たいていい不平等な）労働の交換のために消えており、織工とは違って「自由な」時間という観念をほとんどもっていなかった。

時間に着目したおかげで、仕事をめぐるジェンダーの違いが世代によって異なることがわかった。私がインタヴューした女性たちは若い頃、工場や織物工場で終日働いた後、必ず家の中の仕事をしなければならなかった。兄弟が同じことをするよう期待されることはあまりなかったが、女の子の「二重労働」は当たり前だった。彼女たちは時間と賃金という二重のかたちで家庭経済に貢献した。多くの労働者階級が基本的生活水準を維持するのに娘の貢献は重要なものだった。しかし、人間にライフサイクルがあるように家庭経済にも生活周期というものがある。一時点ではなく長期的に見ると、世帯の構成員が賃金と時間のどちらに貢献するかは、子どもが産まれる前と後では違う。働いている子どもが家にいる段階か、年齢を重ねた未婚の娘が高齢の親の経済的な支えになり「代わりに」親が無償の家庭内労働を行っている段階かによっても、異なる。さらに、世帯の生活周期も歴史的に変化する。一九二〇年代、一九三〇年代を通じて、臨時雇いの女性労働者と織工が生まれ育った家族で普通だったことが、一九五〇年代には普通ではなくなった。母親とは違い、彼女たちは自分の子どもに家庭内労働に大半の時間を割くことなど期待しなかったし、同居して働いている子どもから給料袋をそのまま受け取ろうとも考えなかった。

「労働をめぐる全社会的組織化」に「時間の経済」を導入すると、このように労働についてはるかな広がりをもって、仕事におけるジェンダー差の理論化に適した考えができるようになる。時間は、有償かどうかにかかわらず、労働投入量を測る一般的な基準として、「誰が誰のために何をするのか」を算出する有効な手段なのだ。

しかし、そうした定量化に決定的な限界が生じ、問題が大きくなるのは、労働諸関係が他の多様な社会関係と社会過程に埋め込まれている場合で、往々にして対比不可能な異なる経済的「空間」のなかで生じているからだ。ある課業の遂行にどれくらいかかるか比較しても、課業の時間的組織化という別の側面が時間の長さよりもはるかに重要なことを実感するだけだ。

時計時間、あるいはクロノメーター時間というものは、このように時間性の一つの見方を示すにすぎない。織工や臨時雇いの女性労働者の事例でも、両者の間ではクロノメーター時間における違いよりも時間性における違いのほうが大きかった。彼女たちの時間の経験は異なっていた。〔両者の〕日常生活やライフコースは〔異なる参照点をもとに」まったく別々に「封鎖」され、過去の記憶は異なる「カレンダー」によって組み立てられていた。二つのグループで異なる公私の分離には、時間という次元が強くあり、臨時雇いの女性たちは家庭内の仕事を近隣との「公的な規範」に従っていつすべきかを決めていたが、そうした仕事を織工は「私的」で個人的なことと見なしていた。臨時雇いが織工よりもやりくりに奔走したのは、彼女たちが行う労働のさまざまな時間性のせいであり、商品化の有無にかかわらず、地域コミュニティの週単位の時間のほかに、午後五時ちょうどにテーブルに食事を出すといった夫の時計時間と子どもの学校時間、有償のサービス労働と無償の家庭内労働の間をほぼ同時に進めていた。「労働をめぐる全社会的組織化」に時間性を導入すると、労働の交換、課業に関する補完関係、義務の互酬性のなりたちは、一定の継続性をもつことも、周期性やその他の形をなす順序立てによることもあると見なせよう。時間が区分をつくるのではなく「区分が時間をつくる」と考えれば、より一般的な示唆となろう。時間性をそのなかで社会関係が発生する外皮と考えるのではなく、社会過程を統合するものと考えれば、差異に関する独自の洞察と明確な分析的視角が得られる。それは、ここで検証した事例以外にもあてはまることだ。

空間性と場所

同様の見解は空間性にもあてはまる。労働の組織化のされ方には明確な空間的次元があるので、空間性という視点を導入すると、「労働をめぐる全社会的組織化」の分析力は非常に高くなる。空間は時間と同様、社会過程の外部にあると考えるべきではなく、欠くことのできない構成要素として考えるべきである。社会関係と社会過程は場所を能動的に作り上げており、空間という外皮の内側でそれらが起きているというよりも空間性を作り出しているものとみるべきだ。空間が外皮ならばその「内側」で起きることを理解するのには役立たないはずだ。

空間という次元を導入したことで、戦間期のランカシャーが遭遇した多様な環境をより深く理解できた。たとえば、ジェンダーによって分離された家庭と仕事の関係とその両者の布置連関のありようは一定の広がりを持つ空間で共有されていた。男女の臨時雇用は本来相互補完的なものではないが、両者が一緒になるとサルフォードで起きたように、特有の関係を持つ布置連関が生まれ、それが人々の場所に対する経験や見方を特徴づけていった。それがサルフォード人としての強いアイデンティティを生み出した。ボルトンでは女性の雇用は、サルフォードに比べ綿工業という一産業への集中度が高く、要求される技術も賃金も高かった。ボルトンの男性はサルフォードの男性よりも雇用機会の範囲と技術水準に幅があっただけでなく、ジェンダー間分離の程度が低い職業と仕事場で働く者もいた(1)。これら男女間に見られる空間的な共相関の特徴を二つの町で見ることによって、ともすれば奇妙にも見える特徴的な地域性に関わる言説や、家庭内の仕事の分担、職業のジェンダー化との関連を相当、明らかにすることができた。

トラフォード・パーク工業団地で働き、暮らす人々の生活は、隣接するサルフォードとは大きく異なる点がいくつかあったものの、その地域的な特性はそれぞれの空間のなかにある諸関係の特定の組織化と組み合わせが重なりあって生み出されていった。その一つが住宅の質だった。トラフォード・パークの住人は一九三〇年代に最新設備を完備した新築の家に暮らしたが、サルフォードの多くの人が浴室や屋内トイレや給湯設備を使えるようになったのは一九七〇年代以降であった。全体として、こうした不均等はグレーター・マンチェスターの特徴だった。発展や衰退を並べてつき合わせてみることで、空間性に地域的な特性という奥行きを加えられた。隣接していたにもかかわらず、住宅数や快適さばかりか産業の衰退・成長、失業率、既婚女性の雇用機会が二つの地域でまったく異なっていたために、結果として不均等発展の「パッチワーク」ができていた。年齢というものの意味の構築にあたっても、青年期がライフサイクルを分かつ明確な境界線となった町もあれば、若者と大人の間の区別がはっきりせず、配偶関係に基づいて世代が定義された町もあるというように、空間という次元が関わっていた。

人々が自分の環境特性や、わずか数マイルしか離れていない所に住んでいる人がどのような経験をしているかを知らないということは、いかに地域の労働市場や文化が分断され不連続であるかを示している。フォード工場でT型車を組み立て、エジプト綿をインド輸出用に製織し、熱帯産の果物を荷揚げするなど、仕事がこの一帯の住民をグローバルな植民地経済に直接結びつけていたのに、である。「このあたりの生活はこんなもんだ」という言説によって強化されて、内部から生まれ説明の必要もないもののように、もとからあったものとして、住民は地域性を語った。

二〇世紀中期にはこうしたイングランド北西部のパッチワークよりも地域間の不均等発展が注目された。イングランド南東部における新興産業の成長と働き口の増加に関心が集まったのとはまったく対照的に、北西部では産業が衰退し失業率が高まっていた。当時はあまり言われなかったが、地域的な格差は住宅の構造や電力、水道、下水設備といった住環境にまで及んでいた。南東部では電気・ガスの敷設がすでに住宅建築の標準設備であった時期になおランカシャーでは整備されていないことが家庭生活に非常に深刻な影響を与えていた。骨の折れる労働集約的な家庭内労働が数十年にわたって担い続けられ、家庭での消費財や家電製品を使う余地を狭めていたのである。このように南東部と北西部との間で起きた「不均等発展」には、さまざまなものごとが相互に結びつき、その違いも多様で複雑なパッチワーク状をなしていた。「労働をめぐる全社会的組織化」に空間という視点を導入することによって、人々が暮らし、作り上げた空間ネットワークの多様なつながりを把握し分析できるようになった。

イングランド北西部と南東部の比較によって、空間的なものと時間的なものが相互に関連し合っていること、歴史的文脈から切り離して空間的多様性を考察することは不可能なことがあらためて理解できる。一九三〇年代のランカシャーとロンドンの空間的な差異は、両者を分離させた歴史的展開とも関連があった。しかし、空間と時間について考えるときは、時間の直線的な経過とともに空間的な差異や変化が順を追って起きる、あるいは生産と消費に関して地域が同一の展開の道をたどると考えないことが肝要だ。ある場所が他の場所より遅れつつもそのままたどる単線の道などはなく、「近代化」には多様な道筋と多様な形態があった。たとえば、住宅改善にともなう消費の変化と家電製品の導入への影響は北西部では南東部に比べてあまり顕著でなかった。既婚女性の有償労働と省力化のための耐久消費財購入との関係における変化、さらにより一般的に言えば市場と家庭経済の関係の変化という点で、二つの地域は異なる軌跡を描いており、イングランド北西部で見たように同じ地域内でも場所によって異なっていた。〔これら関係の変化を構成する〕要因、要素にはそれぞれ異なる時間尺度があり、互いに異なる時間の流れを持ちながらも〔一つの空間の中に〕互いに編み込まれていた(2)。これは、時間と切り離して空間の多様性をとらえる、あるいは逆に時間性の多様性を空間や場所の差異と切り離して考えることがいかに不可能であるかを示すほんの一例である。状況や場所、時間がまったく異なっても、同様の例はいくらでも見つかるだろう。「労働をめぐる全社会的組織化」という概念枠組を展開するにあたって、時間性と空間性を相互に連結して「考察」しなければならないのだ。

小括

本章のここまでの狙いは「労働をめぐる全社会的組織化」という概念の分析力を描きだすことにあった。「労働をめぐる全社会的組織化」は包括的な枠組であり、一般性をもった理論レベル、またミクロ、メゾ、マクロのいかなる水準の分析にも利用可能だ。これを使って、単一の世帯や職場における労働の組織化だけでなく、地域、町、地方、国内といった特定の空間での労働の組織化を、どんな歴史の時点からも探求できる。地理的、共時的、通時的な各レベル間での労働の組織化の違いを比較したり、区別したりする場合にも使える。たとえば、一つの世帯に焦点を絞った場合、「労働をめぐる全社会的組織化」は世帯を一つの完結したものとして見るのではなく、その全体性を〔さまざまな労働が組織化されることによって〕、相互に連結しているという観点から余すところなく考察できる。

労働とはすべてを含む概念である。仕事と呼ばれるものはさまざまな形態をとり、いかなる制度内にも存在し、それらは多様な社会経済関係の内部で行われている。労働は、その区分の厳密さはともかく他の活動とは一線が画されているだけでなく、労働自体も仕事と呼ばれるもの以外の社会関係や社会過程と〔の関係において〕多かれ少なかれ区別され、そこに埋め込まれている。この「労働をめぐる全社会的組織化」というアプローチの目的を正確に言えば、さまざまな種類の労働の連関のありようと、その組み合わせによって構成された全体的な労働の布置連関のありようを精査することなのだ。

関係を分析する——交差性と布置連関

ここまで書いてきたように、私の調査の主要な課題は次の点にあった。夫と妻、母と娘、織工と臨時雇いの女性労働者の分業はいかに交差するのか。地域の雇用構造と地域文化にはどのようなつながりがあるのか。生産と消費、有償労働と家庭内労働はいかに連結しネットワークをなしているか。それぞれの個人や職業グループにおいて家庭と仕事が〔どのような関係において配置されているのかという〕布置連関はどのようなものか。ライフコースとともにそのパターンはどう変化するか。

関係性と交差性は、本研究で使用した中心的な分析枠組だった。相互関係に注目し、複数の〔社会的経済的〕過程や分離の関連を重層的に考察するうえで、関係性と交差というアプローチによって、社会関係、社会・経済過程や社会的分離の異なる組み合わせがどのように「一つのものとして収まる」のかを明らかにすることを狙った。そのためにそれぞれの要素が〔一つのものとして〕構成されていく過程、その過程を作りだし、そこに特定の性質を付与する結びつき方、また、どのような状況でそれが行われ、互いに接続されていくのかを詳細に調べたのだ。結合、交差という関係とその過程にある結び目を分析的に解きほぐし、もう一度結び合わせる——このようなやり方は説明方法として重要なだけでなく、特定の〔関係の〕布置連関を作る多様な要因を歴史的に探求するとともに、さらに多くのことを説明可能にしてくれるものだ。

このような関係という観点において、社会的分離はさまざまな形をとり、そうした複数の社会的分離が交差している点はとりわけ重要だ。近年社会学者が認識を強めているのは、社会的分離は単独でそれ自体で存在しているという見方ではもはや十分な説明とは言えず、さまざまな社会的分離が相互に横断的に重なり合って交差し、強化しあっているということだ。たとえば、西欧工業社会における階級関係は、ジェンダーとエスニシティ〔という社会的分離〕とともにとらえなければならない。ジェンダー、階級、エスニシティを、相互に影響を与えることもなく、何の結びつきもない「純粋」な過程ととらえるのは、もはや有益ではない。このように関係をとくに重視する分析的アプローチにとって、交差性を明らかにすることは格別な関心事だ。分離は個人の特性や性質からではなく、人々の関係から生みだされる。関係のあり方への着目は「構成されたグループ」の裏側を見る方法であり、社会的分離を類型化し、カテゴリー別に弁別してグループを把握するアプローチに終わらないための試みなのだ。

一定の布置連関のもとで、「一つのものとして収まる」には、その構成要素間に矛盾があることもあるし、対立や不均等な過程を含んでいることもあると強調しておこう。たとえば、家庭内労働と有償労働の区分をめぐって、サルフォードの臨時雇いの女性労働者とその夫の間にはかなりの緊張があり、妻がさまざまな手段を使ってむき出しの争いにならないようにしていた。最新技術と最も近代的な生産方法の誕生とともにできあがったトラフォード・パーク工業地域ではこの最先端の近代化に見合う商店や消費のための施設が存在しなかった。これは発展が一様ではないことの一つの証左である。したがって諸要素の結びつきを考慮する際、機能的に一体であるとか、内部矛盾や対立がなく、緊張をともなわないと考えるべきではない。

もう一点は、現実としてある分離とその交差のうち、どれを考慮に入れるかという課題に関連する。ここで検証した社会関係の連動をそのまま普遍化することはできず、本研究には適切だったからといってどこにでも当てはまるとは限らないし、また確実に当てはまるというわけではない。どのような関係や分離との交差を考察するかは、直接的にはその主題によるだろう。織工と臨時労働者の場合、詳細に吟味すべき鍵となる関係性はジェンダー、職業、場所、時間、フォーマルな市場経済、家庭経済、インフォーマルな交換だった。その分析の結果、特定の場所や特定の時間において、特定の個人、職業グループ、ジェンダーごとにいかに多様な分業があるか、それらの異なる分業がどのように交差していたかが明らかになった。別の研究では、おそらくセクシュアリティ、宗教、エスニシティ／民族、年齢、階級が、ジェンダーや職業などよりも重要な変数となることもあるだろう。相互に関連し交差する現実のありようはいまだ結論の出ない問いであり、事例ごとに状況を精査し確定すべきものである。

個人的経験から社会を見る・個別事例を普遍化する

関係を重視したアプローチには、このほかにも社会分析にとって、より幅広く有用な理論的な意味がある。たとえば、特定の個人や特定の事柄に焦点を当てて研究すると、社会的なダイナミクスや権力関係の一般的な理解に貢献する。個別事例を相互作用の力やその反応から分離・凝縮されたものであり、多様に交差する社会経済過程の結節点であると考えるなら、その個別事例の探求から広く意義ある洞察が生まれる。ヒルダ・ウォーカーがフィービー通りを見ながら指差したのは今はもうなくなった、彼女が生まれた頃の通りだった。そのことは、彼女自身の存在をはるかに超えて広がるジェンダー、場所、記憶の三つがどのように関係しているかの布置連関の意味を示唆してくれた。社会分析にとっての時間的次元の重要性は、女性労働者の時間性の経験を織工と臨時雇いとで比較して明らかになった。言い換えれば、個別事例を掘り下げることは、必ずしも特殊で限定的な理解に終わってしまうわけではないのである。

相互補完性に注目する

本研究では一貫して「二者択一」的な思考法ではなく、〔ものごとを〕互いに補い合うものとしてとらえ「両方とも」と考えるやり方をとった。対極と思われているその二つの極を検討してわかったのは、実は両者は相互依存的で、そのため、相互排他的な解釈枠組よりも相互補完的なものとして二つの極を認識するほうが多くの問題を解明できることだ。マージョリー・フィッシャーとエディス・アシュワースの一〇代の頃の話は、「物質性 対 意味」という二項対立の好例である。二人とも本当によく働いた。不況でずっと父親や兄弟が失業していた頃、わずか一〇代半ばであったにもかかわらず主たる家計維持者であった。しかし、両者の暮らしぶりは似ていたが、経験の仕方はまったく違った。若者が働く意味がまったく異なっており、その語りも違っていた。エディス・アシュワースにとっては、「搾取」だった。働くのが嫌でたまらなかったし、自分に何が起きているかを理解するにはあまりにも幼すぎたけれども、「使われている」と感じた。彼女は「利用できるものは何でも利用」した母親に対して生涯苦々しい思いを持ち続けた。これとは対照的にマージョリー・フィッシャーは一九三〇年代初期に実際に一人で家族を経済的に支えたが、肯定的な記憶しかもっていなかった。あえて父親をほめ、なぜ彼がお酒に走ってしまったかを説明した。

この二人の状況を「客観的」に見たときの類似性に焦点を当てて物質面での狭い解釈をすれば、若者の搾取と、労働・時間・金銭の横取りという一般的な結論に終わる。二人が付与した意味に重きをおいて別の解釈枠組を使えば、二人のあいだに何ら類似性を見いだすことはできない。さらに、調査者が被調査者の話とは異なる意味や重要性を付与することは正しくないという見方もある。物質性に依拠しても意味に依拠しても、それぞれに把握しているものと見落としているものとが出てくる。よって、この二つの異なる解釈を相互に排他的なものとすると、誤った二元論を立ち上げてしまう。同じ暮らしぶりが違うかたちで経験されたのであって、私たちは意味と物質性の双方、または言葉と事物の双方を一つの像に組み込むことができると認識し、違った経験として受け入れてよいのだ。なぜ女性たちは自分の状況をこのように違うかたちで意味づけたのか。それを説明するためにはもちろん他の要素、とりわけ家族関係の質を見なければならない。もっとも、こうした説明をしても両者の間に物質的な類似性がないわけではない。同様に、戦間期の若年労働の役割を他の要因を持ち出して説明しても、女性の記憶や解釈を受け入れることと対立はしない。

全体として私の分析では、特定の個人を詳細に検討することが中心となっており、Xという個人やYという個人が置かれていた境遇やものの見方は、特定の場所における社会・経済過程のダイナミクスを物語るがゆえに重要だ。これとは逆に、制度や構造の理解は、XやYがなぜそのように語りそのように生きたのか、その経験について当人がどう理解しているのかを説明してくれる。臨時雇いの女性労働者の母親や妻としてのアイデンティティは、語られたことすべてを額面どおりに受け取るべきでない理由を示す好例だ。つまり、彼女たちが従事している仕事は一般的に社会的評価が低いという文脈を考慮すれば、自分のアイデンティティを母親や妻として定義するのは納得がいく。方法論としては、このように理解するには次の二つのことが必要だった。一つは個々のインタヴュー記録に周到に注意を払うことであり、彼女たちの状況の特殊性を裏付ける他の証拠を参照して、語りを「位置づける」ことだ。

一九九〇年代の社会理論やフェミニスト理論にとって、文化的なものを、社会的なものや構造に対置することが主要なテーマだった。これによって、仕事と雇用に関する研究の焦点は不幸にも労働文化か、仕事の構造かに二分されてしまった。しかし、仕事の文化はそれが見いだされた状況にある文化以外の次元に影響されている場合がある。サルフォードやボルトンで見たように、独特の伝統、習慣、期待は地元の雇用構造の特徴（とくにその地域的な均質さの度合い）や職業の性格（およびジェンダー間分離の程度）と密接に関わっていた。サルフォードの妻たちが持つ結婚生活や夫の「あるべき」役割への期待は、ジェンダー分離の程度が高い状態のもとで、大部分の男女がともに臨時職に就いており、不安定、不熟練、肉体労働でかつ低賃金という、相対的に〔他の地域と〕隔離された雇用構造から「よりよく理解でき」よう。

このように、文化的・経済的な過程は研究目的において、互いに関連した次元なのであり、経済の分析はその文化の理解によってより深められ、また、文化の分析は経済の理解によってより深められる。「ローカルな文化」は単独で成り立っているとか、他の何とも関係がないと考えてはならない。その特性を理解するには、それが繰り広げられている〔場での〕過程、制度、関係が広く網の目のように関わりあっている様子を見なければならない。つまり、対極と考えられるものの二つの極のそれぞれで起きていることを理解するには、それぞれの内側のダイナミズムとして把握するよりもむしろ、この二つの極がいかに関連し補い合っているかに着目することが重要なのだ。

多様性と不平等をつなぐ

多様性と差異は、黒人フェミニストが白人フェミニズムを批判して以来、理論的にも政治的にもフェミニストの関心の中心となってきた。ジェンダー内の差異、すなわち女性どうしの差異に注意を払うことは、ジェンダー間の差異への関心を失わせたということではなく、ジェンダー間の差異についての考察を補うのに不可欠と考えられるようになっている。女性性や女性アイデンティティの多様性（すなわち、ジェンダー内の差異）を認めるのは、理論構築にとって多大な刺激だった。そのおかげで、言説、および社会過程の双方において、ジェンダーの多様な意味、ジェンダー分離の多様性と強度の違い、他の社会的分離との交差のありようを説明できるようになった。初期の研究は、植民地化する側とされる側の世界で国家、エスニシティ、階級、肌の色など背景の異なる女性にとって奴隷制、帝国主義、レイシズムがどのように異なる経験として経験されたかに集中した（そのようにして一九七〇年代のフェミニズムに見られた「第一世界」への偏向を是正したのだ）。それが今や、ジェンダー研究やポストコロニアル研究に、白人性のジェンダー化、ジェンダーのエスニシティや白人女性間の分断（Hall, 1992; Ware, 1992; Frankenberg, 1993）についての論考が加わっている（私の調査も、全員が同一の狭い地域に暮らす労働者階級の白人女性に関する研究と見れば、その一つにあたる)。これらはフェミニスト分析が自民族中心主義の陥穽に留意し、精力的に分析を立て直してきたことの証左だ。

女性間の差異、多様性と分断に注目すると、どうしても不平等の問題とそのとらえ方を問いたくなる。臨時雇いの女性労働者と織工は、たとえお互いが依存していて、多くの人が「彼女は私を助けてくれたし私も彼女を助けた」と言ったとしても、互いに平等な経済関係にあったわけではない。織工は、サービスや商品を買った臨時雇いの女性よりも経済的に大きな力を持っていた。多くの選択肢を持ち、商品を買うことができたため臨時雇いの女性を雇う必要はなかったが、臨時雇いの女性のほうは生活のためにサービスを売らなければならなかった。

この種の不平等を「階級」または「階級」内「階級」とするのは言い過ぎだろう。そうとらえたとしても問題は解決せず、定義に関する新たな問題が生じるだけだ。誰が何を横取りしたのか、そこに剰余が含まれたのかは明らかではない。労働と貨幣のインフォーマルな交換は、〔フォーマルな〕賃金労働と資本の交換と同じではないが、一種の雇用関係であることに変わりはない。「肉体労働に従事する労働者階級」という広いカテゴリーにあり、同じジェンダー内にも不平等な経済取引が存在する。これは、特定のかたちで階級とジェンダー関係が交差している証拠である。確かに、階級という用語で分析することは理にかなっているが、それは階級が交換関係と見なされる場合に限られる(Glucksmann, 1990: 18–20, 261–2, 279–80)。言い換えれば、階級はあらかじめできあがっている地図上の定位置にあるわけではなく、問われている問題によって〔位置が〕変わるのである。

二つの女性グループの不平等な交換関係のほかに、夫やよりフォーマルな雇用主との交換関係や、すべての不平等まで含めて視野を広げるなら、状況は一層複雑化する。そこに加えて、ある交換は貨幣で、ある交換は時間でと考えると複雑さは増す。こうした異なる種類の不平等をどうやって関連づけるのか、あるいは関連づけるかどうかという問題が浮かび上がってくる。時間のところで述べたように、同じ基準では測れないものもある。さまざまな種類の不平等が同時に作用しているからといって、その不平等をたった一つの尺度に押し込めても何も付け加えられず、理解を深めるのに役立つこともない。そもそも、それらは一つの尺度で測定することはできないのだ。しかし、違う種類の不平等を足し算できなくても、その互いのつながりを理解する試みを断念する必要はない。交差性という分析枠組をさらに発展させ、「ジェンダーにとってのコンテクストとしての階級」(Anthias and Yuval-Davis, 1992)、「支配のマトリックス」(Collins, 1990) という初期の概念から前進するのだ。

さまざまな差異と多様性、さまざまなやり方で交差する分離の多様な形態、まったく異なる経験が、近くに住まう人々の間で見られる。こうした複雑さとばらつきがあるにしても、多様性を個性と解釈するのは、安易である。実際、本研究の中心的議論は織工と臨時雇いの女性労働者の差異に関する体系的な特徴であり、その異なるパターン化や組み合わせであり、違った次元を結びつける構造であって、それらをいかに説明できるかだった。

多様性、差異、特殊性、断片化が重要だとわかっても、体系的な分析をやめてはならない。おそらく旧来の説明枠組(いわゆる伝統的なすべての二分法)では〔それは〕無理だった。しかし、今や、選択肢は古めかしい説明枠組以外にないわけではない。それどころか、新しいより適切な枠組、すなわち複雑さを扱うことができ、多様性と断片化を分析できる枠組の構築が求められている。そうした枠組は過去のものとは違い、「大きな物語」や単一要因説に取って代わろうとしている。調査の対象が何であろうと、広範な複数要因の交差や絡み合いをとらえ、その歴史や形成を概念化する手段を作り出そうという動きがすでに始まっている。

実証分析を通して理論を展開する

最後に重要なことを述べておきたい。関係性という考え方は再帰的にみて本書が出来上がるまでの知のプロセスにあてはまる。作業の過程で、私の学問上の「知の軌跡」と歴史的・社会学的資料とが交差していたのである〔第2章〕。確かな資料に基づいて理論を発展させるという論点はこれまで絶え間なく追究されてきたテーマであり、それは本研究の原動力ともなった。たとえば「社会的に刻印された時間性」という理論的概念は、実証データに対峙したことで、時間を理論的にとらえさらに抽象度を高めて洗練させるよりも、研ぎ澄まされより高次の一般性に到達することができた。同様のことは不均等発展と分業にもあてはまる。現実の資料を新しく解釈するのは、「純粋な理論」研究以上に難しいとは言わないまでも、理論的な思考を要する。「純粋な理論」研究とまったく同等に新しい考えを生み出しうるのだ。それは理論化されていない、扱いにくいとさえいえる資料に対峙することを意味し、単に既存の理論から推定する、ないしは、あるアプローチを他のアプローチで批判して達成できるものではない。この課題に挑んでいけば、実証性に敬意を払わない、自称社会学理論研究も変わるだろう。

理論を実証データ「に」あてはめ、理論を「証明」するために実証的な資料・題材を用いる、あるいは別の方法で概念、理論、実証データを対置するという手順に基づいて理論を精緻化するという考え方がある。これに対して私は、理論の展開は新しい実証的な資料・題材によって生み出されるものであり、その過程と関係しているととらえている。その際の方法論は、自分自身の最も好む、あるいは最もなじんだ考えにショックを与えるような、創意あふれるものでなくてはならない。概念とデータ、抽象と具体をつなぐ、入り組んだやりとりを何度もくり返し、そのダイナミックな相互作用のなかで、理論は構築され精緻化されていく。概念と概念を幅広く結ぶ発想の図式化によって実証データを分析する基礎的枠組が用意され、それによって理論もまた発展し、概念を結ぶ発想の図式が精緻化する。「労働をめぐる全社会的組織化」はそのように構成された一例である。こうして考案された枠組を本研究では織工と臨時雇いの女性労働者に影響を与えた分業を分析するために使用したが、分析を経て、概念枠組そのものが変化し精緻化された。「労働をめぐる全社会的組織化」という〔労働概念を幅広く結ぶ〕概念図式に基づいてはいるが、それを使った分析によって「労働をめぐる全社会的組織化」自体を「説明」「証明」したわけではない。「労働をめぐる全社会的組織化」は、抽象概念ではなく、個別の確かな資料の分析のなかに具体的に存在するものであるからだ。

連関と概念枠組は、現在進行形の知の相互作用からまさに立ち現れるものである。したがって、さまざまな現実に基づく問いによって、概念枠組は拡張され、深められ、拡大される。それは小売業やインフォーマルな活動、ボランティア活動のような労働の領域を見ることから始まる。概念というものは関係、過程と切り離すことができないものであり、その概念の価値は何が明らかにできたかによって決まるのである。

注

（1）同じ職に就いた夫婦（臨時雇用の夫と妻、またはより安定的で賃金の高い雇用労働の夫と妻）は、一九九〇年代後半に二極化した雇用環境の影響を受けた。すなわち、就業か失業かによって、夫婦は「お金があっても時間がない」か「時間があってもお金がない」といういずれかの状況に置かれた。

（2）この点からも、歴史的変化を分析するさいに系譜学的アプローチの必要性がわかる。系譜学的アプローチとは、ある特徴がどのような関係の中でいかに配置されたか、ないしはその布置連関からさかのぼって歴史を形成するさまざまな要素を追跡し、いかにしてそれらが一つに結びついているのかを見るということである。

三具淳子・訳

監訳者あとがき

本書はMiriam Glucksmann, *Cottons and Casuals: the Gendered Organisation of Labour in Time and Space*, sociology-press, 2000の全訳である。

著者、ミリアム・グラックスマンはイギリスを代表するジェンダー研究および労働社会学研究の担い手であり、長らくエセックス大学教授として多くの博士号取得者の指導にもあたってきている。

本書は、一九二〇年代以降にイングランド北西部で有償労働に就いた女性労働者が、家庭内労働との間を行きつ戻りつしながらどのように生きてきたのか、その生きられた経験を、アイデンティティのありかも含めて縦横無尽に分析し活写した社会学研究であり、女性労働史研究の重要な一角を占めるモノグラフでもある。著者は詳細なインタヴュー調査にもとづいて彼女たちの労働と生活の実相に肉薄することに成功しており、その分析を導いたのは、社会学および社会科学の幅広い知見に裏打ちされた強烈な問題意識にもとづく方法的枠組、「労働をめぐる全社会的組織化 total social organization of labour」である。これは、女性が担ってきた広範囲にわたる多様な労働をとりこぼすことなく、それらのつながりと相互作用をトータルに把握しようとする野心的な方法である。とりわけ有償労働と家庭内労働の双方を視野におさめ、両者の結びつきを多面的にとらえようとすることに焦点がおかれている。ただしグラックスマンが「労働をめぐる全社会的組織化」という方法的枠組の重要性を主張するさいには、特定の理論にもとづく定式化というかたちはとらず、実証的社会学者ならではの問題提起的なやり方をとっている。すなわち一方では、幅広い既存理論の批判的検討を通じて多様な労働を関係づけようとする視点の重要性を説得的に論じ、他方では、自らの調査事例をこの枠組を用いて徹底的に分析しぬいて提示することによって、この方法のもつ魅力にわれわれを誘うことに本書の基本戦略がある。

本書の主役は肉体労働に従事する労働者階級の女性たちである。グラックスマンの彼女たちへの問題関心は、一九七〇年代のフェミニスト運動に参加した経験から生まれたという。この時期に大学で交わされた議論が、ミドルクラスの高学歴女性の範囲にとどまっており、労働者階級の女性を積み残しているという問題意識を強く抱いたグラックスマンは、一九七七年から一九七八年にかけての九か月間、ロンドンの自動車部品製造工場の組立ラインの作業に飛び込んだのである。そこでの就業経験をもとにしたジェンダー視点を基軸とする労働過程分析は、一九八二年の著作として刊行され、その後、一貫して労働者階級女性を対象とする研究にこだわり続けて本書にいたっている。

ではなぜこの時代設定なのか。それは、二〇世紀初頭から生じた今日に連なる女性労働の全般的変動が明確な姿をあらわした時代だからである。決定的なのは、ベルトコンベヤーラインによる大量生産が始まり、パン、そしてビスケットやジャム等の食品加工製品、缶詰食品、化学繊維、既製服等、女性が家庭内で生産してきたものが市場で購入しうる商品として大量に出回るようになったことにある。家電製品を含めて、ミドルクラス世帯は率先して購入していった。労働者階級の女性の場合にはタイムラグがあった。彼女たちは、まずはこれらの新興産業における組立工として大挙して働きに出た。そこからもたらされた収入によって、家庭内労働を代替するこれらの商品の購入が可能となったのである。ミドルクラスがすでに手にしていた掃除機や洗濯機等の家電製品は、一九五〇年代にいたってようやく労働者階級にも普及していく。本書で扱う時代はまさに、商品経済と家庭経済が、有償労働と家庭内労働とが緊密な関係を形成するにいたる大変動期である。以上の点は彼女の第三の著作（一九九〇）に詳しい。グラックスマンはこうした歴史的転換期を意図的に選び取り、しかも新興産業が勃興したイングランド南東部から遠く離れたイングランド北西部で同時代を生きた女性たちを、本書の主人公に据えている。伝統的な織物業が衰退の一途をたどっていった地域における、労働者階級女性間の生活と労働における差異そして地域差を浮き彫りにするためである。

本書では原題（*Cottons and Casuals*）のとおり、二つの相異なる女性労働者グループがフォーカスされ、両グループの特徴と差異、そして相互の位置関係とが浮き彫りにされている。その対比がきわめて鮮やかに描かれており、本書の魅力の多くはこれに負っているといっても過言ではない。第一グループは織物産業の織工に代表される、正規雇用を中心に比較的長い職歴を有する女性（cottons）である。彼女たちは職場での熟練形成に重きをおき、家庭内労働については比較的早期に家電製品を購入するか、あるいは有償であっても他の女性たちに託すかたちを主にとっていた。かつての子育てや家事のやりくりについて質問を受けても思い出せないことも少なくなく、週末に夫とパブに繰り出すというライフスタイルをもつ人々もいた。もう一つの女性グループは、気持ちの上では主婦であることに軸足をおいており、出来合いのフィッシュアンドチップスなどを買わないことを誇りにしていたと語る女性たちである。しかし夫の稼ぎが女性織工の夫に比して少ないため、不安定な臨時的な労働（たとえば学校の夜間清掃）に走る、あるいは近所の女性から洗濯を請け負ってわずかな報酬にあずかるといったかたちで、主婦であるという主観的意識とはうらはらに、こうした種々雑多な労働をつなぎ合わせれば相当な労働時間量に及ぶ臨時雇いの女性労働者（casuals）である。当然にも彼女たちは洗濯機には手を伸ばさず、公共の共同洗濯場が重要な場所であり続けた。

こうした二つの女性労働者グループが浮き彫りにされ、分析が深められていくプロセス、そこに「労働をめぐる全社会的組織化」という方法枠組が意味をもっていることについて、読者の納得が得られれば本書の意図は達成されたということができるだろう。両グループの女性どうしをつなぐものの発見、同じグループ内の女性における差異へのきめ細かな目配りと解釈は見事と言うほかはなく、読み進むほどに読者は、著者が編み上げていく分析論理にぐんぐん惹きつけられていくことになる。これを支えるのは、確かなる実証的データと真摯に向き合ったからこそ産出しえた分析力であり、二元論が切断する両極・両端をむしろ結びつけようとするユニークかつ問題提起的な方法であると言えるだろう。

通常の労働概念を駆使すればある程度までは把握が可能であったかも知れない女性織工との対比において、雑多であるだけではなくきわめて曖昧模糊とした、境界が定かではない種々の労働を担う臨時雇いの女性労働者という存在を時間と空間という局面に分け入って照射し、織工との関係を抉りだしたことが、この方法枠組の最大の貢献だと思われる。後者はあくまでも歴史的な労働者像ではあるが、今日拡大を続ける労働者に近い存在であるといえるかも知れない。すなわち製造業の後退、非正規雇用の拡大、雇用形態の多様化・流動化が展開する現代社会にあって、この臨時雇い女性に類似したかたちでインフォーマルな労働も含めていくつもかけ持ちし、細かい収入をつなぎ合わせて生きている人々が、特に女性および若年層・中年層においても増えてきている。こうした人々の労働と生活を分析・把握する方法としても、その全社会的な位置づけをとらえる方法としても、「労働をめぐる全社会的組織化」という方法枠組は有効性を発揮するのではないだろうか。

本書はさらに、著者がたどった調査フィールドでの足跡が記されている点でも興味深い。当初のもくろみの失敗・試行錯誤という、通常の調査研究にもとづく書物には必ずしも書かれない調査過程が明かされているのである。多様な調査資料をどのように吟味し駆使するかという点にも関わる調査論、それを基盤としての実証的データの分析・掘り下げとその記述という点でも、優れたお手本となる作品であると言えるだろう。

本書の翻訳は、一橋大学大学院社会学研究科木本ゼミで二〇〇五年度の冬学期にテクストとして読み、その方法に大いなる刺激とインスピレーションを得たゼミ参加者（駒川智子さん、石黒久仁子さん、宮下さおりさん、萩原久美子さん、石井香江さん、三具淳子さん）と取り組むことになった。日本の読者に本書を伝えたいのはもとよりの動機であるが、翻訳作業を通じて本書への理解をより深めたいとの強い想いもあった。当時のゼミ参加者以外では、オーラル・ヒストリー研究者の酒井順子さんにもお骨折りをお願いした。著者、ミリアム・グラックスマン教授は、監訳者の質問事項にひとつひとつ丁寧な回答を惜しまず、翻訳作業への多大なご協力をいただいた。本書の刊行を担当いただいた法政大学出版局・奥田のぞみさんには、ひとえに監訳者の作業の遅滞によって長引く翻訳作業を忍耐強く見守っていただいただけでなく、拙い訳のチェックも含めて翻訳の質を高めるうえで多大なご尽力をいただいた。共同翻訳者のお一人といってもいい役割を果たしていただいたことを記して、感謝の意を表したい。もちろん本書の翻訳に関する最終的な責任が、監訳者にあることはいうまでもない。

本書が、女性労働・女性労働史研究、労働社会学、家族社会学、ジェンダー研究およびフェミニズム研究、社会調査論、そして歴史学に関心を寄せる研究者、大学院生、学部生だけでなく、女性と労働と生きざまにかかわる歴史と現状に幅広い関心を寄せる方々にとって、有益でかつ魅力的な一書となることを願っている。

木本喜美子

二〇一四年一月

訳者紹介

駒川智子（こまがわ　ともこ）**第1章**
一橋大学大学院社会学研究科博士課程単位取得退学。修士（経済学）。北海道大学大学院教育学研究院助教（産業教育）。「女性事務職のキャリア形成と『女性活用』」『大原社会問題研究所雑誌』第582号，2007年，「事務職にみる女性労働と職場の変化」藤原千沙・山田和代編『労働再審③　女性と労働』大月書店，2011年ほか。

酒井順子（さかい　じゅんこ）**第2章**
英国エセックス大学社会学部。Ph.D. in Sociology. *Japanese Bankers in the City of London: Language, Culture and Identity in the Japanese Diaspora*, London: Routledge, 2000（Reprinted as The Clash of Economic Cultures: Japanese Bankers in the City of London, New Brunswick, N.J.: Transaction Publishers, 2004），ポール・トンプソン『記憶から歴史へ——オーラル・ヒストリーの世界』（翻訳）青木書店，2002年ほか。

石黒久仁子（いしぐろ　くにこ）**第3章**
英国シェフィールド大学東アジア研究大学院博士課程修了。博士（労働社会学／東アジア研究）。文京学院大学外国語学部助教（ジェンダーとマネジメント，経営学，東アジアビジネス）。"Changes in Japanese Companies' Personnel Management Practices relating to Female Employees: from the Early 1980s to the Early 2000s," S. A. Horn（ed.），*Emerging Perspectives in Japanese Human Resource Management*, Frankfurt am Main: Peter Lang, 2011, pp. 129-163,「女性管理職のキャリア形成——事例からの考察」『GEMCジャーナル』第7号，2012年ほか。

宮下さおり（みやした　さおり）**第4章**
一橋大学大学院社会学研究科博士課程修了。博士（社会学）。九州産業大学国際文化学部准教授（社会学）。「男性研究の現在と日本のジェンダー研究」『社会政策学会誌』第17号，2007年，「経営者の妻の事業関与——繊維産業の事例」『九州産業大学国際文化学部紀要』第51号，2012年ほか。

萩原久美子（はぎわら　くみこ）**第5章**
一橋大学大学院社会学研究科博士課程単位取得退学。下関市立大学経済学部教授（労働社会学，社会政策とジェンダー，人事労務管理論）。『育児休職協約の成立——高度成長期と家族的責任』勁草書房，2008年，「「公的」セクターと女性——ローカルなケア供給体制の変動への接近：福島県北の保育政策（1950-2000年代）を事例に」『日本労働社会学会年報』第22号，2011年ほか。

石井香江（いしい　かえ）**謝辞・補遺・第6章**
一橋大学大学院社会学研究科博士課程修了。博士（社会学）。同志社大学グローバル地域文化学部准教授（社会学，ドイツ現代史，ジェンダー史）。「「詐病」への意思？——災害神経症をめぐるポリティクス」川越修・辻英史編『社会国家を生きる——20世紀ドイツにおける国家・共同性・個人』法政大学出版局，2008年，「統制と抵抗のはざまで——近代日本の電信技手と「機上論争」」『歴史評論』第737号，2011年ほか。

三具淳子（さんぐ　じゅんこ）**日本語版への序文・第7章**
一橋大学大学院社会学研究科博士課程単位取得退学。博士（社会学）。日本女子大学現代女性キャリア研究所学術研究員。「カップルにおける「経済的依存」の数値化——欧米の研究動向と日本における分析」『家族社会学研究』第14巻第1号，2002年，「妻の就業決定プロセスにおける権力作用」『社会学評論』第58巻第3号，2007年ほか。

著者紹介

ミリアム・グラックスマン（Miriam Glucksmann）

英国エセックス大学社会学部教授。ロンドン・スクール・オブ・エコノミックス（LSE）にて社会学博士号を取得。英国の社会学，ジェンダー研究，女性労働研究を代表する研究者のひとりである。博士論文にもとづく社会学の理論書を刊行後，自動車部品の組立ラインでの参与観察による労働分析を経て，理論・方法論と調査研究とをバランスよく追求しつづけて本書にいたっている。1970年代，80年代に刊行した著作は近年次々に再刊されており，過去の著作が現代的な視点からも生命力をもつと評価されつづけている。

監訳者紹介

木本喜美子（きもと きみこ）

一橋大学大学院社会学研究科教授。社会学博士。専門は家族と労働の社会学，女性労働研究，ジェンダー研究。近年，日本の高度成長期に織物業に継続的に従事してきた女性の生活史の調査研究を行っている（「特集：女性労働の高度成長期」『大原社会問題研究所雑誌』第650号，2012年）。主要著書に，『ジェンダー　講座社会学第14巻』（共編著）東京大学出版会，1999年，『女性労働とマネジメント』（単著）勁草書房，2003年，『社会政策のなかのジェンダー　講座現代の社会政策第4巻』（共編著）明石書店，2010年など。

「労働」の社会分析　時間・空間・ジェンダー

2014年2月10日　　初版第1刷発行

著　者　ミリアム・グラックスマン
監訳者　木本喜美子
訳　者　駒川智子／酒井順子／石黒久仁子／宮下さおり／
　　　　萩原久美子／石井香江／三具淳子
発行所　一般財団法人　法政大学出版局
〒102-0071 東京都千代田区富士見2-17-1
電話 03(5214)5540／振替 00160-6-95814
製版・印刷　平文社／製本　根本製本
装　幀　奥定泰之

ISBN 978-4-588-67517-1　Printed in Japan

索　引

さ　行

た　行

な　行

は　行

ま　行

や　行

ら　行

わ　行

参考文献

Abendstern, M.（1986）'Expression and Control. A Study of Working-Class Leisure and Gender 1918-1939: A Case Study of Rochdale using Oral History Methods', Unpublished PhD Thesis, University of Essex

Abrams, M.（1961）*Teenage Consumer Spending in 1959*, London: Press Exchange

Adam, B.（1990）*Time and Social Theory*, Cambridge: Polity Press（バーバラ・アダム著，伊藤誓・磯山甚一訳『時間と社会理論』法政大学出版局，1997 年）

Adam, B.（1995）*Timewatch. The Social Analysis of Time*, Cambridge: Polity Press

Alexander, S.（1994）*Becoming a Woman*, London: Virago Press

Anderson, B.（1991）*Imagined Communities*, London: Verso（ベネディクト・アンダーソン著，白石隆・白石さや訳『定本想像の共同体：ナショナリズムの起源と流行』書籍工房早山，2007 年）

Anderson, M.（1971）*Family Structure in Nineteenth Century Lancashire*, Cambridge: Cambridge University Press

Anderson, M.（1984）'The social position of spinsters in mid-Victorian Britain', *Journal of Family History*, Vol. 9, Winter, pp. 377-93

Anthias, F. and Yuval-Davis, N.（1983）'Contextualising feminism: gender, ethnic and class divisions', *Feminist Review*, Vol. 15, pp. 62-75

Anthias, F. and Yuval-Davis, N.（1992）*Racialised Boundaries*, London: Routledge

Barrett, M.（1987）'The concept of difference', *Feminist Review*, Vol. 26, pp. 29-41

Barrett, M.（1992）'Words and things: materialism and method in contemporary feminist analysis', in M. Barrett and A. Phillips（eds）*Destabilising Theory*, Cambridge: Polity Press

Beauchamp, J.（1937）*Women Who Work*, London: Lawrence and Wishart

Benjamin, D. and Kochin, L.（1979）'What went right with juvenile unemployment policy between the wars: a comment', *Economic History Review*, 2nd series, Vol. 32, No. 4, pp. 523-8

Bondi, E.（1990）'Progress in geography and gender: feminism and difference', *Progress in Human Geography*, Vol. 14, pp. 438-51

Bourdieu, P.（1963）'Time perspectives of the Kabyle', *Mediterranean Countryman*, Vol. 6, pp. 55-72; reprinted in J. Hassard（ed.）（1990）*The Sociology of Time*, London: Macmillan

Bowlby, S., Foord J. and McDowell, L.（1986）'The place of gender in locality studies', *Area*, Vol. 18, pp. 327-31

Bowlby, S. et al.（1989）'The geography of gender', in R. Peet and N. Thrift（eds）*New Models in Geography*, Volume 2, London: Unwin Hyman, pp. 157-75

Bradley, H.（1996）*Fractured Identities*, Cambridge: Polity Press

Brah, A.（1996）*Cartographies of Diaspora*, London: Routledge

Branson, N. and Heinemann, M. (1973) *Britain in the 1930s*, London: Panther

Bridging the Years (1989) Oral History Project in Trafford Park; (1990-) Newsletters, Salford Quays Heritage Centre

Brockway, F. (1932) *Hungry England*, London: Victor Gollancz

Bruley, S. (1993) 'Gender, class and party: the Communist party and the crisis in the cotton industry in England between the two world wars', *Women's History Review*, Vol. 2, No. 1

Buxton, N.K. and Aldcroft, D.H. (eds) (1979) *British Industry Between the Wars. Instability and Industrial Development 1919-39*, London: Scalar Press

Calder, A. and Sheridan, D. (eds) (1984) *Speak for Yourself: a Mass-Observation Anthology, 1937-49*, London: Jonathan Cape

Caradog Jones, D. (ed.) (1934) *The Social Survey of Merseyside*, 3 Volumes, Liverpool: University Press of Liverpool

Census of Population (1931), General Report; General Tables; Industry Tables; Occupation Tables, London: HMSO

Census of Population (1951), General Report, London: HMSO

Chandler, A. (1980) 'The growth of the transnational industrial firm in the US and the UK: a comparative analysis', *Economic History Review*, 2nd series, XXXIII 3, pp. 396-410

Chinn, C. (1988) *They Worked all their Lives. Women of the Urban Poor in England*, Manchester: Manchester University Press

Clay, H. and Brady, K. (1929) *Manchester at Work*, Manchester: Sherratt and Hughes

Cohen, P. (1993) *Home Rules: Some Reflections on Racism and Nationalism in Everyday Life*, University of East London: The New Ethnicities Unit

Cole, G.D.H. and Cole, M. (1937) *The Condition of Britain*, London: Gollancz

Collins, P.H. (1990) *Black Feminist Thought*, London: Unwin Hyman

Cooke, P. (1989) *Localities*, London: Unwin Hyman

Cowan, R.S. (1989) *More Work for Mother*, London: Free Association Books（ルース・シュウォーツ・コーワン著，高橋雄造訳『お母さんは忙しくなるばかり：家事労働とテクノロジーの社会史』法政大学出版局，2010 年）

Crompton, R. (1997) *Women and Work in Modern Britain*, Oxford: Oxford University Press

Daniels, G.W. and Jewkes, J. (1932) *An Industrial Survey of the Lancashire Area*, London: HMSO

Davidoff L., Doolittle M., Fink J. and Holden K. (1999) *The Family Story: Blood, Contract and Intimacy 1830-1960*, London: Addison, Wesley and Longman

Davidson, C. (1982) *A Woman's Work is Never Done*, London: Chatto and Windus

Davies, A. (1991) 'From "Love on the dole" to "The classic slum": Representations of Salford', Unpublished paper delivered to Manchester-Liverpool Economic History Conference, May

Davies, A. (1992a) *Leisure, Gender and Poverty: Working-class Culture in Salford and Manchester, 1900-1939*, Buckingham: Open University Press

Davies, A. (1992b) 'Leisure in the classic slum 1900-39', in A. Davies and S. Fielding (eds)

Workers' Worlds. Cultures and Communities in Manchester and Salford, 1880-1939, Manchester: Manchester University Press

Davies, A. and Fielding S.（eds）（1992）*Workers' Worlds. Cultures and Communities in Manchester and Salford, 1880-1939*, Manchester: Manchester University Press

Davies, K.（1990）*Women and Time. The Weaving of the Strands of Everyday Life*, Aldershot: Avebury

Delaney, S.（1958）*A Taste of Honey*（play）（シーラ・ディレイニー著，小田島雄志注釈『蜜の味』研究社出版，1971 年）

Delphy, C. and Leonard, D.（1992）*Familiar Exploitation*, Cambridge: Polity Press

Demos Quarterly（1995）*The Time Squeeze*, Issue 5

Desrosieres, A.（1991）'How to make things which hold together: social science, statistics and the state', in P. Wagner, B. Wittrock and R. Whitley（eds）*Discourses on Society: Volume XV*, Dordrecht: Kluwer Academic Publishers

Desrosières, A.（1993）*La Politique des Grand Nombres: Histoire de la Raison Statistique*, Paris: La Decouverte

Desrosières, A.（1994）'Official statistics and business: history, classifications, uses', in L. Bud-Frierman（ed.）*Information Acumen: the Understanding and Use of Knowledge in Modern Business*, London: Routledge

Duncan, S.（1989）'What is locality?' in R. Peet and N. Thrift（eds）*New Models in Geography*, Volume 2, London: Unwin Hyman, pp. 221-52

Duncan, S. and Savage, M.（1989）'Space, scale and locality', *Antipode*, Vol. 21, No. 3, pp. 179-206

Duncan, S. and Savage, M.（1991）'New perspectives on the locality debate', *Environment and Planning* A, Vol. 23, pp. 155-64

Duquenin, A.（1984）'Who doesn't marry and why?', *Oral History*, Vol. 12, No. 1, pp. 40-7

Dyer, R. et al.（eds）（1981）*Coronation Street*, London: British Film Institute

Elias, N.（1992）*Time: An Essay*, transl. E. Jephcott, Oxford: Blackwell（ノルベルト・エリアス著，ミヒャエル・シュレーター編，井本晌二・青木誠之訳『時間について』法政大学出版局，1996 年）

Engels, F.（1892）*The Condition of the Working Class in England*, 1969 edn, London: Panther Books（フリードリヒ・エンゲルス著，一条和生・杉山忠平訳『イギリスにおける労働者階級の状態：19 世紀のロンドンとマンチェスター』上下，岩波文庫，1990 年）

Fielder, A.（1932）'Adolescents and the Cinema: Report of an Enquiry', unpublished Diploma in Social Studies, University of Manchester

Fielding, S.（1992）'A separate culture? Irish Catholics in working class Manchester and Salford, c. 1890-1939', in A. Davies and S. Fielding（eds）*Workers' Worlds, Cultures and Communities in Manchester and Salford 1880-1939*, Manchester: Manchester University Press

Fielding, S.（1993）*Class and Ethnicity. Irish Catholics in England, 1880-1939*, Buckingham: Open University Press

Finch, J.（1989）*Family Obligations and Social Change*, Cambridge: Polity Press

Finch, J. and Groves, D.（eds）（1983）*A Labour of Love: Women, Work and Caring*, London: Routledge and Kegan Paul

Finch, J. and Summerfield, P.（1991）'Social reconstruction and the emergence of companionate marriage', in D. Clark（ed.）*Marriage, Domestic Life and Social Change*, London: Routledge

Foley, A.（1973）*A Bolton Childhood*, Bolton: Workers' Educational Association

Ford, P.（1934）*Work and Wealth in a Modern Port*, London: Alien and Unwin

Forman, F.J. and Sowton, C.（eds）（1989）*Taking our Time: Feminist Perspectives on Temporality*, Oxford: Pergamon

Forty, A.（1986）*Objects of Desire. Design and Society since 1750*, London: Thames and Hudson（アドリアン・フォーティ著，高島平吾訳『欲望のオブジェ：デザインと社会 1750〜1980』鹿島出版会，1992 年）

Fowler, D.（1988）'The Life Style of the Young Wage-earner in Inter-war Manchester', Unpublished PhD Thesis, University of Manchester

Fowler, D.（1992）'Teenage consumers? Young wage-earners and leisure in Manchester, 1919-39', in A. Davies and S. Fielding（eds）*Workers' Worlds, Cultures and Communities in Manchester and Salford, 1880-1939*, Manchester: Manchester University Press

Frankenberg, R.（1993）*White Women, Race Matters: the Social Construction of Whiteness*, London: Routledge

Frow E. and Frow R.（1970）*The Half-Time System in Education*, Manchester: E.J. Morten

Gales, K. and Marks, P.（1974）'Twentieth century trends in the work of women in England and Wales', *Journal of the Royal Statistical Society*, Vol. 137, Part 1, pp. 60-74

Garside, W.R.（1977）'Juvenile unemployment and public policy between the wars', *Economic History Review*, 2nd series, Vol. 30, No. 2, pp. 322-39

Garside, W.R.（1979）'Juvenile unemployment between the wars: a rejoinder', *Economic History Review*, 2nd series, Vol. 32, No. 4, pp. 529-32

Gellner, E.（1983）*Nations and Nationalism*, Oxford: Blackwell（アーネスト・ゲルナー著，加藤節監訳『民族とナショナリズム』岩波書店，2000 年）

Geraghty, C.（1991）*Women and Soap Opera: a Study of Prime Time Soaps*, Cambridge: Polity Press

Gershuny, J.（1988）'Time, technology and the informal economy', in R. Pahl（ed.）*On Work*, Oxford: Blackwell

Gershuny J. et al.（1986）'Preliminary analysis of the 1983/4 ESRC time budget data', *Quarterly Journal of Social Affairs*, Vol. 2, pp. 13-39

Giddens, A.（1979）*Central Problems in Social Theory. Action, Structure and Contradiction in Social Analysis*, London: Macmillan（アンソニー・ギデンズ著，友枝敏雄ほか訳『社会理論の最前線』ハーベスト社，1989 年）

Giddens, A.（1987）'Time and social organisation', in *Social Theory and Modern Sociology*, Cambridge: Polity Press, pp. 140-65（「時間と社会的組織化」アンソニー・ギデンズ著,

藤田弘夫監訳『社会理論と現代社会学』青木書店，1998 年）
Gittins, D.（1982）*Fair Sex: Family Size and Structure 1900-1939*, London: Hutchinson
Gittins, D.（1993）*The Family in Question. Changing Households and Familiar Ideologies*, 2nd edn, London: Macmillan（ダイアナ・ギティンス著，金井淑子・石川玲子訳『家族をめぐる疑問：固定観念への挑戦』新曜社，1990 年）
Glucksmann, M.（1990）*Women Assemble: Women Workers and the 'New Industries' in Inter-war Britain*, London: Routledge
Glucksmann, M.（1994）'The work of knowledge and the knowledge of women's work', in J. Purvis and M. Maynard（eds）*Researching Women's Lives from a Feminist Perspective*, Brighton: Falmer Press, pp. 149-65
Glucksmann, M.（1995）'Why "work"? Gender and the "total social organisation of labour"', *Gender, Work and Organisation*, Vol. 2, No. 2, pp. 63-75
Glucksmann, M.（1998）'Organisation sociale totale du travail: une nouvelle. approche pour une analyse sexuée du travail', *Les Cahiers du Mage*（Marché du Travail et Genre）, CNRS, Paris, 3-4/97, pp. 159-70
Goldschmidt-Clermont, L. and Paganossin-Aligasakis（1995）*Measures of Unrecorded Economic Activities in Fourteen Countries*, New York: United Nations Development Programme working paper
Gollan, J.（1937）*Youth in British Industry*, London: Victor Gollancz/Lawrence and Wishart
Graham, H.（1983）'Caring: a labour of love', in J. Finch and D. Groves（eds）*A Labour of Love: Women, Work and Caring*, London: Routledge and Kegan Paul
Granovetter, M.（1985）'Economic action and social structure: the problem of embeddedness', *American Journal of Sociology*, Vol. 91, No. 3, pp. 481-510
Greenwood, N.（n.d.）*How the Other Man Lives*, London: Labour Book Service
Greenwood, W.（1933）*Love on the Dole*, 1969 edn, Harmondsworth: Penguin
Gregory, D. and Urry, J.（eds）（1985）*Social Relations and Spatial Structures*, London: Macmillan
Gregson, N. and Lowe, M.（1994）*Servicing the Middle Classes: Class, Gender and Waged Domestic Labour in Contemporary Britain*, London: Routledge
Growing Up in Bolton（1981-83）Bolton Libraries Archives and Local Studies Services
Hakim, C.（1979）*Occupational Segregation by Sex*, Research Paper No. 9, Department of Employment, London: HMSO
Hakim, C.（1980）'Census reports as documentary evidence: the Census commentaries 1801-1951', *Sociological Review*, Vol. 28, No. 3, pp. 551-80
Hall, C.（1977）'Married women at home in Birmingham in the 1920s and 1930s', *Oral History*, Vol. 5, No. 2, pp. 62-83
Hall, C.（1992）'Missionary stories: gender and ethnicity in England in the 1830s and 1840s', in *White, Male and Middle Class*, Cambridge: Polity Press
Hall, C.（1993）'"From Greenland's icy mountains ... to Afric's golden sands": ethnicity, race and

nation in mid-nineteenth century England', *Gender and History*, Vol. 5, No. 2, pp. 212-30

Hall, C., McClelland, K. and Rendell, J.（1999）*Defining the Victorian Nation: Class, Race and Gender and the Reform Act of 1867*, Cambridge: Cambridge University Press

Hardyment, C.（1988）*From Mangle to Microwave. The Mechanisation of Household Work*, Cambridge: Polity Press

Harley, J.L.（1937）'Report of an enquiry into the occupations, further education and leisure interests of a number of girl wage earners from elementary and central schools in the Manchester district, with special reference to the influence of school training on their use of leisure', unpublished M.Ed thesis, University of Manchester

Harvey, D.（1989）*The Condition of Postmodernity*, Oxford: Blackwell（デヴィッド・ハーヴェイ著，吉原直樹監訳・解説『ポストモダニティの条件』青木書店，1999 年）

Harvey, M.（1999a）'How the object of knowledge constrains knowledge of the object. An epistemological analysis of a social research investigation', *Cambridge Journal of Economics*, Vol. 23, No. 4, pp. 485-501

Harvey, M.（1999b）'Economies of time: a framework for analysing the restructuring of employment relations' in A. Felstead and N. Jewson（eds）*Global Trends in Flexible Labour*, London: Macmillan

Hassard, J.（ed.）（1990）*The Sociology of Time*, London: Macmillan

Hewitt, P.（1993）*About Time. The Revolution in Work and Family Life*, London: IPPR/Rivers Oram Press

Higgs, E.（1986）*Domestic Servants and Households in Rochdale, 1851-1871*, New York: Garland

Higgs, E.（1987）'Women, occupations and work in the nineteenth century censuses', *History Workshop Journal*, Vol. 23, Spring, pp. 59-80

Higgs, E.（1991）'Disease, febrile poisons, and statistics: the census as a medical survey, 1841-1911', *Social History of Medicine*, Vol. 4, No. 3, pp. 465-78

Hobsbawm, E.（1990）*Nations and Nationalism since 1780*, Cambridge: Cambridge University Press（エリック・ホブズボーム著，浜林正夫・嶋田耕也・庄司信訳『ナショナリズムの歴史と現在』大月書店，2001 年）

Hochschild, A.R. and Machung, A.（1990）*The Second Shift: Working Parents and the Revolution at Home*, London: Piartkus（アーリー・ホックシールド著，田中和子訳『セカンド・シフト：第二の勤務：アメリカ共働き革命のいま』朝日新聞社，1990 年）

Holden, K.（1996）'The Shadow of Marriage: Single Women in England, 1919-1939', Unpublished PhD Thesis, University of Essex .

Holmes, K.（1994）'Making time: representations of temporality in Australian women's diaries of the 1920s and 1930s', *Australian Historical Studies*, Vol. 26, No. 102, April, pp. 1-18

Holmwood, J.（1994）'Postmodernity, citizenship and inequality', in R. Blackburn（ed.）*Social Inequality in a Changing World*, Papers presented to Cambridge Social Stratification Seminar, pp. 7-27

Home Office（1930）*A Study of the Factors which have Operated in the Past and those which are Operating Now to Determine the Distribution of Women in Industry*, Cmd. 3508, PP 1929, London: HMSO

Hufton, O.（1984）'Women without men: widows and spinsters in Britain and France in the eighteenth century', *Journal of Family History*, Vol. 9, Winter, pp. 355-76

Hughes, A. and Hunt, K.（1992）'A culture transformed? Women's lives in Wythenshawe in the 1930s', in A. Davies and S. Fielding（eds）*Workers' Worlds. Cultures and Communities in Manchester and Salford, 1880-1939*, Manchester: Manchester University Press

Hutt, A.（1933）*The Condition of the Working Class in Britain*, London: Martin Lawrence

Ignatieff, M.（1994）*Blood and Belonging*, London: Vintage（マイケル・イグナティエフ著, 幸田敦子訳『民族はなぜ殺し合うのか：新ナショナリズム 6 つの旅』河出書房新社, 1996 年）

James, H.E. and Moore, F.T.（1940）'Adolescent leisure in a working class district', *Occupational Psychology*, Vol. XIV, No. 3, July

Jeffreys, S.（1985）*The Spinster and her Enemies: Feminism and Sexuality, 1880-1930*, London: Pandora Press

Jennings, H.（1934）*Brynmawr: a Study of a Distressed Area*, London: Allenson

Jephcott, P.（1942）*Girls Growing Up*, London: Faber and Faber

Jewkes, J. and Gray, E.M.（1935）*Wages and Labour in the Lancashire Cotton Spinning Industry*, Manchester: Manchester University Press

Jewkes, J. and Jewkes, S.（1938）*The Juvenile Labour Market*, London: Victor Gollancz

Jewkes, J. and Winterbottom, A.（1933a）*Juvenile Unemployment*, London: Alien and Unwin

Jewkes, J. and Winterbottom, A.（1933b）*An Industrial Survey of Cumberland and Furness*, Manchester: Manchester University Press

Kiernan, K. and Wicks, M.（1991）*Family Change and Future Policy*, York: JRMT Kristeva, J.（1981）'Women's time', *Signs*, Vol. 7, No. 1, pp. 16-35

Latour, B.（1993）*We Have Never Been Modern*, Translated by Catherine Porter, Hemel Hempstead: Harvester Wheatsheaf（ブルーノ・ラトゥール著, 川村久美子訳・解題『虚構の「近代」：科学人類学は警告する』新評論, 2008 年）

Levitas, R.（1998）*The Inclusive Society? Social Exclusion and New Labour*, London: Macmillan

Lewis, G.（1996）' "Black women's experience" and social work', *Feminist Review*, Vol. 53, pp. 24-56

Lewis, J.（1984）*Women in England 1870-1950*, Brighton: Wheatsheaf

Lewis, J.（1992）*Women in Britain since 1945*, Oxford: Blackwell

Lewis, J. and Meredith, B.（1988）*Daughters Who Care*, London: Routledge

Liddington, J.（1984）*The Life and Times of a Respectable Rebel: Selina Cooper（1864-1946）*, London: Virago

Liddington, J. and Norris, J.（1978）*One Hand Tied Behind Us. The Rise of the Women's Suffrage Movement*, London: Virago

McDowell, L.（1993）‘Space, place and gender relations. Part 1: Feminist empiricism and the geography of social relations. Part 2: Identity, difference, feminist geometries and geographies’, *Progress in Human Geography*, Vol. 17, No. 2, pp. 157-79 and Vol. 17, No. 3, pp. 305-18
M’Gonigle, G.C. and Kirby, J.（1936）*Poverty and Public Health*, London: Gollancz
Mclntosh, I.（1991）‘Ford at Trafford Park’, Unpublished PhD Thesis, University of Manchester
MacKenzie, D.（1981）*Statistics in Britain, 1865-1930*, Edinburgh: Edinburgh University Press
Madge, C. and Harrisson, T.（eds）（1938）*First Year’s Work 1937-38 by Mass? Observation*, London: Lindsay Drummond
Madge, C. and Harrisson, T.（1939）*Britain by Mass-Observation*, Harmondsworth: Penguin
Manchester University Settlement（1944）*A Survey of Housing and Amenities on Belle Vue, Gorton, New Housing Estate, 1942-1943*
Manchester University Settlement（1945）*Ancoats: a Study of a Clearance Area*
Mark-Lawson, J., Savage, M. and Warde, A.（1985）‘Gender and local politics: struggles over welfare policies 1918-39’, in L. Murgatroyd et al.（eds）*Localities, Class and Gender*, London: Pion
Marquand, H.（1932）*Industrial Survey of South Wales*, London: HMSO
Marshall, B.（1994）*Engendering Modernity*, Cambridge: Polity Press
Mass Observation（1939）*Clothes-Washing Report: ‘Motives and Methods’*, London: Victor Gollancz
Mass Observation（1943）*The Pub and the People. A Worktown Study*, London: Victor Gollancz
Massey, D.（1984）*Spatial Divisions of Labour: Social Structures and the Geography of Production*, London: Macmillan（ドリーン・マッシィ著，富樫幸一・松橋公治監訳『空間的分業：イギリス経済社会のリストラクチャリング』古今書院，2000 年）
Massey, D.（1994）*Space, Place and Gender*, Oxford: Blackwell
Massey, D.（1995）‘Places and their pasts’, *History Workshop Journal*, Vol. 39, pp. 182-92
Massey, D. and Allen, J.（eds）（1984）*Geography Matters!*, Cambridge: Cambridge University Press
Maynard, M.（1994）‘“Race”, gender and the concept of difference in feminist thought’, in H. Afshar and M. Maynard（eds）*The Dynamics of ‘Race’ and Gender*, London: Taylor and Francis
Meara, G.（1936）Juvenile Unemployment in South Wales, Cardiff: University of Wales Press
Mess, H.A.（1928）*Industrial Tyneside*, London: Ernest Benn Ltd
Metropolitan Borough of Trafford（1981）*Short History of Trafford Park*
Middleton, T.（1931）‘An Enquiry into the Use of Leisure amongst the Working Classes of Liverpool’, unpublished MA thesis, University of Liverpool
Ministry of Labour（1934）*Report on Juvenile Unemployment for the Year 1934*, London: Ministry of Labour
Mohanty, C.（1991）‘Under western eyes: feminist scholarship and colonial discourses’, in C. Mohanty, A. Russo and L. Torres（eds.）*Third World Women and the Politics of Feminism*,

Bloomington: Indiana University Press（「西洋の視線の下で：フェミニズム理論と植民地主義言説」C.T. モーハンティー著，堀田碧監訳『境界なきフェミニズム』法政大学出版局，2012 年所収）
Morgan, A.（1939）*The Needs of Youth: A Report Made to King George's Jubilee Trust Fund*, London: Oxford University Press
Morris, L.（1990）*The Workings of the Household*, Cambridge: Polity Press
Morris, L.D.（1991）'Locality studies and the household', *Environment and Planning A*, Vol. 23, pp. 165-77
Mowat, C.（1955）*Britain Between the Wars*, 1984 edn, London: Methuen
Murgatroyd et al./Lancaster Regionalism Group（1985）*Localities, Class and Gender*, London: Pion
Nissell, M.（1980）'Women in government statistics: basic concepts and assumptions', SSRC/EOC *Seminar on Women in Government Statistics*, London: Policy Studies Institute
Oman, E.（n.d.）*Salford Stepping Stones*, Swinton: Neil Richardson
Oram, A.（1985）'"Embittered, sexless, or homosexual" attacks on spinster teachers, 1918-1939', in Lesbian History Group（eds）*Not a Passing Phase: Recovering Lesbians in History, 1840-1985*, London: Women's Press
Orloff, A.（1993）'Gender and the social rights of citizenship: the comparative analysis of gender relations and welfare states', *American Sociological Review*, Vol. 58, No. 3, pp. 303-28
Orr, J.B.（1936）*Food Health and Income. Report on a Survey of Adequacy of Diet in Relation to Income*, London: Macmillan
Orwell, G.（1937）*The Road to Wigan Pier*, London: Gollancz（ジョージ・オーウェル著，土屋宏之・上野勇訳『ウィガン波止場への道』ちくま学芸文庫，1996 年）
Osborne, P.（1995）*The Politics of Time*, London: Verso
Pagnamenta, P. and Overy, R.（1984）*All Our Working Lives*, London: BBC
Pahl, J.（1989）*Money and Marriage*, London: Macmillan（ジャン・パール著，室住真麻子ほか訳『マネー＆マリッジ：貨幣をめぐる制度と家族』ミネルヴァ書房，1994 年）
Pahl, R.E.（1984）*Divisions of Labour*, London: Routledge
Peet, R. and Thrift, N.（eds）*New Models in Geography*, Volume 2, London: Unwin Hyman
Phoenix, A.（1998）'Dealing with difference: the recursive and the new', *Ethnic and Racial Studies*, Vol. 21, No. 5, pp. 859-80
Pilgrim Trust（1938）*Men Without Work*, Cambridge: Cambridge University Press
Polanyi, K., Arensberg, C. and Pearson, H.（eds）（1955）*Trade and Market in the Early Empires: Economies in History and Theory*, New York: The Free Press
Pollard, S.（1983）*The Development of the British Economy*, 3rd edn, London: Edward Arnold
Power, J.（1980）'Aspects of Working Class Leisure during the Depression Years: Bolton in the 1930s', MA Dissertation, University of Warwick
Priestley, J.B.（1934）*English Journey*, 1977edn, Harmondsworth: Penguin（ジョン・B. プリーストリー著，橋本槙矩訳『イングランド紀行』上下，岩波文庫，2007 年）

Pringle, R.（1989）*Secretaries Talk: Sexuality, Power and Work*, London: Verso
Pullen, M.J. and Williams, B.R.（1962）'The structure of industry in Lancashire', in *British Association: Manchester and its Region*, Manchester: Manchester University Press
Reay, D.（1996）'Insider perspectives or stealing the words out of women's mouths', *Feminist Review*, Vol. 53, pp. 57-73
Rees, G. and Rees, T.（1982）'Juvenile unemployment and the state between the wars', in T. Rees and P. Atkirison（eds）*Youth Unemployment and State Intervention*, London: Routledge and Kegan Paul
Rice, M.S.（1931）*Working Class Wives*, 1981 edn, London: Virago Press
Richardson, H.W.（1967）*Economic Recovery in Britain 1932-9*, London: Weidenfeld and Nicholson
Roberts, E.（1984）*A Woman's Place. An Oral History of Working Class Women 1890-1940*, Oxford: Blackwell
Roberts, E.（1995a）*Women and Families. An Oral History, 1940-1970*, Oxford: Blackwell
Roberts, E.（1995b）*Women's Work, 1840-1940*, Cambridge: Cambridge University Press（エリザベス・ロバーツ著，大森真紀・奥田伸子訳『女は「何処で」働いてきたか：イギリス女性労働史入門』法律文化社，1990 年）
Roberts, M.（1991）*Living in a Man-Made World: Gender Assumptions in Modern Housing Design*, London: Routledge
Roberts, R.（1971）*The Classic Slum*, 1987 edn, Harmondsworth: Penguin
Roberts, R.（1976）*A Ragged Schooling*, Manchester: Manchester University Press
Robertson, G. *et al.*（1994）*Travellers Tales: Narratives of Home and Displacement*, London: Routledge
Roediger, D.（1991）*The Wages of Whiteness: Race and the Making of the American Working Class*, London: Verso（デイヴィッド・R. ローディガー著，小原豊志・竹中興慈・井川眞砂・落合明子訳『アメリカにおける白人意識の構築：労働者階級の形成と人種』明石書店，2006 年）
Rose, G.（1993）*Feminism and Geography. The Limits of Geographical Knowledge*, Cambridge: Polity Press（ジリアン・ローズ著，吉田容子ほか訳『フェミニズムと地理学：地理的知の限界』地人書房，2001 年）
Ross, E.（1989）'"Fierce questions and taunts". Married life in working-class London, 1870-1914', in D. Feldman and G. Stedman Jones（eds）*Metropolis London. Histories and Representation since 1800*, London: Routledge
Rowntree, B.S.（1941）*Poverty and Progress. A Second Social Survey of York*, London: Longman（B.S. ラウントリー著，長沼弘毅訳『貧乏研究』千城，1975 年）
Russell, D. and Walker, G.（1979）*Trafford Park 1896-1939*, Manchester Polytechnic: Manchester Studies
Samuel, R.（1986）'The cult of planning', *New Socialist*, January, pp. 25-9
Samuel, R. and Thompson, P.（eds）（1990）*The Myths We Live By*, London: Routledge

Sarup, M.（1994）‘Home and identity’ in G. Robertson et al. *Travellers Tales: Narratives of Home and Displacement*, London: Routledge

Saul, S.B.（1960）‘The American impact on British industry, 1895-1914’, *Business History*, Vol. III, No. 1, pp. 19-38

Savage, M.（1985）‘Capitalist and patriarchal relations at work: Preston cotton weaving 1890-1940’, in L. Murgatroyd et al.（eds）*Localities, Class and Gender*, London: Pion

Savage, M.（1988）‘Women and work in the Lancashire cotton industry, 1890-1939’, in J.A. Jowitt and A.J. McIvor（eds）*Employers and Labour in the English Textile Industries*, London: Routledge

Sayer, A.（1991）‘Beyond the locality debate: deconstructing geography’s dualisms’, *Environment and Planning A*, Vol. 23, pp. 283-308

Scott, J.W.（1988）*Gender and the Politics of History*, New York: Columbia University Press（ジョーン・W. スコット著，荻野美穂訳『ジェンダーと歴史学』平凡社，1992 年）

Sharpe, P.（1991）‘Literally spinsters: a new interpretation of local economy and demography in Colyton in the 17th and 18th centuries’, *Economic History Review*, Vol. 44, No. 1, pp. 46-65

Smith, A.D.（1991）*National Identity*, Harmondsworth: Penguin（アントニー・D. スミス著，高柳先男訳『ナショナリズムの生命力』晶文社，1998 年）

Smith, D.（1977）‘Interview with Humphrey Spender’, *Worktown*, Falmer: University of Sussex

Smith, D.M.（1969）*Industrial Britain. The North West*, Newton Abbott: David and Charles

Smith, Sir H. Llewelyn（1930-35）*The New Survey of London Life and Labour*, 9 Volumes, London: King & Son

Social Politics, International Studies in Gender, State and Society（1994-）Oxford: Oxford University Press

Soja, E.（1989）*Postmodern Geographies: The Reassertion of Space in Critical Social Theory*, London: Verso（エドワード・W. ソジャ著，加藤政洋ほか訳『ポストモダン地理学：批判的社会理論における空間の位相』青土社，2003 年）

Spender, H.（1977）*Worktown. Photographs of Bolton and Blackpool taken for Mass Observation 1937/8*, Falmer: Gardner Centre Gallery, University of Sussex

Stanley, L.（ed.）（1990）*Feminist Praxis. Research, Theory and Epistemology in Feminist Sociology*, London: Routledge

Stevens, T.H.G.（1947）*Some Notes on the Development of Trafford Park 1897-1947*, Trafford Park Estates Co. Ltd

Sullivan, O.（1997）‘Time waits for no（wo）man: an investigation of the gendered experience of domestic time’, *Sociology*, Vol. 31, pp. 221-39

Szreter, S.（1984）‘The genesis of the Registrar General’s social classification of occupations’, *British Journal of Sociology*, Vol. XXXV, No. 4, pp. 529-46

Szreter, S.（1991）‘The General Register Office and the Public Health Movement in Britain, 1837-1914’, *Social History of Medicine*, Vol. 4, No. 3, pp. 435-63

Tebbutt, M.（1992）‘Women’s talk? Gossip and “women’s worlds” in working-class communities,

1880-1939' in A. Davies and S. Fielding（eds）*Workers' Worlds. Cultures and Communities in Manchester and Salford, 1880-1939*, Manchester: Manchester University Press

Thompson, D.（1975）'Courtship and marriage in Preston between the wars', *Oral History*, Vol. 3, No. 2

Thompson, E.P.（1967）'Time, work-discipline and industrial capitalism', *Past and Present*, Vol. 38, pp. 56-97. Reprinted in Flinn, M.W. and Smout, T.C.（1974）*Essays in Social History*, London: Clarendon Press, pp. 39-77

Thompson, F.（1937）'A Study of the Development of Facilities for Recreation and Leisure Occupation on New Housing Estates, with Special Reference to Manchester', unpublished Diploma in Social Studies, University of Manchester

Thompson, P.（1978）*The Voice of the Past*, 3rd edn. Oxford: Oxford University Press 2000（ポール・トンプソン著，酒井順子訳『記憶から歴史へ：オーラル・ヒストリーの世界』青木書店，2002 年）

Tonkin, E.（1992）*Narrating Our Pasts: the Social Construction of Oral History*, Cambridge: Cambridge University Press

Tout, H.（1938）*The Standard of Living in Bristol*, Bristol: Arrowsmith

Trafford Library Service（1982）*Trafford Park — its Growth as an Industrial Estate*

United Nations（1995）*The World's Women 1995: Trends and Statistics*, Social Statistics and Indicators series K, 12（国際連合著，日本統計協会訳『世界の女性：その実態と統計 1995』日本統計協会，1995 年）

Urry, J.（1987）'Society, space and locality', *Environment and Planning D*, Vol. 5, pp. 435-44

Vicinus, M.（1985）*Independent Women: Work and Community for Single Women, 1850-1920*, London: Virago

Wajcman, J.（1991）*Feminism Confronts Technology*, Cambridge: Polity Press

Walby, S.（1992）'Post-post-modernism? Theorizing social complexity', in M. Barrett and A. Phillips（eds）*Destabilizing Theory. Contemporary Feminist Debates*, Cambridge: Polity Press

Walby, S. and Bagguley, P.（1989）'Gender restructuring: five labour markets compared', *Environment and Planning D: Society and Space*, Vol. 7, pp. 277-92

Warde, A.（1989）'Recipes for a pudding: a comment on locality', *Antipode*, Vol. 21, No. 3, pp. 274-81

Ware, V.（1992）*Beyond the Pale. White Women, Racism and History*, London: Verso

Whipp, R.（1987）'"A time to every purpose": an essay on time and work', in P. Joyce（ed.）*The Historical Meanings of Work*, Cambridge: Cambridge University Press

Wolff, J.（1995）*Resident Alien. Feminist Cultural Criticism*, Cambridge: Polity Press

Women and Geography Group（1984）*Geography and Gender*, London: Hutchinson

Worktown（1977）*Photographs of Bolton and Blackpool taken for Mass Observation 1937/8*, Falmer: Gardner Centre Gallery, University of Sussex

Yeandle, S.（1984）*Working Women's Lives*, London: Tavistock

Zerubavel, E.（1979）*Patterns in Hospital Life*, Chicago: Chicago University Press

Zerubavel, E.（1981）*Hidden Rhythms. Schedules and Calendars in Social Life*, Chicago: Chicago University Press（エビエタ・ゼルバベル著，木田橋美和子訳『かくれたリズム：時間の社会学』サイマル出版会，1984 年）